コンサルティング力がアップする

# FP資格を活かす
# 150の話題

2024-
2025
★★★
最新時事の
話題に対応!

リンク・イノベーション代表
中野克彦

ビジネス教

JN104615

## 〜 本書の特徴 〜

### 1．ＦＰの最新情報は本書にお任せ！

#### ① 図表と解説の見開きでポイントを理解しやすい！

　例えば下記は、「年収の壁・支援パッケージ」の一部です。図表から体系を把握してから解説を読むと関係性が理解しやすくなります。

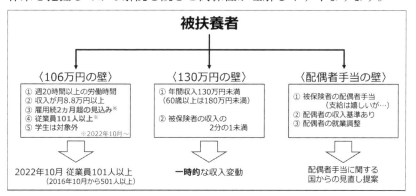

#### ② 過去の改正の変遷がわかる！

　最新の改正点はもちろんのこと、それ以前の改正の変遷や経緯もできる限り記載しています。ＦＰ相談等を行う場合、過去にどのような改正を経てきたのかを知ることは、将来を予想するヒントにもなります。過去の改正の年月や内容は、ネットでも調べにくいものです。

#### ③ ＦＰの資格ホルダー向けの内容！

　数少ないＦＰ資格ホルダー向けの書籍です。ＦＰ２級・ＡＦＰの資格取得者には良き復習に、ＦＰ１級・ＣＦＰ® の受験者および金融機関にお勤めの方には、知識整理に役立つよう設計しています。

## ２．ＡＩ時代を生き抜くＦＰになる！

　ChatGPTを筆頭に、ＡＩを活用したビジネスが主流になってきました。本書では、「第１章　ＦＰビジネス」と題して、デジタル化が進む環境の変化に対して、下記の論点について、ＦＰとしてどのような視点を持つべきかなどを記載しています。

・ＤＸ

・マーケティング

・消費行動の変化

・リアルとオンライン

・生成ＡＩ

　　　↓

ＦＰのビジネスモデル

（フィー、コミッション）

## ３．ＦＰが身につけたいコンサルティング・スキルとは！
### ① ビジネスに役立つ実務家に求められるスキル！

　最後の第８章は「コンサルティング・スキル」です。「講師・相談・執筆」といった、いわゆるＦＰの３大業務にどう向き合っていけばよいのか、そしてセミナーや相談は、対面からオンラインへとシフトしつつある中で、実務家の視点から重要論点を紐解きます。

### ② ＡＩ時代だからこそ、人間心理の理解が重要！

　行動経済学会の会員（第630496号）でもある著者が、「選択」の行動経済学と題して、顧客の選択における「７つのバイアス」を分かりやすく解説しています。学んで損のない内容です。

## 「コンサル力」がアップする
# FP資格を活かす 150の話題
# も く じ

## 第 1 章　ＦＰビジネス

## 第 2 章　ライフプランニングと資金計画

# 第3章　リスク管理

# 第4章　金融資産運用

# 第5章　タックスプランニング

# 第6章　不動産

## 第7章　相続・事業承継

## 第8章　コンサルティング・スキル

（本文イラスト：福島由恵）

# 第1章

---

# ＦＰビジネス

　ＡＩが台頭してきたこの時代、ＦＰの知識を十分に有していたとしても、それだけでは不十分になってきました。

　ＦＰの資格者として実務に活用していくには、「知識」以外の「スキル」が必要です。例えば、プレゼンスキル、相談スキル、執筆スキルなどが該当します。これらのスキルと持ちうる知識、そしてＡＩを相乗させることで、他と差別化されたコンサルティングが行えるのです。

　ここでは、ＦＰをビジネス化するための体系について解説します。

# 1. ＦＰのスキルマップ

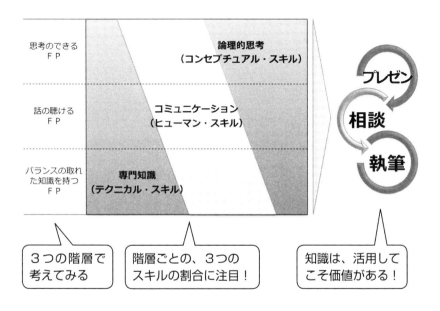

| | |
|---|---|
| 思考のできる<br>ＦＰ | 論理的思考<br>（コンセプチュアル・スキル） |
| 話の聴ける<br>ＦＰ | コミュニケーション<br>（ヒューマン・スキル） |
| バランスの取れ<br>た知識を持つ<br>ＦＰ | 専門知識<br>（テクニカル・スキル） |

プレゼン

相談

執筆

３つの階層で
考えてみる

階層ごとの、３つの
スキルの割合に注目！

知識は、活用して
こそ価値がある！

ＦＰの知識を有しているだけでは、なかなかビジネスに結びつきません。コンサルティング・スキルが求められています。

## マネジメント時に求められる３つのスキル

　ハーバード大学教授のロバート・Ｌ・カッツは、マネジャーが必要とするスキルには、業務を遂行する上で必要となる知識や技術である「テクニカル・スキル」、人間関係を構築する技術である「ヒューマン・スキル」、および、複雑な物事を体系立てて概念化できる「コンセプチュアル・スキル」の３つに分類した。図表は、カッツ教授の３分類をＦＰのスキルマップと題してあてはめたものである。

## 階層ごとに求められる、相対的なスキルの割合

　図表の左側は３つの階層に分かれている。カッツのモデルでは、下から、「担当者層」、「管理者層」、「経営者層」と分かれていて、それぞれの階層ごとに求められるスキルは相対的に異なることを示している。

　ＦＰにあてはめれば、担当者層が資格ホルダーであり、バランスの取れた知識を持つＦＰといえる。管理者層に相当するのは、お客様の話をしっかりと聴くことのできるＦＰであろう。よく、アドバイスができるかどうかに拘る場合もあるが、それはお客様の話を十分に聴けるＦＰでなければ、的を射たコメントはできないはずだ。

　経営者層にあたるのは、思考のできるＦＰである。通常、答えの無い答えを探すことも少なくない。そこでは、物事を体系立てて、論理的に施行できるスキルが求められる。

## 「プレゼン」、「相談」、「執筆」はFPに必要のスキル！

　ＦＰの６課目だけでなく、これら３つのスキルを身につけることが今後はより重要となる。そして、知識とスキルの良きバランスをとることこそが、実務家ＦＰへの第一歩となるのである。

# 2. FPに求められる知識

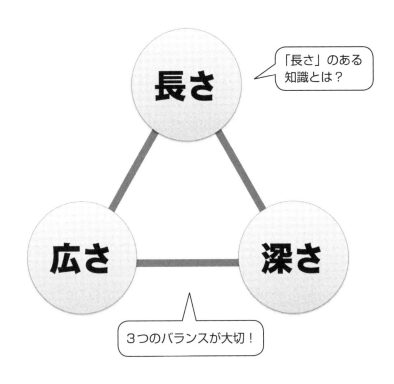

「長さ」のある知識とは？

長さ

広さ　深さ

３つのバランスが大切！

知識を「広さ」、「深さ」、「長さ」のすべてで極めるのは難しいことです。大切なのは、それらのバランスをとることなのです。

## ＦＰの学習内容は「広さ」が特徴のひとつ

　次章から見ていくが、ＦＰは社会保険をはじめ、税制、生保・損保、金融、不動産、相続といったように、知識の「広さ」が求められている。しかし、それ故にその知識は「広く浅く」などと揶揄されることもある。それに対して反論するつもりはないが、「広さ」は物事を俯瞰する力にもなり得るので、軽視してはいけない。

## 専門性を高めた「深さ」のある知識

　「広さ」のある知識とくれば、「深さ」のある知識という発想も湧いてくる。法律を深く学んでいるのは弁護士、税の世界では税理士、といったように、それぞれのカテゴリーに特化しており、知識としての「深さ」を感じる。大半の国家資格はここに該当する。しかしながら、その性質上「深く狭く」という特徴になる。

## 過去－現在、そして未来につながる知識

　「広さ」、「深さ」という知識の表現に類似した知識は他にどのようなものがあるだろうか。社保や税制のように、定期的に改正される分野も少なくないため、常に知識をリフレッシュしていく必要がある。その上で、改正の変遷を把握していることも重要な知識の一つといえる。最新の情報だけでなく、過去の経緯も理解しているといった知識を、時間的な「長さ」のある知識と呼ぶのはいかがだろうか。

　改正が行われたとしても、なぜそのように変わったのかということは過去の経緯からある程度推察できることもある。そのような知識は重宝されるに違いない。「広さ」、「深さ」、「長さ」のある知識をいかにバランスよく身につけるかが重要なポイントとなる。

# 3. コミュニケーションと論理的思考

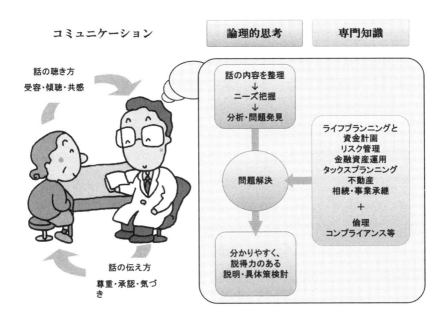

コミュニケーション

| 論理的思考 | 専門知識 |

話の聴き方
受容・傾聴・共感

話の伝え方
尊重・承認・気づき

話の内容を整理
↓
ニーズ把握
↓
分析・問題発見

問題解決

分かりやすく、
説得力のある
説明・具体策検討

ライフプランニングと
資金計画
リスク管理
金融資産運用
タックスプランニング
不動産
相続・事業承継
＋
倫理
コンプライアンス等

「コミュニケーション」、「論理的思考」、「専門知識」のバランスもビジネスには必要不可欠です。

## ビジネスに欠かせない「コミュニケーション」

　スマートフォンが普及するなどデジタル社会が到来し、ネット上でのコミュニケーションが多くなってきている。しかし、ビジネスにおける最終的な取引は、対ヒトに帰着する場合も少なくない。ＦＰ関連のビジネスともなればなおさらである。

　人の話を聴くのは意外と難しい。相手が話をしている途中でも、それを遮って反論したり、そこから自分の話を展開したりした経験は誰にでもあるだろう。言葉でいうのは簡単だが、受容・傾聴・共感することはトレーニングが必要となる。一方、話を伝えることも容易なことではない。相手を尊重し、承認し、気づきを与えるように伝えるのも技術が必要だろう。このようなスキルにたけている人は、ビジネス上、優位であることに疑いの余地はない。

## 論理的思考は、ＦＰビジネスの要のスキル

　お客様の話は、特に時系列でもなく、カテゴリーごとに整然と話をしてくれる可能性はそう高くはない。こちらが、話の内容を整理し、本質的なニーズを把握していかないと、問題を見つけることは難しい。

　問題を発見し、分析した後どのように解決していくかで必要となるのが、前出の「広さ」、「深さ」、「長さ」のある知識である。

　そしてその解決策を、分かりやすく伝えていかなければならない。話すだけでなく、説得し、納得していただかなければ、顧客が行動に移すことはない。そのためには首尾一貫した論理展開が必要不可欠なのである。思考なくして、ＦＰビジネスの成功はありえない。

　「専門知識」、「コミュニケーション」、「論理的思考」の連携もＦＰビジネスにとっては重要なのである。

# 4. テクノロジーの進化と マーケティング

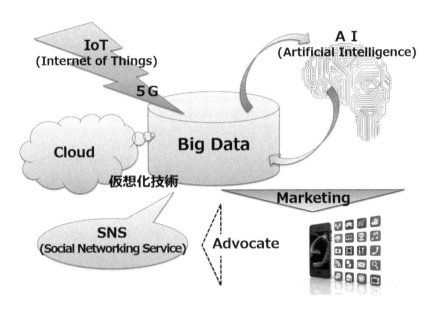

デジタル・マーケティングの窓口
は、私達がもつ個人情報満載のス
マートフォンなのです。

## テクノロジーの進化についていくことがＦＰの必要条件！

　このところテクノロジーの進化には目を見張るものがある。ＡＩの話題には事欠かない。「革命」などといわれることもある。当然、ＦＰとしても無視することはできない。

　一昔前から振り返るが、「ビッグデータ」とは、従来のシステムでは扱えないような巨大で複雑なデータを指す。今では、クラウドを利用することで、私たちのスケジュールやアドレス帳、撮影した写真までもがビッグデータに保存されている。ＳＮＳでの夕飯の内容やつぶやきもそうだ。そして通信技術には「５Ｇ」がある。高速・低遅延・多数同時接続などが可能となった。それらを車やテレビなど様々な「モノ」と接続して活用するのがＩｏＴである。これにより飛躍的にネット上のデータが増加した。これらのビッグデータは人では到底対応できないため、代わりにＡＩが24時間稼働で分析している。

## デジタルデータの分析から始まるマーケティング

　24時間働くＡＩが、様々な統計データや購入履歴などの個人情報をベースに、私たちのスマートフォンに対してアプローチしてくる。これがデジタル・マーケティングである。

　昨日欲しいものを検索したら、ＳＮＳの広告欄で推奨されるなど、当初は驚きを隠せなかったが、もう普通の出来事になってきた。私たちは意識することなく、情報を検索し購入している。そしてそれをＳＮＳなどにアップすることで推奨したりもしている。現代のマーケティングは、私たちに商品を買ってもらうことがゴールではない。購入後、他者に対して推奨（Advocate）してもらうところまでを意識しているのである。

# 5. マーケットにおける 消費行動の変化

◎モノ消費からコト消費・トキ消費へ

**利用**
（コト・トキ）

商品の「所有」に価値を見出す
　⇒　モノ消費

価値基準が多様化・細分化
商品から得られる「体験」に価値を見出す
　⇒　コト消費 (コミュニティ重視)

**所有**
（モノ）

共有から得られる「限定・参加・貢献」
　⇒　トキ消費

顧客の価値観の変化に気づき、それを自分自身のビジネスに置き換えて考えるスキルは、ほとんどのビジネスパーソンに求められています！

## 日本経済の成熟化による消費者の行動変容

　日本経済は、戦後間もない1950年代後半に「三種の神器（冷蔵庫、洗濯機、白黒テレビ）」を所有することがひとつのステイタスだった。それが、高度成長期の1960年代半ばには「新・三種の神器（カラーテレビ、クーラー、自動車）」の所有に変化した。これが「モノ消費」である。しかし日本経済は成熟し物があふれるようになる。

　そこで、モノに対する所有欲が薄れ、モノを所有すること、サービスを利用することによって得られる経験や体験を重視し始めた。これがコト消費である。例えていうなら「人生ゲーム」。モノ消費であればそのゲームを所有することだが、それを使って仲間とワイワイやる。その体験を目的としたものがコト消費といえる。

## モノ消費・コト消費からトキ消費へ

　さらに「トキ消費」なるものがある。博報堂によるもので、「同じトキ」を共有するものだという。特徴として、「限定、参加、貢献」の３つがある。例えば、クラウドファンディングなどが該当しそうだ。限定的なイベントであり、参加することで主催側に貢献することができる。クラウドファンディングは、デジタル化されたシステムの中で、第三者同士がつながることで実現できるものだ。そういった環境変化を感じ取り、消費者の行動変容について注目することが重要になってきている。

　さて、これらをＦＰビジネスに落とし込むと何が見えてくるのだろうか。ＦＰ相談が初めての方にはその「体験」を楽しんでもらう、セミナーに来ていただき、同じトキを共有することにより、何に貢献できるのか、考えるべきことはたくさんありそうだ。

# 6. シェアリング・エコノミー

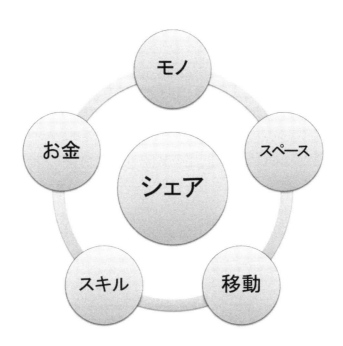

ＦＰの相談サービスなどは、「スキルのシェア」といえる。自分の得た知識をどのようにシェアするのか、そのような考え方も必要な時代です！

## シェアリング・エコノミーとは何か？

　少々前になるが2015年版の総務省の情報通信白書をみると、シェアリング・エコノミーとは「典型的には個人が保有する遊休資産（スキルのような無形のものも含む）の貸出しを仲介するサービス」とある。貸主は遊休資産の活用による収入が、借主は「所有」することなく「利用」できることが魅力となる。貸し借りが成立するためには、信頼関係の担保が必要となる。そこで必要になるのが、デジタルを活用した仕組みである。これがシェアリング・エコノミーを支えるテクノロジーである。

## 有形・無形を問わず、シェアする時代の到来！

　シェアといえば「モノ」の貸し借りが分かりやすい。古くからある図書館の本も無料ではあるが、貸し借りの世界である。少し視野を広げて、貸し借りから個人同士の売買と捉えると、メルカリなどが該当する。売主にとって不要となったものを手放し、買主は中古品ではあるがお手軽な価格で手に入れることができる。その副作用として、新品を販売する店舗の売上は下がってしまう。

　「スペース（空間）」のシェアもある。平日の仕事中は自宅にいない間の時間貸し、民泊、貸会議室などがある。「移動」については、カーシェアやアメリカのウーバーなどのライドシェアがある。形のないサービスでは「スキル」のシェアがある。家事代行から介護や育児アドバイスなどもある。「お金」のシェアは、最近よく聞くクラウドファンディングが当てはまる。

　ポイントは「信用」をテクノロジーで担保していることだ。ＦＰの担保にはなにがあるのだろうか。

# 7. デジタル・トランス フォーメーション（ＤＸ）

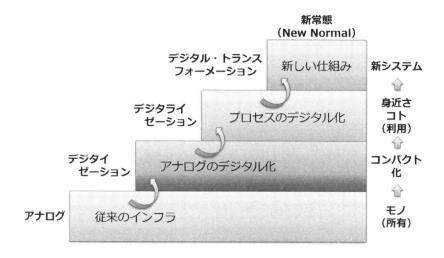

新常態
（New Normal）

デジタル・トランス
フォーメーション　新しい仕組み　新システム

デジタライ
ゼーション　プロセスのデジタル化　身近さ
コト
（利用）

デジタイ
ゼーション　アナログのデジタル化　コンパクト
化

アナログ　従来のインフラ　モノ
（所有）

デジタル・トランスフォーメーションは、単純にデジタル化することではなく、デジタル技術を活用し、新しい仕組みづくりをすることなのです！

## デジタル・トランスフォーメーション（ＤＸ）とは？

　経済産業省も推進しているＤＸだが、とりたてて新しい言葉ではない。2004年、ウメオ大学のストルターマン教授がＤＸについて「ITの浸透が、人々の生活をあらゆる面でより良い方向に変化させる」と定義したと説明されている。「テクノロジー」が私たちの生活を豊かにしてくれている。

## 「デジタイゼーション」と「デジタライゼーション」の違いとは

　例えばレコードはアナログの世界だが、アナログ音源をデジタル化したことによりＣＤ（コンパクト・ディスク）が登場した。アナログのデジタル化を「デジタイゼーション」と呼ぶ。

　時代が変わり、スマートフォンが台頭してくると、デジタル化された音楽データはＣＤを介さずダウンロードして楽しむようになる。これを実現するには、デジタル化された音源をストックしダウンロードできる仕組みを作る必要がある。そのプロセス全体をデジタル化していくことを「デジタライゼーション」という。デジタライズされたものが普及すると、単価は下がり重量や大きさもないため、いつでもどこでも手軽に利用できるようになる。

## テクノロジーを駆使した新しい仕組みが「ＤＸ」

　音楽でいえば「サブスクリプション」という新しい仕組みである。この仕組みは、「一定期間の利用権」を購入する方式だ。聴きたい曲を購入し「所有」するのではなく、何百万曲という曲を一定期間「利用」するという考え方である。テクノロジーを活用し、今までに無いシステムを構築することがビジネスで求められている。

15

# 8. リアルとオンライン

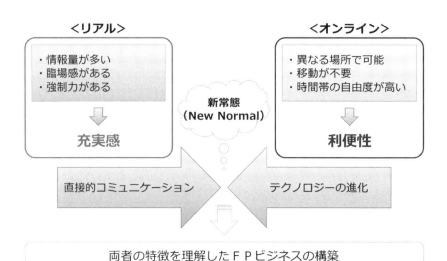

<リアル>
・情報量が多い
・臨場感がある
・強制力がある
→ 充実感

新常態
(New Normal)

<オンライン>
・異なる場所で可能
・移動が不要
・時間帯の自由度が高い
→ 利便性

直接的コミュニケーション ← → テクノロジーの進化

両者の特徴を理解したＦＰビジネスの構築
「知識・コミュニケーション力・論理的思考力」
の必要性がより求められる状況に！

これからのＦＰは、リアルとオンラインの特徴を理解し、新しいビジネス形態の構築と自分自身のスキルアップが求められています！

## オンライン・ツールとの距離感が縮まる

　コロナ禍で注目された働き方が、リモートワークである。デジタル技術とインターネットにより、ZoomやTeamsなどを活用したオンライン会議やオンラインセミナーは、私達にとって身近なものとなった。

## ＦＰの対面の相談とオンライン相談

　１対１の相談は伝達できる情報量は多いが、同じ時、同じ場所でないと実現できない。一方、オンライン相談の場合は、同じ時でなければならないが同じ場所である必要はない。移動の必要がないため海外にいる顧客との相談が可能となり、顧客さえ許せば、深夜の相談も可能となる。

## ＦＰによるリアルセミナーとオンラインセミナー

　顧客から見ると、オンラインセミナーは移動することなく受講できるため、とても便利に感じる。しかし、リアルとオンラインではその迫力や臨場感は全く異なる。お気に入りのアーティストのライブに行くのとその映像を家で見る違いがあるといえば分かりやすいだろうか。また、資格取得のための講座などは、リアル（教室）の方が強制力は強く、自分の理解度を他者と比較し相対的に把握することもできる。

## ＦＰは媒体によらず、注意すべき点を理解していることが大切！

　リアルとオンラインの相談やセミナーは、それぞれ良い点があり注意点も異なる。ＦＰはそれらを把握し反映させる力が求められる。それには、基礎体力としての「知識」、「コミュニケーション能力」、「論理的思考力」が必要とされているのである。

# 9. 生成ＡＩの登場

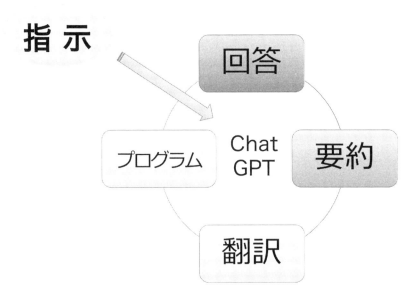

指示

回答

Chat
GPT

要約

プログラム

翻訳

ＣｈａｔＧＰＴは、ＦＰにとって欠かせない存在であり、活用することがＦＰの必須です！

## 生成ＡＩの代表格ＣｈａｔＧＰＴの衝撃

　2022年11月、アメリカのOpenAIが発表したのが、対話形式でやり取りできるＡＩの「ChatGPT」である。新しい雇用が創出される期待とは裏腹に、ホワイトカラーの仕事が奪われているというほうが注目されているようだ。ChatGPTによってＦＰの仕事は奪われていくのだろうか。

## ＣｈａｔＧＰＴは、言葉を生成するＡＩ

　ChatGPTはLLM（大規模言語モデル）のひとつであり、超大規模なデータを事前学習することで、「次の言葉（単語）」を確率的に予測している。そうすることで、これまではできなかった、ゼロからの文章生成や知識を元にした対話などができるようになった。そしてそのテクノロジーの進歩は３ヶ月〜半年で大きく変わる。

　私達は、プロンプトという呪文を唱えることで、ChatGPTは様々なアイデアやアウトプットを提供してくれる。しかし、注意が必要なのは「気の利いた呪文」に対してはそれ相応の回答をしてくれるのだが、「資産運用の仕方を教えて」といった漠然とした質問（呪文）では、漠然とした回答しか返ってこない。使う側のスキルが問われるのだ。

## ＡＩは「敵」ではなく「協力者」として捉える

　適切なプロンプトは、ＦＰの強力な味方になってくれる。提案書のＣＦ表を手書きするよりは、表計算ソフトを利用したほうが正確でグラフなども作成できるため効率的といえる。それ以上に効率的といえるのがＦＰのＡＩの活用である。自ら作成したＦＰ用のプロンプトで、ChatGPTを良き協力者として活用させていただいている。

# 第2章

## ライフプランニングと資金計画

　長寿の国に住む私たちにとって、ライフプランを検討することは重要です。仮に、20歳から60歳まで仕事をしたときの自由時間と、引退後60歳から80歳までの自由時間は、ほぼ同じかそれ以上あるのです。計画通りにはいかなくても、今、すべきことが見えてきます。それがライフプランを作成する価値なのです。

# 1. ライフプランニングと人生の3大必要資金

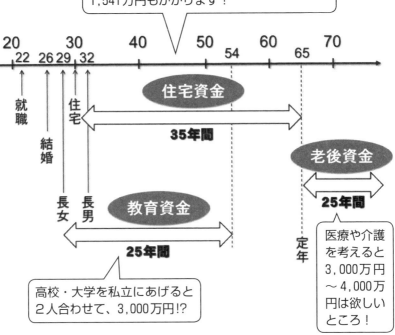

借入金2,500万円、35年ローンの利息は金利1%で464万円、2%で978万円、3%で1,541万円もかかります！

住宅資金

35年間

老後資金

25年間

教育資金

25年間

就職

結婚

住宅

長女

長男

定年

高校・大学を私立にあげると2人合わせて、3,000万円!?

医療や介護を考えると3,000万円〜4,000万円は欲しいところ！

「人生の3大必要資金」とは、教育資金、住宅資金、老後資金を指します。必要になる資金は約1億円というのは本当？

## 教育資金と住宅資金は、それぞれ3,000万円！？

　左表は、とある家族の簡単なライフプランである。22歳で就職、26歳で結婚、29歳で子どもが生まれ、翌年にはマイホームも購入している。幸せを絵に描いたような4人家族だが、その後の支出を考えると、その金額の大きさに頭が痛くなる。

　例えば、子ども一人を大学まで卒業させるのに必要な教育資金は、高校・大学を私立に行かせた場合約1,500万円だ。2人なら約3,000万円になる。

　住宅資金については、マイホームを購入し35年のローンを組んだ場合、利息は複利計算されるので、思ったよりも負担は重い。借りた金額が2,500万円であっても、金利によっては総返済額が3,000万円を超えてくる場合もある。

## 老後資金が1億円必要というのは本当か？

　「何歳まで生きるのか」がポイントとなるのが老後資金である。その問いに答えなければ、必要な老後資金を算出できないからだ。雑誌等を見ると、最近の相場は1億円だそうだ。一部の富裕層を除けば、宝くじの当選金レベルの感覚になってしまい、とても現実的な金額とは思えない。節約老後人生を送るとしても、医療費や介護費を考えると、可能であれば3,000〜4,000万円は用意しておきたいところだ。

　人生の3大必要資金の合計を考えると、およそ1億円近く必要になる。この金額は、現役時代の生活費や家族で外食や旅行などに行く娯楽費等はまだ含めていない。給料は上がらず、物価は上昇する時代を生きていくには、それなりの準備をしておく必要がありそうだ。やはりFPのスキルは必要不可欠なのである。

# 2. 教育資金設計の重要性

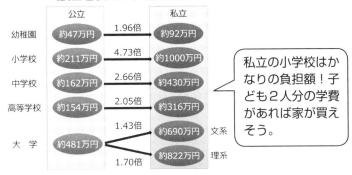

〈公立と私立の学習費の違い〉

|  | 公立 |  | 私立 |  |
|---|---|---|---|---|
| 幼稚園 | 約47万円 | 1.96倍 | 約92万円 |  |
| 小学校 | 約211万円 | 4.73倍 | 約1000万円 |  |
| 中学校 | 約162万円 | 2.66倍 | 約430万円 |  |
| 高等学校 | 約154万円 | 2.05倍 | 約316万円 |  |
| 大　学 | 約481万円 | 1.43倍 | 約690万円 | 文系 |
|  |  | 1.70倍 | 約822万円 | 理系 |

私立の小学校はかなりの負担額！子ども２人分の学費があれば家が買えそう。

〈１年ごとの学習費（子供２人の場合）〉

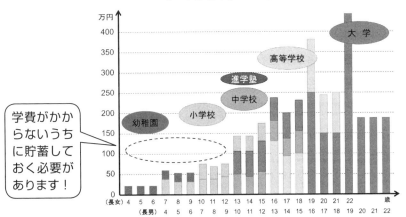

学費がかからないうちに貯蓄しておく必要があります！

公立と私立のどちらにするか、進学塾に通わせるのかどうかは、かかる費用と相談する必要がありそうです！

## 子どもを1人、大学まで卒業させるのに約1,500万円という現実

　共働き等で収入がそれなりにある家庭は、子供を小学校から私立に行かせたくなるようだ。しかしそれは左図にある通り、6年間にかかる1,000万円という金額をみると、事前の心構えの必要性を感じざるを得ない。幼稚園から高等学校までのデータは、文部科学省「2021年度子供の学習費調査」からの引用で、原則2年に一度更新される。大学の費用は、日本政策金融公庫「2021年度教育費負担の実態調査結果」によるものである。

　幼稚園から義務教育の中学校までを公立、高校・大学を私立と仮定すると、理系文系の選択にもよるが、およそ1,500万円かかる。

## 教育費があまりかからないときに貯蓄すべし！

　子供が2人の場合、上記の金額で計算すると3,000万円の教育費が必要になる。ただし、一時金で必要になるわけではないので、少しは気が楽になるが、子供の年齢によって毎年どのくらいの教育費がかかるのかは把握しておきたい。

　左図の例を見ると、長女が大学4年生（22歳）、長男が大学に入学（19歳）するときの教育費を合わせると、入学金もかかるため400万円を超えている。一般の家庭であれば、定期預金を解約する金額だ。そのためには、子どもが小さくあまり費用が掛からないうちに、教育資金を準備しておく必要がある。

　少子化の時代ではあるが、名の通った私立大学に入学させるには、進学塾に通う必要も出てくる。進学塾にかかる費用は、夏期講習、冬期講習なども加味すると状況にもよるが、年100〜150万円くらいは覚悟しておいた方が安心である。

25

# 3. 2つの教育資金の借り方

## ＜貯める＞

**こども保険、学資保険**
・貯蓄機能
・保障機能

**財形貯蓄制度**
　・一般財形貯蓄
　・財形年金貯蓄
　・財形住宅貯蓄

> 財形貯蓄制度は、給与からの天引きで行う貯蓄制度です。この制度が導入されていない企業もあります。

## ＜借りる＞

**教育一般貸付**
　　（日本政策金融公庫）
・融資限度額：350万円
・返済期間　：18年以内
・金利　　　：固定金利
・親の年収要件有

**奨学金制度**
　　（日本学生支援機構）

[給付型]　・給付型奨学金

[貸与型]　・第1種奨学金
　　　　　・第2種奨学金

> 給付金の方が貸与型に比べ利用要件が厳しくなっています！

> 教育費の調達手段として、教育一般貸付に加え、給付型奨学金、貸与型奨学金（第一種奨学金、第二種奨学金）などがあります。

## 貯めて足りなければ、借りるしかない

　教育資金はそれなりに大きな資金を要する。その準備の流れは、まずは子供が小さい頃にお金を「貯める」こと、そして足りなければ「借りる」ことだ。

　貯める方法で有名なのは、保険会社のこども保険や学資保険だが、金利の低い状況では、魅力度は低下気味である。勤務先の福利厚生として、財形貯蓄制度もあるがこちらも金利が低い状況下では、その利息が非課税といわれても、あまりおトク感はない。教育資金という用途の都合上、リスクを取った運用はオススメしにくい。

## 教育資金の借り方は2つ！

　一般家庭において、「医者になりたい」といった子供の要望を満たすには、「借りる」という手段を考えざるを得ない場合がある。教育資金の借り方には大きく2つの方法がある。ひとつは、親が借りて親が返す「教育一般貸付」。もう一つは、子供が借りて子供が返す「奨学金」である。

　「教育一般貸付」は、1年分まとめて受け取れ、利用可能額は350～450万円（海外留学など一定の要件あり）、返済期間は2022年4月以降、最長18年で在学中は元金据置が可能となっている。必要になったときに、いつでも申し込みが可能である。

　「奨学金」は、毎月定額で受け取り、その月額は1～12万円。返済期間は最長20年で、在学中は無利息となっている。申し込み時期は決められており注意が必要となる。2020年4月より、高等教育の修学支援制度がはじまり、要件を満たせば、授業料等の免除・減額、および給付型奨学金などの支援が受けられる。

# 4. 住宅購入と住宅ローン

**自己資金 ＋ 借入金（住宅ローン）＝ 住宅取得資金**

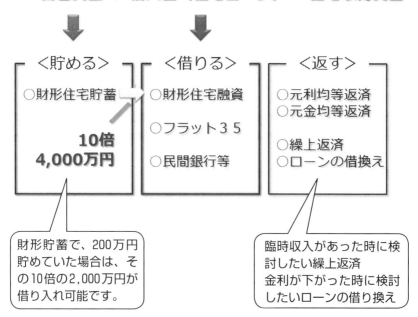

| ＜貯める＞ | ＜借りる＞ | ＜返す＞ |
|---|---|---|
| ○財形住宅貯蓄 **10倍 4,000万円** | ○財形住宅融資 ○フラット３５ ○民間銀行等 | ○元利均等返済 ○元金均等返済 ○繰上返済 ○ローンの借換え |

財形貯蓄で、200万円貯めていた場合は、その10倍の2,000万円が借り入れ可能です。

臨時収入があった時に検討したい繰上返済
金利が下がった時に検討したいローンの借り換え

2023年のフラット35（返済期間21〜35年以下、融資率９割以下）の金利は上昇傾向にあり、11月時点の最高金利は、3.530%です。

## 住宅を購入するには、購入費用の7〜10%の現金が必要！

　マイホームを購入する場合、住宅ローンを組んで購入する割合が高い。しかしながら、マイホームを購入時に自己資金（現金）は必須だ。自己資金とは、頭金や購入に係る諸経費を含めたものをいう。頭金なしというローンもあるが、登記費用や手数料などの諸経費は確実にかかる。新築・中古でそれぞれ必要な諸経費は異なるが、購入費用の7〜10%が目安となる。

## 固定金利と変動金利の選択はいつの時代も悩ましい

　住宅ローンの組み方次第で、支払総額は大きく変わる。まず知っておきたいのは、フラット35を代表とする固定金利の商品や、民間の金融機関に多い固定金利期間選択型や変動金利の商品などの金利の仕組みについてだ。

　固定金利は融資実行時点から返済が終わるまで一定の金利となるが、変動金利は、金利の見直しは半年ごと、返済額の見直しは5年ごとに行われる。現在、利用者の多い固定金利期間選択型のタイプでは、当初は固定金利だが、一定期間が過ぎると、その後の金利を固定金利にするか、変動金利にするかを選択できる。

　将来の金利がどうなるかは神様にしか分からないが、どういう状況になっても、ある程度の対策方法を検討しておくことをお勧めする。

　住宅金融支援機構の「フラット35」は、S、リノベ、維持保全型、地域連携型、地域移住支援型など、様々なラインナップがある。2017年10月からは、フラット35（買取型）の金利は新機構団信（0.28%）付きの金利となった。デュエット（ペア連生団信）では現在の借入金利に+0.18%、新3大疾病付きでは+0.24%となる。

# 5. 借入可能額と返済可能額

借入金：3,000万円、返済期間：35年、金利：3%（固定）の例

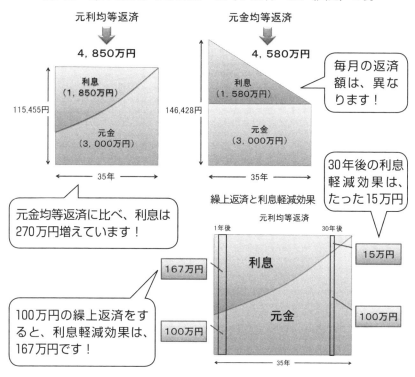

元利均等返済
↓
4,850万円

115,455円

利息
（1,850万円）

元金
（3,000万円）

←35年→

元金均等返済
↓
4,580万円

146,428円

利息
（1,580万円）

元金
（3,000万円）

←35年→

毎月の返済額は、異なります！

元金均等返済に比べ、利息は270万円増えています！

繰上返済と利息軽減効果

元利均等返済

1年後　　30年後

利息

元金

←35年→

30年後の利息軽減効果は、たった15万円

15万円

100万円

167万円

100万円

100万円の繰上返済をすると、利息軽減効果は、167万円です！

「借りられる額」が「返せる額」ではありません！　この意味、わかりますか？

## 住宅ローンの返済方法は、教育費負担と一緒に考える

　住宅ローンを利用する時に気になるのが、「金利・返済期間・借入額」だろう。これらによって総返済額が求まり、毎月の返済額が決まる。大切なのは、「借入可能額（借りられる金額）」ではなく、「返済可能額（返すことのできる金額）」を選択することである。

　返済方法には、「元利均等返済」と「元金均等返済」があり、条件が同じであれば総返済額は「元金均等返済」の方が少ない。しかし、返済当初の毎月の返済額が高くなる点や、毎月の返済額が異なるなど、使い勝手がよくないと感じる人もいるだろう。家族構成にもよるが、子どもの教育資金と住宅資金と併せて考えると、元金均等返済の方がバランスが取れているといえるだろう。要するに視野を広げて考えることが重要だ。

## 支払総額を大きく減らす、「繰上返済」

　住宅ローンは早く返済すれば、利息負担が少なく済むため支払総額を減らすことができる。そこで検討すべきは繰上返済である。繰上返済とは、前倒しで返済する方法で、その返済額は元金部分にのみ充当される。元金に相応する利息は支払わなくて済むため、支払総額を減らす効果がある。これを「利息軽減効果」と呼ぶ。

　例えば、100万円の繰上返済すると、繰上返済の時期が1年後と30年後とでは、左図のように利息軽減効果に10倍以上の開きがある。利息軽減効果を高めるには、できるだけ早い時期にたくさん繰上返済をすることが大切である。繰上返済は、第1回の返済時に行うことができれば理想的である。つまり、頭金を増やすことができれば、最高の利息軽減効果を享受できることになる。

# 6. 働き方によって異なる<br>日本の社会保険制度

| | | 会社員など | 自営業者など |
|---|---|---|---|
| 社会保険<br>（狭義） | 医療 | 健康保険<br>（協会、組合） | 国民健康保険 |
| | 介護 | 介 護 保 険 | |
| | 年金 | 厚生年金保険 | 国民年金 |
| 労働保険 | 労災 | 労働者<br>災害補償保険 | |
| | 雇用 | 雇用保険 | |

戦前・戦中・戦後に、雇用労働者の救済のため、社会保険が整備されていました！

今になると、雇用保険や労災保険のない自営業者等は、心細くも感じます。

日本の社会保険制度は、戦前・戦中・戦後に制定されました！

32

## 社会保険は、雇用労働者の困窮の救済を目的に制度化

　まず日本の社会保険制度の歴史を説明しておきたい。日本で初めて作られたのは、医療保険で、1922年（大正11年）のことである。その後、戦時中の1941年（昭和16年）に労働者年金保険（現在の厚生年金保険）が、終戦から2年後の1947年（昭和22年）9月に労災保険とともに労働者災害補償保険（以下、労災保険）、同年12月に失業保険（現在の雇用保険）制度が施行された。

　社会保険は、雇用労働者の傷病等による生活の困窮に備えるという意味合いが強いため、対象者は会社員が中心である。自営業者等に対しては、1961年（昭和36年）に国民健康保険を受け皿とした国民皆保険が、国民年金の創設による国民皆年金が実現された。

　こうして日本の社会保険制度が整ってきたのである。


## 社会保険制度は自営業者等より会社員等の方が恵まれている

　日本の社会保険制度を、会社員等と自営業者等で比較すると、会社員等の方が、給付・サービスにおいて恵まれている。

　公的医療制度の「健康保険」と「国民健康保険」を比較した場合、傷病手当金、出産手当金は国民健康保険では支給されていない。公的年金の「厚生年金保険」と「国民年金」を単純に比較することは難しいが、会社員等は厚生年金だけでなく、国民年金も支給されることを忘れてはいけない。労働保険の「労災保険」や「雇用保険」にいたっては、自営業者等にはその存在すらない。2000年にスタートした公的介護保険については、大きな差異はない。

　日本の社会保険制度は、保険料の支払い方も含めて、その働き方によって給付・サービスの充実度が異なるのである。

# 7. 公的医療保険の保険料と一部負担金

|  | 健康保険（協会） | 国民健康保険 |
|---|---|---|
| 保険料 | 各都道府県による<br>（全国平均：10.00%） | 各市区町村による |
| 負担 | 労使折半 | 全額被保険者 |

●医療保険の一部負担金の負担割合（自己負担割合）

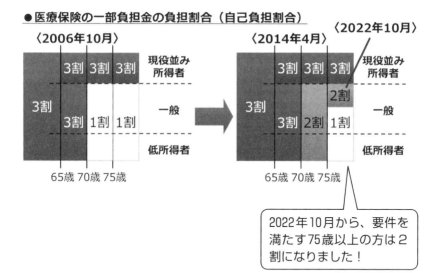

〈2006年10月〉

| 3割 | 3割 3割 3割 | 現役並み所得者 |
| | 3割 1割 1割 | 一般 |
| | | 低所得者 |

65歳 70歳 75歳

〈2014年4月〉

〈2022年10月〉

| 3割 | 3割 3割 3割 | 現役並み所得者 |
| | 2割 | |
| | 3割 2割 1割 | 一般 |
| | | 低所得者 |

65歳 70歳 75歳

2022年10月から、要件を満たす75歳以上の方は2割になりました！

病院に行ったときの一部負担金の割合は、時がたつにつれて引き上げられているのがわかります！

## 協会けんぽの保険料は引き上げが続いている

　公的医療保険は、75歳以上の後期高齢者医療制度を除けば、大きく健康保険と国民健康保険（以下、国保）に分けられる。さらに、健康保険には、主として大企業が導入している組合管掌健康保険と、中小企業が導入している全国健康保険協会管掌健康保険（以下、協会けんぽ）がある。協会けんぽの保険料は事業主と被保険者が半分ずつ保険料を負担する労使折半で、都道府県ごとに保険料率が異なる。全国平均は10.00％である。

## 国民健康保険制度の保険者は、都道府県および市町村

　国保の加入者は、自営業者をはじめ、定年退職後、後期高齢者に該当する75歳未満の方々である。自営業者等には労災保険がないため、仕事中の傷病も国保で対処する点で協会けんぽとは異なる。国保の保険者は、2018年4月から市町村だけでなく、都道府県も加わった。

## 公的医療保険の一部負担金の引き上げは15年で上昇の一途！

　病院で診察を受けた場合の一部負担金の割合は、一般の人で3割である。しかし、この一部負担金の割合は、ここ15年で徐々に上昇してきている。

　2006年の健康保険法改正では、同年10月から70歳以上の現役並み所得者の負担割合が2割から3割に引き上げられた。そして、2014年4月からは、施行予定から6年遅れで70歳以上75歳未満の一般所得者や低所得者の負担割合が1割から2割に引き上げられた。5年間掛けて段階的に引き上げが行われたため、対象者全員が2割に引き上げられたのは2019年度末である。

35

# 8. 後期高齢者医療制度

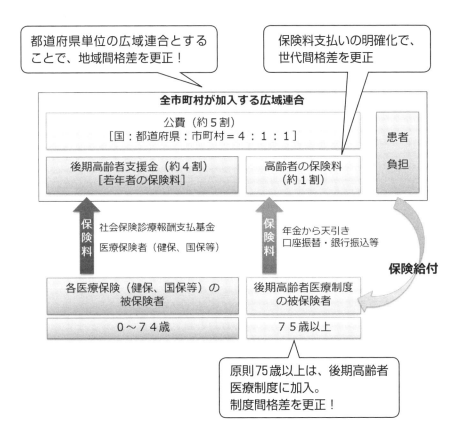

都道府県単位の広域連合とすることで、地域間格差を更正！

保険料支払いの明確化で、世代間格差を更正

**全市町村が加入する広域連合**

公費（約5割）
[国：都道府県：市町村＝4：1：1]

後期高齢者支援金（約4割）
[若年者の保険料]

高齢者の保険料
（約1割）

患者
負担

保険料　社会保険診療報酬支払基金
医療保険者（健保、国保等）

保険料　年金から天引き
口座振替・銀行振込等

保険給付

各医療保険（健保、国保等）の
被保険者

後期高齢者医療制度
の被保険者

0〜74歳

75歳以上

原則75歳以上は、後期高齢者
医療制度に加入。
制度間格差を更正！

原則75歳になると、それまでの働き方によらず、後期高齢者医療制度に加入することになります！

## 波乱の幕開けとなった、後期高齢者医療制度

　後期高齢者医療制度は、2008年4月からスタートしたものの、「後期高齢者」という名称や、原則、保険料が年金から天引きされる点など施行当時に批判を浴び、波乱の幕開けとなった。しかし、日本人の平均寿命の延びや、高齢化の進展、国民医療費の増加などから、高齢者医療の改革が求められていた時でもあったのである。

## 若い人の怒りが爆発？「世代間格差」の是正

　後期高齢者医療制度が始まる前は、老若の区別なく保険料を徴収し老人保健制度に拠出していたため、実質的には若者が高齢者の医療費を負担するシステムになっていた。こうした世代間格差を是正するため、後期高齢者の医療にかかる費用を年金から天引きを行い、高齢者にも負担を求める必要性があった。

## 市区町村によって保険料の差が約6倍!?「地域間格差」の是正

　公的医療の受け皿としての役割が大きい国民健康保険の保険料は市区町村単位のため、居住地により保険料の格差も約6倍に拡大した。そこで、運営主体を市区町村単位ではなく、都道府県単位の高齢者医療広域連合とすることで、地域間格差の対策を行った。

## 原則75歳以上は後期高齢者医療制度！「制度間格差」の是正

　健康保険などの被保険者の被扶養者は保険料の支払いがないなど、国民健康保険と比べると有利であり制度間格差があった。そこで、原則75歳を迎えた高齢者は、それまで加入していた医療保険から脱退し、後期高齢者医療制度に加入する。

# 9. 後期高齢者医療制度の 一部負担割合

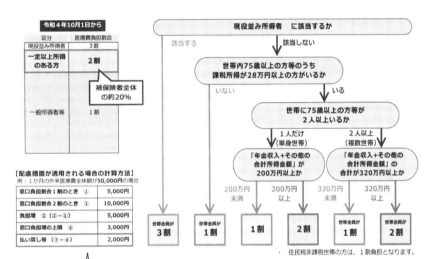

| 令和4年10月1日から | |
| --- | --- |
| 区分 | 医療費負担割合 |
| 現役並み所得者 | 3割 |
| 一定以上所得のある方 | 2割 |
| 一般所得者等 | 1割 |

被保険者全体の約20%

**【配慮措置が適用される場合の計算方法】**
例：1か月の外来医療費全体額が50,000円の場合

| | | |
| --- | --- | --- |
| 窓口負担割合1割のとき ① | | 5,000円 |
| 窓口負担割合2割のとき ② | | 10,000円 |
| 負担増 ③（②−①） | | 5,000円 |
| 窓口負担増の上限 ④ | | 3,000円 |
| 払い戻し等 （③−④） | | 2,000円 |

出典：厚生労働省「後期高齢者医療制度の概要」より

窓口負担が6,000円を超えるとそれ以降は1割負担となるのが3年間の配慮措置です！

後期高齢者の一部負担割合は、これで、「1割」「2割」「3割」とフルラインナップが揃ってしまいました。

## 一定の所得がある場合、窓口負担の割合が２割に！

　団塊の世代が後期高齢者となり始める2022年10月から、左図のように、単身世帯の場合、課税所得が28万円以上かつ年収200万円以上の方を、病院等で窓口での負担割合が２割となった。夫婦２人など、複数世帯の場合は、年収が320万円以上ある場合に２割となる。

　課税所得28万円以上というのは、所得上位の30％に入る者であり、現役並み所得者を除くと全体の23％に相当する。収入基準額は、課税所得をもとに年金収入のみの世帯を前提に計算している。なお、対象者のほとんどが年金収入である。

　今回の見直しによって、現役世代の負担となっている「後期高齢者支援金」は、2022年度は約720億円、2025年度時点では約830億円の抑制効果額が見込まれている。

## １割から２割への月の負担増は最大3,000円の配慮措置

　長期にわたる外来受診について、急激な負担増を抑制するため、世帯の所得の状況等に応じて、２割負担になる者の外来受診の負担増加額について、最大でも月3,000円に収まるよう措置を講じる事になった。それが配慮措置である。

　具体例で考えてみると、月の医療費が50,000円の場合、窓口負担割合が１割のときは5,000円で、２割で10,000円となる。２割負担に該当した者は、5,000円の負担増となる。その場合、配慮措置により3,000円を超えた部分の2,000円が高額療養費の口座に払い戻される。

　つまり、配慮措置とは月の窓口負担額が6,000円までは２割負担となり、6,000円を超えた部分については１割負担になる措置と考えることができる。なお、施行後３年間の経過措置とされている。

# 10. 高額療養費制度の見直し

過去12ヵ月以内に3回以上、4回目からの
自己負担限度額（多数該当高額療養費）

**■70歳未満の区分**

| 所得区分 | 自己負担限度額 | |
|---|---|---|
| ①区分ア（標準報酬月額83万円以上の方） | 252,600円＋(総医療費－842,000円)×1% | 140,100円 |
| ②区分イ（標準報酬月額53万円～79万円の方） | 167,400円＋(総医療費－558,000円)×1% | 93,000円 |
| ③区分ウ（標準報酬月額28万円～50万円の方） | 80,100円＋(総医療費－267,000円)×1% | 44,400円 |
| ④区分エ（標準報酬月額26万円以下の方） | 57,600円 | 44,400円 |
| ⑤区分オ（低所得者・被保険者が住民税の非課税者等） | 35,400円 | 24,600円 |

**■70歳以上の区分**

| 負担割合 | 所得区分 | 外来（個人ごと） | | 外来＋入院（世帯ごと） |
|---|---|---|---|---|
| 3割 | 現役並所得Ⅲ（課税所得690万円以上） | 252,600円＋(総医療費－842,000円)×1% | | 140,100円 |
| | 現役並所得Ⅱ（課税所得380万円以上） | 167,400円＋(総医療費－558,000円)×1% | | 93,000円 |
| | 現役並所得Ⅰ（課税所得145万円以上） | 80,100円＋(総医療費－267,000円)×1% | | 44,400円 |
| 2割 | 一般Ⅱ | 6,000円＋(総医療費－30,000円)×10%または18,000円のいずれか少ない方 年間上限144,400円 | | 57,600円 44,400円 |
| 1割 | 一般Ⅰ | 18,000円 年間上限144,400円 | | 57,600円 44,400円 |
| | 住民税非課税等で区分Ⅱ | 8,000円 | | 24,600円 |
| | 住民税非課税等で区分Ⅰ | 8,000円 | | 15,000円 |

2015年1月　　　：70歳未満が5区
　　　　　　　　　　分に
2017、18年8月：70歳以上の限度
　　　　　　　　　　額見直し
2022年10月　　：70歳以上の2割
　　　　　　　　　　部分追加

## 総医療費100万円でも自己負担は9万円弱になる高額療養費制度

　高額療養費制度とは、１ヵ月当たりの自己負担額が一定額を超えた場合に、その超えた分を請求することで、後から給付される制度である。民間の医療保険加入の前に知っておきたい制度の一つである。例えば、70歳未満で、標準報酬月額が28～50万円の人の場合、自己負担限度額は「80,100円＋（総医療費－267,000円）×１％」で計算できる。仮に手術等で医療費を100万円支払った場合でも、自己負担額は87,430円で済む。なお、高額療養費制度は、医療機関等での窓口負担をしてから申請することにより払い戻されるが、「限度額適用認定証」を提示すると、支払時の負担が自己負担限度額を上限額で済み、申請が不要となる。

## 高額療養費制度の見直し

　図表のように、高額療養費制度は70歳未満と70歳以上でその仕組みが異なる。70歳未満の区分については、2015年１月から見直され、所得の高い人の自己負担限度額が引き上げられた。過去12ヵ月に３回以上高額療養費の支給を受けた場合の４回目以降の限度額（多数回該当）は、①区分アの場合、140,100円となる。

　70歳以上の区分は、2017年８月に見直され、現役並み所得者の外来（個人）および、一般所得者の外来（個人）・外来入院（世帯）の自己負担限度額が引き上げられた。さらに2018年８月にも見直され、現役並み所得者の自己負担限度額は３区分に細分化、70歳未満の区分ア～ウと同様となった。そして、2022年10月より後期高齢者の一部負担割合の引き上げとともに、高額療養費制度にも２割の区分が追加され、見直しが行われた。

# 11. 公的医療保険の給付

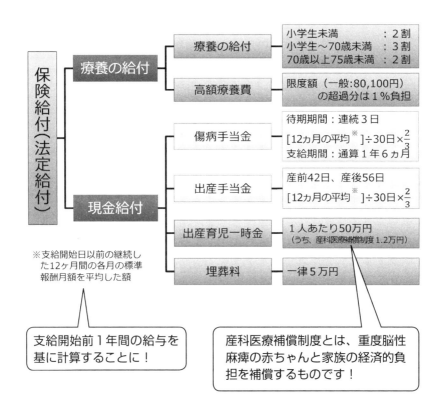

| | | | |
|---|---|---|---|
| 保険給付（法定給付） | 療養の給付 | 療養の給付 | 小学生未満 ： 2 割<br>小学生〜70歳未満 ： 3 割<br>70歳以上75歳未満 ： 2 割 |
| | | 高額療養費 | 限度額（一般：80,100円）の超過分は 1 ％負担 |
| | 現金給付 | 傷病手当金 | 待期期間：連続 3 日<br>[12ヵ月の平均※]÷30日×$\frac{2}{3}$<br>支給期間：通算 1 年 6 ヵ月 |
| | | 出産手当金 | 産前42日、産後56日<br>[12ヵ月の平均※]÷30日×$\frac{2}{3}$ |
| | | 出産育児一時金 | 1 人あたり50万円<br>(うち、産科医療補償制度 1.2万円) |
| | | 埋葬料 | 一律 5 万円 |

※支給開始日以前の継続した12ヶ月間の各月の標準報酬月額を平均した額

支給開始前 1 年間の給与を基に計算することに！

産科医療補償制度とは、重度脳性麻痺の赤ちゃんと家族の経済的負担を補償するものです！

2023年 4 月より、出産育児一時金の税額が42万円から50万円となりました！

42

## 傷病手当金・出産手当金の計算方法の変更

　傷病手当金・出産手当金は、被保険者が傷病や出産で仕事を休み、事業主から十分な報酬が受けられない場合に、休業中の生活保障のために支給される。

　「傷病手当金」は、病気やケガで連続して3日間休んだ場合、4日目から通算して1年6ヵ月間支給される。なお、2022年1月から出勤に伴う不支給期間は、その分を延長して通算1年6ヵ月の支給が受けられるようになった。

　「出産手当金」は、出産の日以前42日から、出産の日後56日間までの間で、仕事を休んだ日数分支給される。一昔前は、残業を増やすなど意図的に手当金を増やすような操作ができたが、2016年4月1日から「支給開始日以前の継続した12ヵ月間の各月の標準報酬月額を平均した額を30日で除した額」の3分の2相当額と基準を変更されたため、今は金額操作がしにくくなっている。

## 出産育児一時金の見直しの変遷

　事業主からの報酬に関わらず要件を満たせば受け取ることが可能なのが出産育児一時金である。被扶養者が出産したときは、2023年4月から1児ごとに50万円（産科医療補償制度の加算を含む）に引き上げられた。厚生労働省によると、2021年度の民間のクリニックなども含めた出産にかかった費用は全国平均で、それまでの一時金42万円を上回る47.3万円となった。

　出産育児一時金は、2006年10月からそれまでの30万円から35万円になった。2009年10月から39万円、産科医療補償制度が始まり3万円を加えた42万円となった。

# 12. 退職後の公的医療

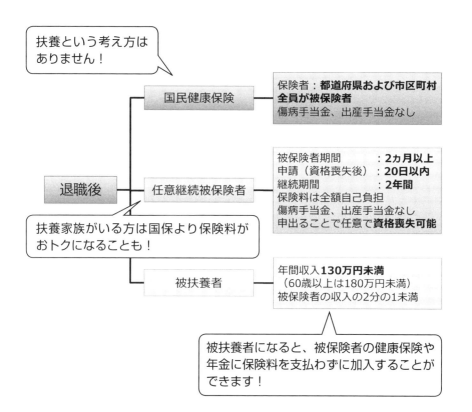

扶養という考え方は
ありません！

**国民健康保険**

保険者：**都道府県および市区町村**
**全員が被保険者**
傷病手当金、出産手当金なし

**退職後**

**任意継続被保険者**

被保険者期間　　　　　　：**2ヵ月以上**
申請（資格喪失後）：**20日以内**
継続期間　　　　　　　　：**2年間**
保険料は全額自己負担
傷病手当金、出産手当金なし
申出ることで任意で**資格喪失可能**

扶養家族がいる方は国保より保険料が
おトクになることも！

**被扶養者**

年間収入**130万円未満**
（60歳以上は180万円未満）
被保険者の収入の2分の1未満

被扶養者になると、被保険者の健康保険や
年金に保険料を支払わずに加入することが
できます！

社会保険上の扶養は、税法上のよう
に暦年で考えるのではなく、その年
の年収の「見込み」で判断します！

## 受け皿としての国民健康保険は、加入者全員が被保険者！

　会社を辞め、すぐに就職しない者や自営業者等は、原則として住所地の都道府県と市区町村が運営する国民健康保険（以下、国保）に強制的に加入する。国保は、公的医療保険の受け皿的な要素を兼ね備えている。国保は世帯単位での加入となり、大人や子どもの区別がない。加入者一人ひとりが被保険者となり、健康保険のような被扶養者という概念はない。なお、保険料は市区町村ごとに異なる。

## 要件を満たせば、退職前の医療保険を継続することも可能！

　退職後も希望すれば2年間、退職前の医療保険に継続して加入できる。これを任意継続被保険者という。ただし、被保険者でなくなった日までに継続して2ヵ月以上の被保険者期間があり、退職後の翌日から20日以内に申請をする必要がある。なお、保険料はすでに退職しているため、労使折半とはならず全額自己負担である。そして、傷病手当金と出産手当金は支給されない。なお、2022年1月より、被保険者からの申請による資格喪失手続きが可能となった。

## 被扶養者は何がおトクなのか？

　被扶養者とは、会社員の夫、専業主婦の妻が居た場合、一定の要件を満たせば、夫の扶養（被扶養者）になることができる。

　被扶養者であれば、夫の勤務する会社の健康保険に加入することができ、国民年金の第3号被保険者になることも可能である。そうなると何がおトクなのかというと、それぞれの保険料を支払わずに加入することができる点にある。自営業の妻の場合はどちらも本人が支払わなければならない。

# 13. 年収の壁・支援パッケージ (106万円の壁と130万円の壁)

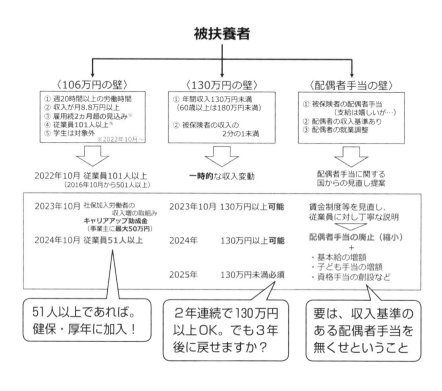

**被扶養者**

〈106万円の壁〉
① 週20時間以上の労働時間
② 収入が月8.8万円以上
③ 雇用続2ヵ月超の見込み※
④ 従業員101人以上※
⑤ 学生は対象外
　　　　　　　　※2022年10月～

〈130万円の壁〉
① 年間収入130万円未満
　（60歳以上は180万円未満）

② 被保険者の収入の
　　　　2分の1未満

〈配偶者手当の壁〉
① 被保険者の配偶者手当
　　　　（支給は嬉しいが…）
② 配偶者の収入基準あり
③ 配偶者の就業調整

2022年10月 従業員101人以上
（2016年10月から501人以上）

**一時的**な収入変動

配偶者手当に関する
国からの見直し提案

2023年10月 社保加入労働者の
　　　　　　収入増の取組み
**キャリアアップ助成金**
（事業主に最大50万円）

2024年10月 従業員51人以上

2023年10月 130万円以上**可能**

2024年　　　130万円以上**可能**

2025年　　　130万円未満**必須**

賃金制度等を見直し、
従業員に対し丁寧な説明

配偶者手当の廃止（縮小）
＋
・基本給の増額
・子ども手当の増額
・資格手当の創設など

51人以上であれば。
健保・厚年に加入！

2年連続で130万円
以上OK。でも3年
後に戻せますか？

要は、収入基準の
ある配偶者手当を
無くせということ

130万円の壁を超えると扶養から外される
106万円の壁を超えると健保・厚年に加入することになる。この違いわかりますか？

46

## 短時間労働者に対する「年収の壁・支援パッケージ」とは

　日本の人口減の影響もあり、人手不足への対応が急務となっている。その障害になっているのが、被扶養者の「年収の壁」と被保険者の会社が支給する「配偶者手当（収入要件あり）」の存在である。

## 「130万円の壁」への対応

　2023年10月から、「一時的な収入変動」があり年収130万円以上となっても、連続2回までであれば事業主の証明により引き続き被扶養者として認定（学生、60歳以上も含む）される事になった。具体的な上限額については、新たな年収の壁とならないよう設けられていない。ただし、事業主の証明を健康保険組合等に提出しても、収入要件以外にも要件があるため、被扶養者から外される場合もある。その場合は、一般に国民健康保険、国民年金の第1号被保険者となる。

## 毎月8.8万円×12ヵ月＝「106万円の壁」への対応

　従業員101人以上の企業で継続的にパートをし、月額賃金8.8万円以上など一定の要件を満たす短時間労働者は被扶養者とはなれず、自ら健康保険や厚生年金保険に加入することになる。2024年からは従業員51人以上の企業型が対象となるため、2023年10月から短時間労働者が新たに被用者保険の適用による収入減少において、労働者の収入を増加させる取り組みを行った事業主に対して最大50万円の支援を行う、キャリアアップ助成金（社会保険適用時処遇改善コース）が新設された。事業主が支給した社会保険適用促進手当については、被保険者（標準報酬月額10.4万円以下）の保険料は最大2年間、算定対象としない。ただし、所得税、住民税、労働保険料への影響はある。

47

# 14. 公的介護保険

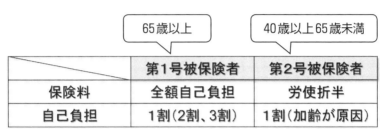

| | 第1号被保険者 | 第2号被保険者 |
|---|---|---|
| | 65歳以上 | 40歳以上65歳未満 |
| 保険料 | 全額自己負担 | 労使折半 |
| 自己負担 | 1割(2割、3割) | 1割(加齢が原因) |

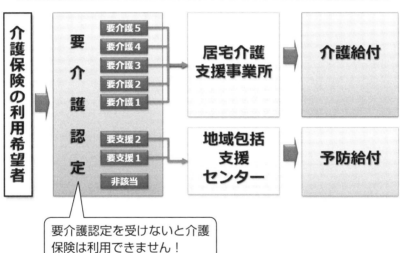

介護保険の利用希望者

要介護認定

要介護5
要介護4
要介護3
要介護2
要介護1

要支援2
要支援1

非該当

居宅介護支援事業所 → 介護給付

地域包括支援センター → 予防給付

要介護認定を受けないと介護保険は利用できません!

原則は1割、カッコ内は主に年金収入です!
2015年4月:2割(単身280万、複数346万)
2018年4月:3割(単身340万、複数463万)

## 長生きのリスクに備える、公的介護保険制度とは？

　公的介護保険は2000年4月から施行された制度で、日本の社会保険制度の中では最も新しい制度である。

　介護保険の被保険者は、第1号被保険者と第2号被保険者の2つに区分される。第1号被保険者は原則65歳以上で保険料は全額自己負担、第2号被保険者は40歳以上65歳未満の医療保険加入者で、健康保険の保険料は労使折半、国民健康保険の場合は全額自己負担となる。第2号被保険者が要介護状態または要支援状態になったとしても、介護保険を利用するには、加齢（老化）を原因とする16の特定疾病に起因する必要がある。つまり、交通事故で足が不自由になったとしても、その原因は加齢ではないため、介護保険を利用することはできない。一方、第1号被保険者の場合、原因を問わず利用可能となる。

## 年金収入等によって、1割負担が2割、3割負担に！

　介護保険を利用するには、まず住民票のある役所に出向き申請書を提出し、認定調査員の訪問調査を受ける。原則30日以内に要介護認定の結果が届く。次に、ケアマネージャーにケアプランの作成を依頼し（自分でも作成可能）、介護事業所と契約することで、介護サービスが利用できる。利用者の自己負担は原則1割である。しかし、2015年の8月から一定以上の年金収入等がある場合、第1号被保険者の自己負担は2割に引き上げられた。単身の場合、年金収入等が280万円以上になると、自己負担は2割に引き上げられる。さらに2018年の8月からは、単身世帯の年金収入等が340万円以上になると3割負担となった。なお、医療の高額療養費に相当する、高額介護サービス費の一般的な所得の方の負担の上限額（世帯合計）は44,400円である。

# 15. 介護サービス利用時の費用

## 居宅サービス 1カ月あたりの利用限度額

要介護度別に支給限度額が定められている。
限度額の範囲内でのサービス利用は原則1割負担
限度額を超えた分は全額自己負担となる。

| | |
|---|---|
| 要支援1 | 50,320円 |
| 要支援2 | 105,310円 |
| 要介護1 | 167,650円 |
| 要介護2 | 197,050円 |
| 要介護3 | 270,480円 |
| 要介護4 | 309,380円 |
| 要介護5 | 362,170円 |

**要介護1で1カ月あたり20万円利用した場合**
・1割負担分：167,650円×1割＝16,765円
・利用超過分：200,000円−167,650円
　　　　　　　＝32,350円（10割負担分）
自己負担額：16,765円＋32,350円＝**49,115円**

## 施設サービス 自己負担の1カ月あたりの目安

個室や多床室〔相部屋〕など住環境の違いによって自己負担額は異なる。
下記は、介護老人福祉施設（特別養護老人ホーム）を要介護5の人が多床室の利用をした場合

| | |
|---|---|
| 施設サービス費の1割 | 約25,200円（847単位×30日＝25,410） |
| 居住費 | 約25,650円（855円／日） |
| 食費 | 約43,350円（1,445円／日） |
| 日常生活費 | 約10,000円（施設による） |
| 合計 | 約104,200円 |

厚生労働省
「介護サービス情報公表システム」より

このサイトは、介護サービスやその料金について調べることができます！

原則は1割、カッコ内は主に年金収入です！
2015年4月：2割（単身280万、複数346万）
2018年4月：3割（単身340万、複数463万）

## 「居宅サービス」にかかる費用の目安

　居宅サービスとは、自宅で生活する人を対象とした介護保険の介護サービス全般のことをいう。居宅サービスには、訪問介護、訪問入浴介護、訪問看護など、12のサービスがある。

　介護保険サービスを利用した場合の利用者負担は、介護サービスにかかった費用の1割（一定以上所得者の場合は2割又は3割）だが、左図のように、1ヵ月あたりの利用限度額が設けられている。例えば要介護1であれば、1割で利用できる月の利用限度額は167,650円である。限度額を超えた分は全額自己負担になるため、支出額が大きく跳ね上がってしまう。

## 「施設サービス」にかかる費用の目安

　施設サービスとは、要介護認定で要介護1から5の認定を受けた人が、介護保険法で定められた施設にて利用できるサービスのことをいう。施設サービスには、介護福祉施設サービス、介護保健施設サービス、介護医療院サービス、介護療養施設サービスの4サービスがある。

　個室や多床室〔相部屋〕など住環境の違いによって自己負担額は異なる。また、要介護度が高いほどその単価も高くなる。例えば、介護老人福祉施設（特別養護老人ホーム）を要介護5の人が多床室の利用をした場合、施設サービス費の1割を負担することになる。しかし、居住費や食費、日常生活費等については1割負担とはならない点に注意が必要だ。

　居宅や施設などの介護サービスの概算料金を知りたい場合は、厚生労働省「介護サービス情報公表システム」にある「介護サービス概算料金の試算」から調べることができる。

# 16. 労働者災害補償保険（労災保険）

## ●会社員等

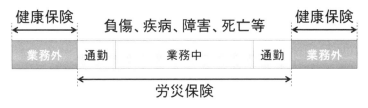

| | | | 負傷、疾病、障害、死亡等 | | |
|健康保険| | | | |健康保険|

| 業務外 | 通勤 | 業務中 | 通勤 | 業務外 |

← 労災保険 →

## ●自営業者等

自営業者等には労災保険の適用はありません！

| 業務外 | 業務中 | 業務外 |

国民健康保険

| | サラリーマン等 | 自営業者等 |
|---|---|---|
| 保険料 | 全額事業主 | — |
| 自己負担 | 0割 | — |

ケガをしやすい業種の労災保険率は高めに設定されています！

| 金属鉱業、非金属鉱業又は石炭鉱業 | 1000分の88（最高） |
| 水力発電施設、ずい道等新設事業 | 1000分の62 |
| 農業又は海面漁業以外の漁業 | 1000分の13 |
| 卸売業・小売業、飲食店又は宿泊業 | 1000分の3 |
| その他の各種事業 | 1000分の3 |
| 金融業・通信業・時計等製造業 | 1000分の2.5（最低） |

労災保険率は2018年4月から改定されていません。全業種の平均は1000分の4.5です！

## 民法だけでは、労働者災害はフォローしきれない！

　労働者が業務上の災害でケガをした場合、民法上では過失賠償責任といって、裁判になったら労働者が会社の過失を立証する必要がある。この過失の証明は非常に大変で、裁判で証明義務のある方が敗訴する可能性が極めて高い。つまり、「会社が労働者の安全に配慮しなかった」「これは会社の落ち度である」ということを証明しないといけないということだ。

　そこで労働基準法は、災害補償を規定している。労働者は使用者（会社）に対して、災害補償請求をすることが可能であり、この場合、労働者に立証責任はない。しかし、会社が倒産してしまった場合などは、会社に補償させることが難しい。

## 公的医療保険を代替する「療養（補償）給付」

　労災保険制度とは、政府が会社から保険料を徴収し、社会保険制度として労働者を迅速かつ公正に保護する制度であり、業務災害または通勤災害における負傷・疾病・障害・死亡等に関して給付を行う。療養（補償）給付は、病気やケガの医療費を補償する給付である。いわゆる公的医療保険を代替する給付といえる。療養補償給付は受診時の患者負担はゼロであるが、通勤災害の療養給付の場合には、200円の一部負担がある。なお、カッコで示してある「補償」が含まれるのが業務災害で、その名称が除かれているのが通勤災害を意味する。

## 「休業（補償）給付」は医療保険の傷病手当金的な役割

　労働者が一定の要件を満たし、療養のため賃金を受けていない場合、延べ3日間の待機期間後4日目から1日につき給付基礎日額の60％が支給されるのが、休業（補償）給付である。

# 17. 労災保険の保険給付

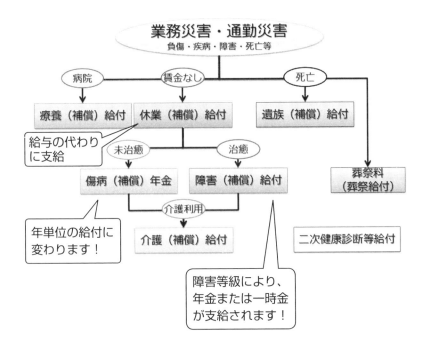

業務災害・通勤災害
負傷・疾病・障害・死亡等

病院 → 療養（補償）給付

賃金なし → 休業（補償）給付

給与の代わりに支給

死亡 → 遺族（補償）給付

未治癒 → 傷病（補償）年金

治癒 → 障害（補償）給付

年単位の給付に変わります！

介護利用 → 介護（補償）給付

障害等級により、年金または一時金が支給されます！

葬祭料（葬祭給付）

二次健康診断等給付

労災保険の保険給付はたくさんあるため、上記のように、体系化して理解することが大切です！

54

## 労災保険の給付は、「医療、介護、年金」の特徴を持つ！

　休業（補償）給付は、病気やケガの療養のために就労できず給与を受けられない場合、4日目から給付が1年6ヵ月を限度に給付される。公的医療保険でいう、傷病手当金に準じた給付だ。病気やケガが長引き1年6ヵ月を経過しても治らない場合、一定の要件のもとに1日単位の休業（補償）給付から、年単位の傷病（補償）年金に切りかわる。治癒したとしても一定の障害が残っている場合は、障害（補償）給付として障害の程度に応じて、年金または一時金で支給される。介護（補償）給付は、障害（補償）年金または傷病（補償）年金の受給者が、一定の障害・傷病によって介護を要する場合、その費用の一部ないし全額が支給される。遺族（補償）給付は、労働者が死亡した場合、一定の範囲の遺族に対して、年金や一時金として支給される。また、死亡時には、葬祭料（葬祭給付）も支給される。

　労災保険の保険給付は、医療、介護、年金といった特徴を持ち合わせている。

## 労働者災害の最後の砦、社会保険としての労災保険！

　労災保険の保険料は、会社から強制的に徴収している。しかし手厚い補償を実現するためには、保険料だけでは原資として足りないため、国庫の補助もある。保険料率は、事業の種類ごとに、その労災事故発生の危険性に応じて決められる。3年に一度改定され、2018年4月に、全54業種の平均の労災保険率は0.45％となり、従前から0.02ポイント引き下げられた。最も保険料率が高いのは、金属鉱業、非金属鉱業または石炭鉱業で8.8％、最も低いのは、通信業、金融業、時計等製造業で、0.25％である。

# 18. 雇用保険の保険料と基本手当

|  | サラリーマン等 | 自営業者等 |
|---|---|---|
| 保険料 | 本人が一部負担 | − |
| 自己負担 | − | − |

| 事業の種類 | 失業等給付・育児休業給付 | 雇用二事業 | | 計 |
|---|---|---|---|---|
|  | 被保険者 | 事業主 | | |
| 一般の事業 | 1000分の6 | 1000分の6 | 1000分の3.5 | 1000分の15.5 |
| 農林水産等 | 1000分の7 | 1000分の7 | 1000分の3.5 | 1000分の17.5 |
| 建設業 | 1000分の7 | 1000分の7 | 1000分の4.5 | 1000分の18.5 |

2023年度 雇用保険料率 (2023年4月改定)

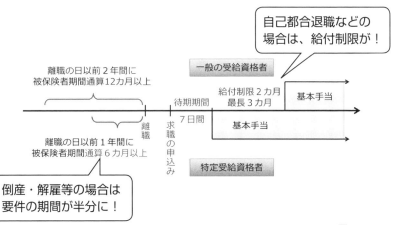

自己都合退職などの場合は、給付制限が!

離職の日以前2年間に被保険者期間通算12カ月以上

一般の受給資格者

待期期間　7日間　給付制限2カ月最長3カ月　基本手当

基本手当

離職の日以前1年間に被保険者期間通算6カ月以上

特定受給資格者

倒産・解雇等の場合は要件の期間が半分に!

2020年10月1日から、失業等給付の給付制限は5年間のうち2回までは2ヵ月に短縮されました!

56

## 失業保険法から雇用保険法に！　就職促進や雇用継続も対象

　雇用保険は、戦後の民主化の一環として労働者保護が叫ばれる中で、労働基準法や労災保険法と共に1947年に制定された。当時は失業保険法という名称であったが、1974年に雇用保険法に改められた。

　保険料の雇用保険率は2023年4月1日以降、一般の事業の場合、給与や賞与の1000分の15.5である。全体でみると労使折半ではないが、失業等給付・介護休業給付については労使折半、雇用二事業については全額事業主負担となっている。なお、保険料は労働保険料として労災保険料（全額事業主負担）と一緒に国に徴収される。

## 失業したときの助けとなる、基本手当！

　雇用保険の基本手当は、失業した場合、職が見つかるまでの短期間、生活の保障と再就職の支援をするものである。一般的には、1日当たりの賃金の45〜80％の基本手当日額を受け取れる。なお、基本手当は非課税のため受給しても税金はかからない。

## 基本手当を受給するための要件と手続き

　基本手当は、離職すればすぐに誰でも受け取れるわけではない。受給要件としては、原則、離職の日以前2年間に被保険者期間が通算12ヵ月以上あることが必要である。倒産・解雇等の場合はその期間の半分で要件を満たす。受給の手続きは、離職票を含む一定の書類を職業安定所（ハローワーク）に持参し求職の申し込みを行う。申し込みの曜日がその後の出頭の曜日になるので注意が必要だ。待期期間の7日を過ぎると、特定受給資格者の場合はすぐに、一般の受給資格者の場合は一定の要件のもと2ヵ月の給付制限の後に基本手当が支給される。

# 19. 雇用保険給付の全体像

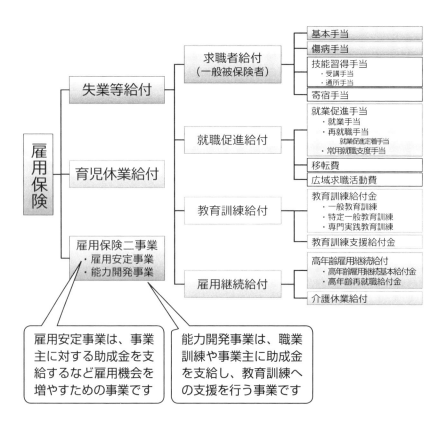

雇用保険

**失業等給付**

求職者給付
（一般被保険者）
- 基本手当
- 傷病手当
- 技能習得手当
  - ・受講手当
  - ・通所手当
- 寄宿手当

就職促進給付
- 就業促進手当
  - ・就業手当
  - ・再就職手当
    - 就業促進定着手当
  - ・常用就職支度手当
- 移転費
- 広域求職活動費

教育訓練給付
- 教育訓練給付金
  - ・一般教育訓練
  - ・特定一般教育訓練
  - ・専門実践教育訓練
- 教育訓練支援給付金

雇用継続給付
- 高年齢雇用継続給付
  - ・高年齢雇用継続基本給付金
  - ・高年齢再就職給付金
- 介護休業給付

**育児休業給付**

**雇用保険二事業**
- ・雇用安定事業
- ・能力開発事業

雇用安定事業は、事業主に対する助成金を支給するなど雇用機会を増やすための事業です

能力開発事業は、職業訓練や事業主に助成金を支給し、教育訓練への支援を行う事業です

「育児休業給付」は、失業等給付の雇用継続給付から削除され、失業等給付とは別に新設されました！

## 教育訓練給付金制度が拡充され現在は３種類に！

　教育訓練給付金制度には、一般教育訓練、特定一般教育訓練、そして専門実践教育訓練の３種類があり、2022年３月31日までの時限措置として、教育訓練支援給付金がある。

　歴史が一番長い「一般教育訓練」は、雇用の安定と再就職の促進を図ることを目的に、支給要件期間が３年以上（初回に限り１年以上）ある場合、教育訓練経費の20％（上限10万円）が支給される。

　「特定一般教育訓練」は、2019年10月からの制度で、速やかな再就職、早期のキャリア形成を目的としている。支給要件期間は３年以上（初回に限り１年以上）、支給額は40％（上限20万円）である。受給には、訓練前キャリアコンサルティングの受講が必須であり、介護支援専門員実務研修や一定のITパスポート試験合格講座などがある。

## 複数年、さらに訓練終了後のサポートもされる専門実践教育訓練

　2014年10月からスタートした「専門実践教育訓練」は、中長期的キャリア形成、雇用の安定と再就職の促進が目的である。支給要件期間は３年以上（初回に限り２年以上）、支給額は受講中の場合50％（３年間の上限額120万円）である。受講終了後、資格取得等をし、かつ終了した日の翌日から１年以内に被保険者として雇用された場合にも支給され、その支給額の合計は70％（３年間の上限額168万円）である。こちらも「訓練前キャリアコンサルティング」の受講が必須となっている。対象となる資格は、看護師、介護福祉士、歯科衛生士などがある。

　「教育訓練支援給付金」とは、専門実践教育訓練給付金の受給資格者が、失業状態にある場合、訓練受講を支援するため一定の要件を満たせば「基本手当の日額×80％」が支給される制度である。

# 20. 育児・介護休業法の改正

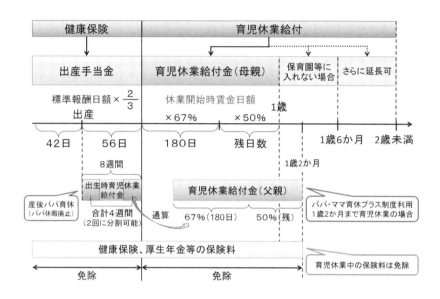

男女とも仕事と育児を両立できるように、育児・介護休業法が2022年10月に「産後パパ育休」が施行されました！

## 「出産」に関する健康保険と雇用保険の育児休業給付

　健康保険の出産手当金は、出産予定日を中心に産前42日、産後56日までの合計で仕事を休んだ日数分支給される。支給額は、休業1日について「支給開始日以前継続した12ヵ月間の各月の標準報酬月額の平均を30日で割った額の3分の2相当額である。

　バトンを渡された雇用保険の育児休業給付から、育児休業を開始した日から子が1歳に達するまで（保育所に入所できないなど一定の場合は2歳まで）休業開始時賃金日額の67%（181日目以降は50%）が育児休業給付金として支給される。なお、育児休業開始日前2年間に賃金支払基礎日数が11日以上ある月が12ヵ月以上あるのが要件である。

## パパの育児休業取得を促進する制度「産後パパ育休」

　2010年6月に施行された「パパ・ママ育休プラス」とは、両親がともに育児休業を取得する場合に、配偶者の子が1歳に達するまでに育児休業を取得しているなど一定の要件を満たした場合には、育児休業の対象となる子の年齢が1歳2ヵ月まで延長される制度である。1人あたりの育児取得可能最大日数は、産後休業を含めて1年間は変わらない。子が1歳2ヵ月までパパが育児休業を取得することで、ママの職場復帰のサポートをすることが可能となる。

　2022年10月から「産後パパ育休」制度が始まった。この制度は、ママの出産後（ママは産後休業中）の8週間以内に、合計4週間まで取得可能な制度である。その期間は出生時育児休業給付金が支給される。事前申出により、4週間の休みを2分割することができる。この期間で、出産後のママのサポートをすることが可能となる。

# 21. 公的年金制度の経緯①
## ～制度の変遷～

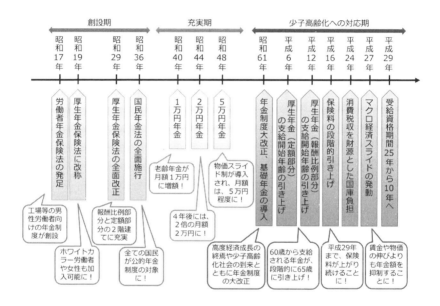

| 創設期 | 充実期 | 少子高齢化への対応期 |
|---|---|---|

**昭和17年** 労働者年金保険法の発足
工場等の男性労働者向けの年金制度が創設

**昭和19年** 厚生年金保険法に改称
ホワイトカラー労働者や女性も加入可能に！

**昭和29年** 厚生年金保険法の全面改正
報酬比例部分と定額部分の2階建てに充実

**昭和36年** 国民年金法の全面施行
全ての国民が公的年金制度の対象に！

**昭和40年** 1万円年金
老齢年金が月額1万円に増額！

**昭和44年** 2万円年金
4年後には、2倍の月額2万円に！

**昭和48年** 5万円年金
物価スライド制が導入され、月額は、5万円程度に！

**昭和61年** 年金制度大改正、基礎年金の導入
高度経済成長の終焉や少子高齢化社会の到来とともに年金制度の大改正

**平成6年** 厚生年金（定額部分）の支給開始年齢の引き上げ
60歳から支給される年金が、段階的に65歳に引き上げ！

**平成12年** 厚生年金（報酬比例部分）の支給開始年齢の引き上げ

**平成16年** 保険料の段階的引き上げ
平成29年まで、保険料が上がり続けることに！

**平成24年** 消費税収を財源とした国庫負担

**平成27年** マクロ経済スライドの発動
賃金や物価の伸びよりも年金額を抑制することに！

**平成29年** 受給資格期間25年から10年へ

戦時中にスタートした労働者年金保険は、「戦費調達」目的だった、と言われています。

## 公的年金の「創設期」は戦中戦後

　現在の厚生年金保険の前身である、労働者年金保険法が施行されたのは昭和17年で加入者はブルーカラーの男性のみだった。2年後の昭和19年には、厚生年金保険法と改称され、ホワイトカラーや女性も対象となった。当初は、報酬比例部分のみであったが、昭和29年に定額部分と報酬比例部分の2階建てとなり、現在の厚生年金保険の形になる。戦後の高度経済成長期に入り、昭和36年になると自営業者などが加入できる国民年金が始まり、国民皆年金の体制が確立した。

## 昭和40年代は公的年金の「充実期」

　昭和40年代の高度経済成長から、国民の生活水準も高くなり、公的年金制度も充実されていく。昭和40年には、1ヵ月当たりの標準的な老齢年金が1万円となり、昭和44年には、2万円となった。さらに昭和48年に、男性の月収の平均の6割を、厚生年金の給付水準の目途とされ、月額5万円程度に増額された。さらに、物価の変動に応じて年金額を改定する物価スライド制が導入された。

## そして時代は「少子高齢化への対応期」へ

　少子高齢化の進展とともに、将来にわたり持続可能な制度にするため、現役世代がその時代の高齢世代を支える世代間扶養の考え方の賦課方式になるなど、見直しが行われ始める。2度にわたるオイルショック等で、高度経済成長が終焉する中で、昭和50年代には、平均寿命の延びと出生率の低下により、公的年金制度に大きな影響を及ぼすことになる。そこで、昭和61年に本格的な高齢社会の到来に備え、基礎年金制度が導入され、現在の年金制度が確立された。

# 22. 公的年金制度の経緯②
## ～国民年金の保険料～

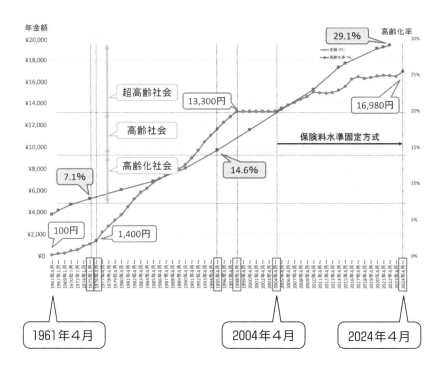

年金額

超高齢社会

高齢社会

高齢化社会

29.1% 高齢化率

13,300円

16,980円

保険料水準固定方式

7.1%

14.6%

100円

1,400円

1961年4月

2004年4月

2024年4月

グラフから、高齢化率の上昇とともに国民年金の保険料が引き上げられているようにも見えます。

## 「給付水準維持方式」と「保険料水準固定方式」

　2004年（平成16年）４月に行われた制度改正によって、国民年金の保険料の水準の決め方が変わった。それ以前は「給付水準維持方式」といい、それ以降を「保険料水準固定方式」という。

　「給付水準維持方式」とは、現行の給付水準を維持するとした場合に、保険料（率）をどこまで引き上げなければならないかを計算する方式である。しかし、少子高齢化等に対応するため若年者層を中心に保険料の負担が重くなり、制度を維持するのが困難になってきた。そこで将来にわたっての保険料水準を固定する方法に切り替えた。それが、2004年４月１日からの「保険料水準固定方式」である。

## 国民年金保険料の引き上げ

　2004年度から2017年度まで毎年４月に280円ずつ14年にわたり国民年金の保険料が16,900円まで引き上げられた。2019年度から産前産後期間の保険料免除制度がスタートしたため、その財源として100円引き上げられ17,000円となった。なお、名目賃金の変動に応じて改定を行うため、実際は試算上の17,000円とは金額が異なる。

## 高齢化率は伸びれば、国民年金の保険料も増える

　国民年金の保険料は、高齢化と共にどんどん増えている。高齢化率とは、国民年金が支給される65歳以上の人口の割合を意味する。高齢化率７％以上を高齢化社会の国といい、14％以上を高齢社会の国と国際的に呼んでいる。７％から14％までの年数を倍化年数といい、日本は24年というスピードだった。制度がスタートした1961年には35歳未満で100円だった保険料が、今は17,000円弱となっている。

# 23. 公的年金制度の経緯③
## ～厚生年金保険の保険料～

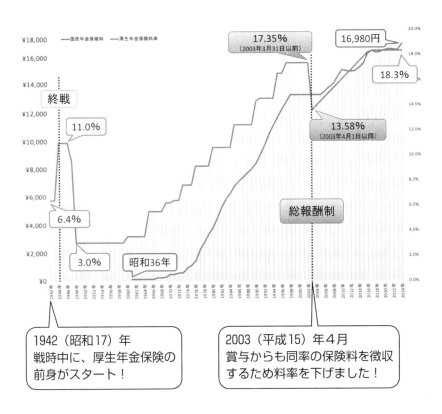

終戦

11.0%

6.4%

3.0%　昭和36年

17.35%
（2003年3月31日以前）

16,980円

18.3%

13.58%
（2003年4月1日以降）

総報酬制

国民年金保険料　厚生年金保険料率

1942（昭和17）年
戦時中に、厚生年金保険の
前身がスタート！

2003（平成15）年4月
賞与からも同率の保険料を徴収
するため料率を下げました！

厚生年金の保険料率は、2017年以
降固定されましたが、国民年金と
同様にどこまで18.30％のまま継続
できるかは未知数です！

## 厚生年金の保険料率は、18.30％まで引き上げられ固定！

　厚生年金保険の保険料も、国民年金と同様、2004年度から保険料水準固定方式により、毎年9月に0.354％ずつ引き上げられた。2017年度以降は18.30％で固定された。なお、厚生年金保険の保険料率は、事業主と被保険者が保険料を半分ずつ負担する労使折半となる。

　厚生年金保険は、その前身である労働者年金保険も含めると、戦時中となる1942年から施行されている。戦費調達の目的もあってか、戦時中の保険料は激しく引き上げられ11.0％となっている。戦後の保険料は急激に引き下げられ、1948年8月の3.0％で落ち着き、それ以後、日本の経済成長と共に保険料率が引き上げられ、2003年3月の保険料は17.35％になった。

## 総報酬制が導入され、賞与からも月給と同率の保険料を徴収！

　2003年4月から保険料率が13.58％に引き下げられているのは、総報酬制が導入されたからである。

　総報酬制とは、月給にも賞与にも同率の保険料率で保険料が徴収される制度で、それまでは、賞与に対する保険料率は1％（労使折半）と低く設定されていた。年間での保険料の支払額が急激に上昇しないよう、保険料率が引き下げられたのがその理由である。

　しかし、保険料水準固定方式により、2014年9月には17.474％と総報酬制が導入される前の保険料を超え、前述の通り、2017年からは18.30％になった。

　なお、グラフは、国民年金の保険料の経緯と重ねており、厚生年金保険の保険料が18.30％となった2017年のそれぞれの値が一致するように作成している。

# 24. 生活状況の変化と公的年金

公的年金・恩給を受給している高齢者世帯における
公的年金・恩給の総所得に占める割合別世帯数の構成割合

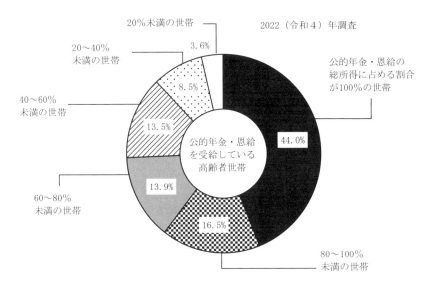

20%未満の世帯

20〜40%
未満の世帯

40〜60%
未満の世帯

60〜80%
未満の世帯

2022（令和4）年調査

公的年金・恩給の
総所得に占める割合
が100%の世帯

3.6%

8.5%

13.5%

13.9%

16.5%

44.0%

公的年金・恩給
を受給している
高齢者世帯

80〜100%
未満の世帯

厚生労働省「2022年国民生活基礎調査の概況」より

公的年金等に100%頼っている高齢者世帯は、なんと44.0%もいるのです！

## 国民皆年金制度の発足と、日本の人口構造の変化

　公的年金というと、「難しい、よく分からない」であるとか、「将来は1円ももらえなくなるのでは？」といった声を耳にする。

　国民年金がスタートした1961年頃の私たちの状況は、現在とはかなり異なっている。サザエさんの家族のように、三世代同居の世帯数は400万世帯を超え、親と同居をして農業や自営業を一緒に営む人が多く、自ら親を養っていた。会社員等の割合は5割強だった時代である。しかし、戦後の右肩上がりの経済成長と共に、若者が会社員として大都市に移動し、核家族化が広まってきた。その結果、現在の会社員の割合は9割弱となり、平均寿命も15年ほど伸びた。人口は減少し、少子高齢化が進んだ現在、自分の親を養うことが難しくなってきた。そこで、現役世代が国や地方を介して保険料を支払い、親が年金を受給する公的年金制度が良くも悪くも注目を浴びている。

## 公的年金は、老後生活に欠かせない収入！！

　2022年の国民生活基礎調査の概況によると、44.0％の高齢者世帯が公的年金や恩給のみで暮らしているのが分かる。グラフにはないが、高齢者の1世帯当たりの平均所得金額のうち、公的年金や恩給の占める割合は、62.8％もある。そして年金・恩給の1世帯当たり平均所得金額は、199.9万円なのである。老後の収入源である公的年金は、私たちに欠かせない制度であることが分かる。

　公的年金は、物価や賃金の水準の変化に準じている。小売物価統計調査の、1965年と2010年の物価を比較すると、鶏肉は約2倍、牛乳は約6倍に上昇している。現在はマクロ経済スライドが導入されているため、公的年金額は物価変動についていけなくなっている。

# 25. マクロ経済スライドと キャリーオーバー制度

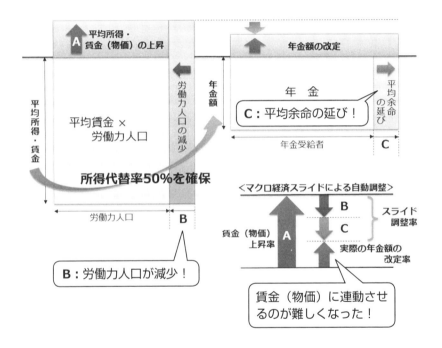

**B：労働力人口が減少！**

**賃金（物価）に連動させるのが難しくなった！**

2005年に施行された「マクロ経済スライド」がこれまで発動されたのは、2015年度、2019年度、2020年度、そして2023年度の4回です。

## 物価に連動した金額が支給される公的年金

　年金額の物価スライドが初めて導入されたのは、1973年のことである。この時は、物価変動率が5％を超えて変動した場合に、変動率を基準として年金額が改定された。平成元年になると物価スライドの5％枠が撤廃され、「完全自動物価スライド制」が導入された。しかし、2000～2002年度の間は、物価が下落したにもかかわらず、物価スライド特例措置により年金額を下げなかった。これにより、本来水準と物価スライド特例水準の差は、2013年度から2015年度の3年間で解消することになるが、結果として年金額は減少の一途をたどった。

## 知っておきたい「マクロ経済スライド」の仕組み

　マクロ経済スライドとは、物価が上昇したときの年金額の上昇が抑えられ、物価が下落したときは年金額も連動して下落する仕組みである。労働力人口は少子高齢化により減少、平均余命の延びもあり、年金受給者は増加している。このような状況下では、現役世代の平均所得・賃金(物価)が上昇したとしても、以前のように、同じだけ年金額を上昇させることは現実的には難しい。つまり、物価上昇に公的年金の額がついていけなくなった、ということを意味している。

　マクロ経済スライドは、賃金や物価の下落により本来の改定率がマイナスの場合は実施されないが、2018年度以降は未調整分のスライド調整率が翌年以降に繰り越されることになった。これを「キャリーオーバー制度」という。2023年度は、2021年度、2022年度の未調整分があったため、2023年度分も合わせ3回分の未調整分の調整が行われた。結果として年金額は上昇したが、物価高にはついていけていない事実があることを忘れてはいけない。

# 26. 年金額改定ルールの見直し

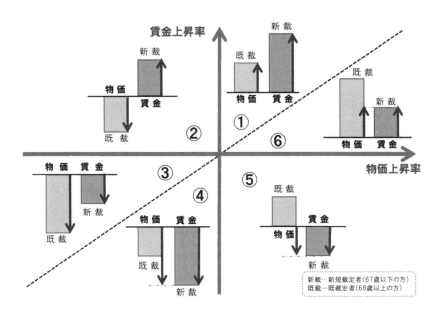

厚生労働省「年金額改定について」より

2023年度の年金額が、新規裁定者と既裁定者で異なっているのは、上記「①」が適用されたからです！

## 年金額の「本来の改定」の基本

　年金額は毎年見直される。まず「本来の改定」が行われ次に前出の「マクロ経済スライド」の調整が行われる。本来の改定は、物価や賃金の変動を踏まえて行われ、新たに年金が支給される新規裁定者（67歳以下）の場合は、現役世代の収入の変化に応じた「賃金変動率」で改定が行われる。

　一方、既に年金が支給されている既裁定者（68歳以上）の場合は、年金額の実質的な価値を維持するための「物価変動率」で改定が行われる。なお、新規裁定者の年齢が67歳以下となっているのは、「賃金変動率」の計算に2〜4年前の指標が用いられているためである。

## 2021年4月から「本来の改定」のルールが変更！

　左図の①、②、③については、上記の通り新規裁定者は賃金変動率、既裁定者は物価変動率を改定率とし、それぞれを計算する。

　④の場合は、物価変動率および賃金変動率がともにマイナスで、その下落幅は賃金変動率のほうが大きい。その場合、2020年度までは新規裁定者、既裁定者ともに物価変動率であったが、2021年度以降は賃金変動率に合わせることになった。⑤の場合は、物価変動率はプラス、賃金変動率はマイナスとなっている。その場合は、2020年度までは、例外的にゼロ改定だったが、2021年度以降は、マイナスの賃金変動率に合わせることになった。⑥の場合は、物価変動率および賃金変動率がともにプラスで、その上昇率は賃金変動率のほうが小さい。その場合は以前と変わらず賃金変動率を使用する。参考までに、2021年度は⑤、2022年度は④、2023年度は①が適用された。そのため2023年度は、新規裁定者と既裁定者の年金が異なっているのである。

# 27. 国民年金保険料と免除制度

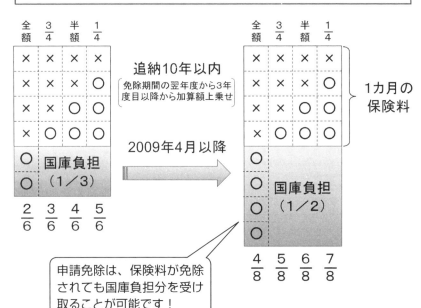

○法定免除　　　　○申請免除　　　　　　　　　○学生納付特例制度
・障害年金の受給者　・全額免除　・4分の3免除　○納付猶予制度
・生活保護者　　　　・半額免除　・4分の1免除　・2025年6月までの次元措置
　　　　　　　　　　　　　　　　　　　　　　　・30歳未満→50歳未満(2016.7)

追納10年以内
免除期間の翌年度から3年度目以降から加算額上乗せ

2009年4月以降

1カ月の保険料

国庫負担（1／3）

国庫負担（1／2）

申請免除は、保険料が免除されても国庫負担分を受け取ることが可能です！

国庫負担が３分の１から２分の１に変更されたのは2009年度ですが、年金額の計算をするときはそれ以前と以後で分けて計算します！

## 国民年金保険料の産前産後期間の免除制度がスタート！

　2019年4月から、国民年金第1号被保険者の出産予定日または出産日が属する月の前月から4ヵ月間の保険料が免除される制度が始まった。厚生年金保険にはあったが国民年金にはなかった制度である。産前産後期間として認められた期間は、将来、年金額を計算する際は、保険料を納めた期間として扱われる。

## 申請しないと国民年金保険料が免除されない申請免除！

　国民年金保険料の免除制度には、法定免除や申請免除などがある。

　法定免除とは、生活保護法の扶助を受けているなどの要件を満たすと、該当する日の属する月の前月から全額免除される。

　申請免除のうち、全額免除は国民年金と同じく1961年度からスタートしており、本人と配偶者および世帯主の前年の所得が一定以下であれば免除を受けることができる。2002年度には半額免除が、2006年度から4分の3免除、4分の1免除と免除される金額の割合が細分化された。

## 追納しないと年金額が増えない「学生納付特例制度」

　学生納付特例制度とは、20歳以上であっても本人が学生でかつ前年の所得が一定以下なら、申請（毎年）することで保険料の納付が猶予される制度である。ただし猶予された保険料の支払いをしないと、年金額には反映されず給付はされない。保険料が免除・猶予された期間は、10年以内であれば追納できる。2005年に30歳未満の無職やフリーターに対する若年者納付猶予制度が始まり、2016年7月より年齢の対象が50歳未満と拡大された。

75

# 28. 厚生年金保険の保険料と標準報酬制

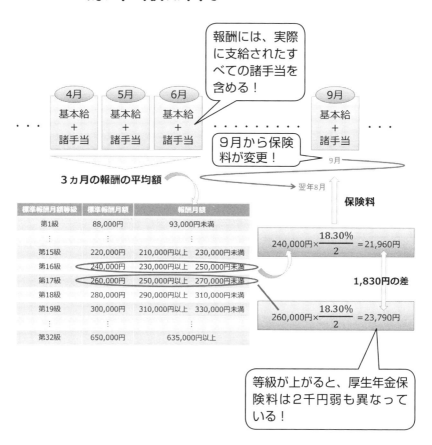

報酬には、実際に支給されたすべての諸手当を含める！

| 4月 | 5月 | 6月 | 9月 |
|---|---|---|---|
| 基本給<br>＋<br>諸手当 | 基本給<br>＋<br>諸手当 | 基本給<br>＋<br>諸手当 | 基本給<br>＋<br>諸手当 |

**3ヵ月の報酬の平均額**

9月から保険料が変更！

9月 → 翌年8月

**保険料**

| 標準報酬月額等級 | 標準報酬月額 | 報酬月額 | |
|---|---|---|---|
| 第1級 | 88,000円 | 93,000円未満 | |
| ⋮ | ⋮ | ⋮ | |
| 第15級 | 220,000円 | 210,000円以上 | 230,000円未満 |
| 第16級 | 240,000円 | 230,000円以上 | 250,000円未満 |
| 第17級 | 260,000円 | 250,000円以上 | 270,000円未満 |
| 第18級 | 280,000円 | 290,000円以上 | 310,000円未満 |
| 第19級 | 300,000円 | 310,000円以上 | 330,000円未満 |
| ⋮ | ⋮ | ⋮ | |
| 第32級 | 650,000円 | 635,000円以上 | |

$$240,000円 \times \frac{18.30\%}{2} = 21,960円$$

**1,830円の差**

$$260,000円 \times \frac{18.30\%}{2} = 23,790円$$

等級が上がると、厚生年金保険料は2千円弱も異なっている！

標準報酬等級の改定
2016年 4月：全50等級に改定（健保）
2016年10月：全31等級に改定（厚年）
2020年10月：全32等級に改定（厚年）

## 4月から6月まで残業をすると、社会保険料が高くなる!?

　厚生年金保険の保険料は、毎年4月から6月の報酬の平均額をもとに等級表に当てはめ、標準報酬月額を決定し、それに対して保険料率を掛け合わせて計算する。これを標準報酬制といい、健康保険の保険料も同様の方法で計算する。ここで求めた標準報酬月額は、その年の9月から翌年の8月まで保険料の算定の基礎とする。

　つまり、4、5、6月に残業をすると、9月の給与から控除される社会保険料の額が多くなる場合があるということだ。

　賞与についてもその額によって社会保険料が異なる。3ヵ月を超える期間の賞与から千円未満を切り捨てた標準賞与額（厚生年金保険は1ヵ月当たり150万円、健康保険は年度の累計額573万円が上限）を設定し、健康保険や厚生年金保険の保険料の額を計算する。

## 給与が1円違うだけで、保険料が2,000円近く高くなることも！

　厚生年金保険の標準報酬月額について、もう少し詳しく考えてみたい。例えば報酬月額が249,999円の場合、標準報酬月額は第16級の240,000円に該当する。厚生年金保険の保険料率18.30％の労使折半で計算をすると21,960円となる。一方、報酬月額が1円高い250,000円の場合の標準報酬月額は、第17級の260,000円になるため保険料額は23,790円となる。極端ではあるが、報酬月額が1円しか違わないにもかかわらず、毎月の保険料は1,830円も差がついてしまう。

　報酬月額は、賃金、給料、手当、その他どのような名称であっても、労務の対償となるものはすべて含む。そのため、少額の手当金を受け取ったが故に等級が上がってしまうと、保険料の額も増えてしまうので注意が必要だ。

# 29. 年金理解の３ステップ

| Step | 国民年金 | 厚生年金保険 | |
|---|---|---|---|
| | | 特別支給の老齢厚生年金 | 老齢厚生年金 |
| 1. 受給資格期間<br>（もらえる？） | 10年以上<br>（2017年8月から） | 1年以上 | 1ヵ月以上 |
| 2. 受給開始年齢<br>（いつから？） | 原則65歳 | 60〜64歳<br>（生年月日による） | 65歳 |
| 3. 年金受給額<br>（いくら？） | 795,000円（新）<br>792,600円（既）<br>（2023年度満額） | 給与・賞与額による | |

2025年（女性の場合は2030年）になると、特別支給の老齢厚生年金を受給するひとは原則いなくなります！

## 公的年金は３つのステップから考える！

　公的年金で一番気になるのが自分はいくらもらうことが出来るのかという点だろう。それを知るには、左図のように老齢基礎年金の年金額は、「１．受給資格期間」→「２．受給開始年齢」→「３．年金額の計算」と３つのステップで考えていくことだ。

## 国民年金の年金額を計算する！

　公的年金を受け取るには、保険料の支払いが必要不可欠となる。原則25年以上の支払いが必要となるが、2017年８月からは40年のうち10年以上であれば老齢基礎年金を受けとることができる。これを受給資格期間という。次にいつから貰えるのか、というのが受給開始年齢で、繰上げ繰下げは可能だが、現時点では原則65歳である。そして最後の年金受給額は、2023年度満額で新規裁定者は795,000円、既裁定者は792,600円である。

## 厚生年金保険の年金額　計算は複雑！

　まず、厚生年金保険には、60歳以上65歳未満の特別支給の老齢厚生年金と65歳以上の老齢厚生年金（２階部分）の２つに分けられていることから確認したい。どちらも老齢基礎年金の受給資格期間を満たしていなければならない。その上で前者は被保険者期間が１年以上、後者は１ヵ月以上あることが要件とされている。特別支給の老齢厚生年金の受給開始年齢は、本人の生年月日によって異なり、受給開始年齢は段階的に引き上げられている。なお、女性は男性よりも５歳遅れである。年金の受給額を計算するのは少々複雑で、それまでに受け取った給与や賞与の額によって受給できる年金額が異なる。

# 30. 老齢基礎年金の 繰上げ繰下げ受給

〈老齢基礎年金の繰上げ受給と繰下げ受給〉

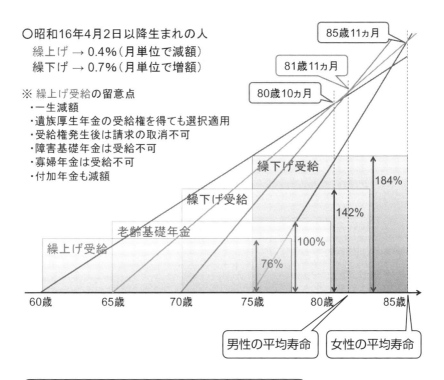

○昭和16年4月2日以降生まれの人
　繰上げ → 0.4%（月単位で減額）
　繰下げ → 0.7%（月単位で増額）

※ 繰上げ受給の留意点
・一生減額
・遺族厚生年金の受給権を得ても選択適用
・受給権発生後は請求の取消不可
・障害基礎年金は受給不可
・寡婦年金は受給不可
・付加年金も減額

85歳11ヵ月
81歳11ヵ月
80歳10ヵ月

繰下げ受給　184%
繰下げ受給　142%
老齢基礎年金　100%
繰上げ受給　76%

60歳　65歳　70歳　75歳　80歳　85歳

男性の平均寿命　女性の平均寿命

公的年金は様々な受給の仕方があります。これからは、夫婦でどのように受給するかといった、年金受給プランニングが重要な時代になってきました！

## 60歳から64歳の間に受けとる「繰上げ受給」

　繰上げ受給をすると、その年金額が1ヵ月あたり0.4％の減額率が適用され、生涯にわたって年金額が減額される。2022年3月以前の減額率0.5％から緩和された。

　仮に、60歳から受給したとすると、5年×12ヵ月×0.4％＝24％が一生減額されてしまう。原則どおりに受給した場合と比較すると、80歳10ヵ月で損益分岐年齢を迎えるため、それ以上長生きする場合は、原則通りに受給するよりも総受給額が少なくなってしまう。

## 66歳以降から受けとる「繰下げ受給」

　65歳で受け取らずに66歳以後75歳までに受けとる繰下げ受給を行うと、1ヵ月繰下げるごとに0.7％の増額率が適用される。以前は70歳までしか繰下げる事はできなかったが、2022年4月からは75歳まで繰下げることができるようになった。

　70歳から受給した場合の損益分岐年齢は、81歳11ヵ月とほぼ男性の平均寿命と等しくなるが、75歳からの場合の損益分岐年齢は85歳11ヵ月であり、女性であれば平均寿命の範囲内となる。男性は原則通り、女性は繰下げるといった年金受給プランニングも大切な時代となってきた。後の「特例的な繰下げみなし増額制度」も要注意だ。

## 公的年金の損得とは？

　では、繰上げ繰下げはどのように活用したら良いのだろうか。よく聞かれるのだが、年金でトクをしようと思ったら長生きをすることだ。公的年金は一生がお受給できるため、長生きをすればするほどおトクになる仕組みだからだ。健康には気をつけたいものだ。

# 31. 老齢厚生年金の年金額

〈報酬比例相当分の老齢基礎年金の年金額〉

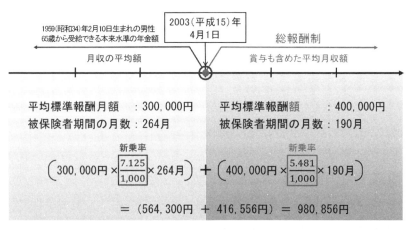

1959(昭和34)年2月10日生まれの男性
65歳から受給できる本来水準の年金額

2003(平成15)年
4月1日

総報酬制

月収の平均額

賞与も含めた平均月収額

平均標準報酬月額 ： 300,000円
被保険者期間の月数 ： 264月

平均標準報酬額 ： 400,000円
被保険者期間の月数 ： 190月

新乗率

新乗率

$$\left(300,000円 \times \frac{7.125}{1,000} \times 264月\right) + \left(400,000円 \times \frac{5.481}{1,000} \times 190月\right)$$

$$= (564,300円 + 416,556円) = 980,856円$$

報酬比例部分の額 ＝ 老齢厚生年金の年金額 ＝ <u>980,856円</u>

老齢厚生年金の繰上げ・繰下げ
　繰上げ：老齢基礎年金と「同時」
　繰下げ：老齢基礎年金と「別々」

## 老齢厚生年金の年金額を計算してみる！

　1959（昭和34）年2月10日生まれの男性が、左図のような条件を満たす会社員だった場合、報酬比例部分相当の老齢厚生年金の年金額を計算してみたい。なお、年金額は、50銭未満は切り捨て、50銭以上100銭未満は1円に切り上げるものとする。

## 総報酬制度の前後に分けて計算を行う！

　総報酬制とは、2003年4月に施行された制度で、月給だけでなくボーナスからも同一の保険料率（18.30％で保険料を徴収し、かつ給付にも反映させていく考え方である。

## 報酬比例部分相当の老齢厚生年金の年金額の計算

　総報酬制が導入された2003（平成15）年4月1日以降とそれ以前に分けて考える。総報酬制の導入前の平均標準報酬月額は300,000円、被保険者期間の月数は264月なので、所定の乗率を掛け合わせる。総報酬制導入後については、平均標準報酬額は400,000円、被保険者期間の月数は190月より、所定の乗率を掛け同様に計算し、それぞれを足し合わせることで年金額を求めることができる。

　以上より、総報酬制導入前の年金額は564,300円、導入後の年金額は416,556円となる。それらを合算したものが報酬比例部分相当の老齢厚生年金の年金額の980,856円となる。老齢厚生年金も繰上げ・繰下げが可能であり、その際の減額率・増額率は老齢基礎年金のそれと同様である。なお、老齢厚生年金の繰上げ請求は、老齢基礎年金の繰上げ請求と同時に行わなければならず、繰下げ請求の場合は、老齢基礎年金と時期を別々に選択できる。

# 32. 在職老齢年金

〈65歳以上の在職老齢年金制度〉

総報酬月額相当額＝標準報酬月額＋直近1年間の標準賞与額の総額×1/12
基本月額　　　　＝年金額（老基、経加、加給は除く）　×　1/12

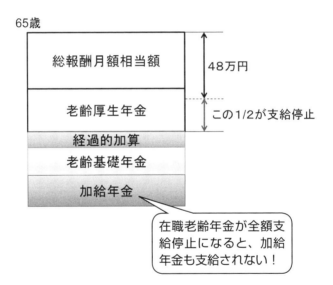

65歳

| 総報酬月額相当額 |
| :-: |
| 老齢厚生年金 |
| 経過的加算 |
| 老齢基礎年金 |
| 加給年金 |

48万円

この1/2が支給停止

在職老齢年金が全額支給停止になると、加給年金も支給されない！

2023年4月以降の支給停止基準
65歳未満の在職老齢年金：48万円
65歳以上の在職老齢年金：48万円

84

## 在職老齢年金の見直しにより、支給停止基準が緩和！

　在職老齢年金とは、60歳以降も企業で働きながら受け取る老齢厚生年金をいう。2022年4月に在職老齢年金制度の見直しが行われた。

　具体的には、60～64歳に支給される特別支給の老齢厚生年金を対象とした在職老齢年金制度（低在老）について、年金の支給が停止される基準が、現行の総報酬月額相当額と基本月額の合計額が28万円から47万円に緩和されたのである。（さらに2023年4月からは48万円となった。）

　なお、総報酬月額相当額とは、その月の標準報酬月額に直近1年間の標準賞与額の総額を12ヵ月で除した金額を足し合わせた金額である。基本月額とは、1ヵ月当たりの年金額をいう。

## 65歳以上の高在老の変更はなし！

　65歳以上の場合、老齢基礎年金、経過的加算、加給年金を除いて考える。総報酬月額相当額と基本月額の合計が48万円以下であれば支給停止はなく、超えた場合はその2分の1が支給停止となる。なお、70歳以上の者は在職者であっても厚生年金保険の被保険者とはならないため、保険料の負担はない。しかし、65歳以上の在職老齢年金の仕組みと同様に、老齢厚生年金の一部または全額の支給停止が行われる。

## 2022年4月から在職定時改定が新設！

　退職等により厚生年金被保険者の資格を喪失するまでは、老齢厚生年金の額は改定されなかったが、65歳以上の在職中の老齢厚生年金受給者について、年金額を毎年10月に改定し、それまでに納めた保険料を年金額に反映される在職定時改定が新設された。

# 33. 遺族給付の概要

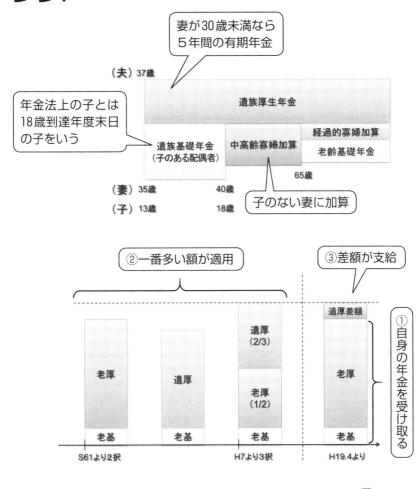

妻が30歳未満なら5年間の有期年金

（夫）37歳

遺族厚生年金

年金法上の子とは18歳到達年度末日の子をいう

遺族基礎年金（子のある配偶者）

中高齢寡婦加算

経過的寡婦加算

老齢基礎年金

65歳

（妻）35歳　40歳

（子）13歳　18歳

子のない妻に加算

②一番多い額が適用

③差額が支給

①自身の年金を受け取る

遺厚差額

遺厚（2/3）

老厚

遺厚

老厚（1/2）

老厚

老基　老基　老基　老基

S61より2択　　H7より3択　　H19.4より

中高齢寡婦加算の加算額は、毎年変更されますが、60万円弱と覚えておきましょう！

86

## 遺族年金のチェックポイントは「夫を亡くした時の妻の年齢」

　遺族年金は、年金加入者または年金受給権者が死亡した場合、死亡当時に生計維持関係がある一定の要件を満たす遺族に対して支払われる。例えば、夫：37歳（会社員）、妻：35歳（専業主婦）、子：13歳（中学生）の3人家族で、夫が亡くなってしまった場合を考えてみる。

　遺族年金を考える上でポイントとなるのは、夫を亡くした時の妻の年齢である。この場合、妻は35歳である。夫の老齢厚生年金の報酬比例部分を計算した額の4分の3に相当する額を、遺族厚生年金として妻に支給される。しかし、その時の妻の年齢が30歳未満であった場合は、5年間の有期年金になってしまう。

## 「年金法上の子」がいるかどうか、それが問題！

　遺族基礎年金は、年金法上の子がいれば支払われる。年金法上の子とは、18歳到達年度末日の子を指す。簡単にいえば、高校を卒業する前までの子をいい、4月から大学生になった時点で子でなくなる。

　子の要件を満たせなくなると、遺族基礎年金は支給されなくなるが、その後、中高齢寡婦加算が加算される場合がある。中高齢寡婦加算とは、原則、夫の死亡当時、40歳以上65歳未満である子のない妻に加算される。妻が40歳の時点で遺族基礎年金の受給要件となる子がいる場合、遺族基礎年金の支給停止後であれば65歳まで加算される。

　妻が65歳になると、自身の老齢基礎年金、老齢厚生年金が支給される。左下図の3つの併給パターンのうち、いずれか有利な組み合わせの合計額が、自身の老齢厚生年金の額を上回る場合は、その差額が遺族厚生年金として支給される。

# 34. 年金額を増やす方法①
## ～任意加入と２年前納～

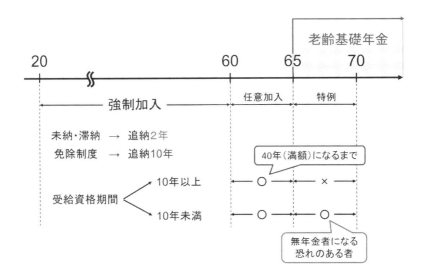

国民年金は強制加入です。保険料を支払うのであれば、おトクな前納がお勧めです！

## 保険料は前納すれば、支払額が減る！

　国民年金の保険料は前納することで、総支払額が減る。毎月の保険料の支払いを前納払いに切り替えると、1年前納の現金払いにすると、約1.8％に相当する額が割引となる。そして、2年前納の口座払いの場合は、約4.0％に相当する額が割引となるのは、大きな魅力といえる。受け取ることのできる年金額が同額の場合、支払う保険料が安ければそれだけ効率が良くなる。前納の割引率は、年利4％の複利原価法を用いて計算をする。なお、2017年4月より、現金・クレジットカード納付による2年前納が可能となった。

## 2年前納がオススメ！ ただし手続き期間に要注意！

　前述の通り前納するだけで、保険料の支払額が減るので最大限活用するためにも、2年分前納することをオススメする。ただし、2年前納の申込期限は2月末日のため、2024、2025年度の2年前納の場合、2024年2月29日までに手続きをする必要がある。確定申告をする場合、支払った年に2年分の社会保険料控除の対象にできる。希望すれば、暦年ごとに分割して控除の対象にすることも可能である。例えば、上記の場合、2024年4〜12月、2025年1〜12月、2026年1〜3月と3暦年にわたり社会保険料控除の対象になる。

## 追納や任意加入で年金額を増やす！

　受給資格期間を満たしていない、または保険料の支払期間が40年未満の場合は、追納や任意加入をすることで年金額を増やせる。追納や任意加入をしても受給資格期間を満たせず、無年金になる恐れがある人は、特例的に70歳まで加入することができる。

# 35. 年金額を増やす方法②
## ～付加年金と繰下げ～

〈付加年金と付加保険料〉

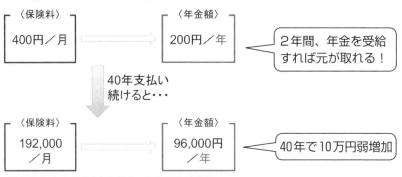

〈保険料〉
400円／月
→
〈年金額〉
200円／年

2年間、年金を受給すれば元が取れる！

40年支払い続けると・・・

〈保険料〉
192,000／月
→
〈年金額〉
96,000円／年

40年で10万円弱増加

※ 国民年金の前納をした場合、その割引が適用
※ 国民年金の繰下げ受給をした場合、その加算率が適用

〈老齢基礎年金の繰下げ受給の増額割合〉

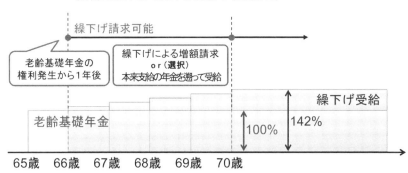

繰下げ請求可能

老齢基礎年金の権利発生から1年後

繰下げによる増額請求
or（選択）
本来支給の年金を遡って受給

繰下げ受給

老齢基礎年金

100% 142%

65歳　66歳　67歳　68歳　69歳　70歳

繰り下げをする場合、「増額された年金」をその後受給するか、「受給しなかった年金を遡って受給」するかは悩むところです！

## 付加年金は、2年間受給できれば元が取れるおトクな制度！

　付加年金は、国民年金の第1号被保険者や任意加入被保険者が加入でき、月額400円の付加保険料を支払うと、将来、老齢基礎年金の受給権を取得したとき、年金額に「200円×付加保険料の納付月数」分が加算される。400円支払うと、年金額が200円増えるため、2年間年金を受け取ることで元が取れる。仮に40年間付加年金に加入すれば、将来受け取れる年金が年間9.6万円増えることになる。

## 繰下げ受給は、66歳から請求可能！

　老齢基礎年金の受給額を増やすもう一つのテクニックが繰下げ受給だ。現在では、75歳まで繰下げることが可能だが、ここでは70歳までに繰下げ請求をする前提で説明していきたい。

　繰下げ受給は、老齢基礎年金の権利が発生する1年後の66歳からできる。例えば「70歳で繰下げによる増額請求」をした場合、1.42倍の年金をその後受給できる。そしてもう一つの選択肢がある。それは「本来支給の年金をさかのぼって受給」を選択する方法だ。増額はされないが5年間遡って一時金を受けとることができる。この選択は迷うところではあるが、その時の体調等も考慮しながら検討すれば良い。

## 繰下げした場合の加給年金と振替加算には要注意！

　注意したいのは、加給年金額や振替加算の扱いだ。配偶者が老齢基礎年金の繰下げ受給をした場合、加給年金額は増額されず、妻が65歳になった時点で支給停止となる。振替加算も増額はされない。しかも、繰下げた年齢まで振替加算は支給されなくなる。この点も考慮した上で、賢い選択をする必要がある。

# 36. 年金額を増やす方法③
## ～特例的な繰下げみなし増額制度～

〈73歳で請求し本来支給の年金を遡って受給を選択〉

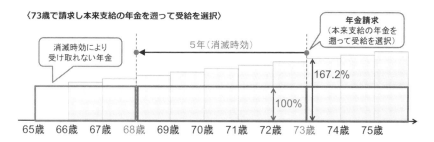

〈特例的な繰下げみなし増額制度（2023年4月から）〉

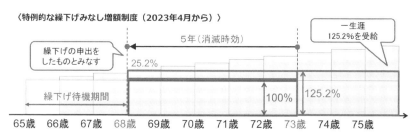

〈注意点〉

・昭和27年4月2日以後に生まれた方、または平成29年4月1日以後に受給権が発生した方が対象
・80歳以後に請求する場合や、請求の5年前の日以前から障害年金や遺族年金を受け取る権利がある場合は適用されない

原則どおり受給するか、繰下げみなし増額制度を利用するか、それとも繰下げて受給するか、悩ましい時代になってきました！

## 10年の繰り下げは可能、しかし年金の時効は5年

　年金給付を受ける権利は、その支給事由が生じた日から5年を経過したときは、時効によって、消滅してしまう。これを消滅時効という。5年を超えた昔の年金部分は、特定の場合を除き受給できないのだ。

## 2023年4月からスタートした「特例的な繰下げみなし増額制度」

　本制度を一言で表せば、「請求の5年前に繰下げ申出をしたものとして年金額を計算する制度」である。もう少し詳しく見ていこう。

　2022年4月から老齢年金の繰下げ受給の上限年齢が70歳から75歳に引き上げられ、年金の受給開始時期を75歳まで自由に選択できるようになった。これと消滅時効をどのように扱うかが問題となる。

　これを踏まえ、2023年4月から70歳以降も安心して繰下げ待機を選択することができるよう、制度改正が行われた。

　70歳到達後に繰下げ申出をせずにさかのぼって本来の年金を受け取ることを選択した場合でも、請求の5年前の日に繰下げ申出したものとみなし、増額された年金の5年間分を一括して受け取ることができる。これを「特例的な繰下げみなし増額制度」という。

## 73歳で本来支給の年金を遡って受給した場合

　左上図を見ると、73歳で年金請求を行うと、時効により68歳までの3年間の年金が受け取れなくなってしまう。そこでこの3年間を繰下げ待機期間とし、請求の5年前である68歳のときの増額率25.2％のときに繰下げの申出をしたものとみなして増額される。その金額を5年分受け取れるのが「特例的な繰下げみなし増額制度」である。その後も125.2％の年金額を一生涯受け取ることができる。

# 37. 2022年以降の公的年金の改正内容

| 施行時期 | 改正年金法の主な内容（公的年金） |
|---|---|
| 2022年4月 | ○繰上げの減額率が「**0.5%→0.4%**」に緩和<br>・繰上げ受給は最大60歳までは変わらず<br>・減額率は1ヵ月ごとに0.5%から0.4%に緩和<br><br>○繰下げの年齢が「**70歳→75歳**」に延長<br>・繰下げ受給の上限を70歳から75歳に延長<br>・増加率は1ヵ月ごとに0.7%を維持<br><br>○低在老の減額基準が「**28万円→47万円**」に緩和<br>・65歳未満の在職老齢年金の減額基準を28万円から47万円に緩和<br><br>○在職定時改定導入により「**65歳→70歳**」まで年金が増加<br>・65歳以降も厚生年金に加入継続するなら在職中でも毎年年金が増える「在職定時改定」導入 |
| 2022年10月 | ○短時間労働者の厚生年金加入が「**501人→101人**」に拡大<br>・101人以上の会社で週20時間以上30時間未満の短時間労働者も厚生年金の加入対象に |
| 2024年10月 | ○短時間労働者の厚生年金加入が「**101人→51人**」に拡大<br>・51人以上の会社で週20時間以上30時間未満の短時間労働者も厚生年金の加入対象に |

いわゆる「106万円の壁」の要件が変更されます！

上記の表を見ると、各制度の年齢が5歳ずつ伸びていること、60歳以上64歳未満の要件が緩和されているのが分かります。流れは65歳以上75歳未満の話になってきています。

## 2022年は公的年金の改正Year！

　公的・私的年金の改革法が2020年5月29日に国会で成立し、2025年までに段階的に施行されることになった。そのうちの一つは、現状の繰上げ支給の減額率が0.5％だったのに対し、2022年4月からは0.4％に緩和される点である。60歳まで繰上げた場合、30％から24％の減額で済む。一方、繰下げが現行の70歳から75歳までに延長される。10年間繰下げると、その増額率は84％にもなる。

## 60歳台前半の在職老齢年金（低在老）の減額基準が緩和

　60歳から64歳までの在職老齢年金の減額基準が28万円から47万円（2023年4月からは48万円）に緩和された。この金額は65歳以上の在職老齢年金の減額基準と同じである。

## 在職定時改定導入で70歳まで年金が増加することに！

　65歳以上の在職中の老齢厚生年金受給者は、これまでは、退職等により厚生年金被保険者の資格を喪失するまでは、老齢厚生年金の額は改定されなかった。しかし、これからは年金額を毎年10月に改定し、それまでに納めた保険料を年金額に反映されるようになる。これが在職定時改定である。つまり、この制度が導入されることで、退職を待たずに早期に年金額に反映（増額）されることになる。

## 被用者保険（厚生年金保険、健康保険）の適用範囲の拡大

　短時間労働者を被用者保険の適用対象とすべき事業所の企業規模要件（現行、従業員数100人超）を段階的に引き下げ、50人超規模とされる。簡単に言えば、被用者保険の加入者が増える改正といえる。

# 38. 企業年金の導入の経緯

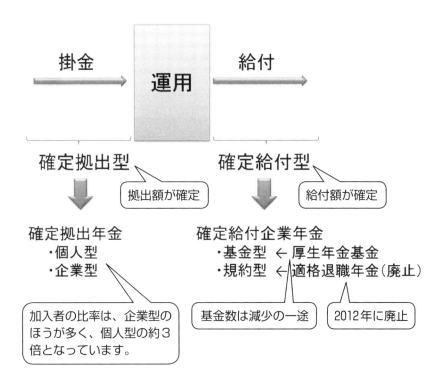

掛金　→　運用　→　給付

確定拠出型　　　　　　確定給付型

拠出額が確定　　　　　給付額が確定

確定拠出年金
　・個人型
　・企業型

確定給付企業年金
　・基金型　← 厚生年金基金
　・規約型　← 適格退職年金（廃止）

加入者の比率は、企業型のほうが多く、個人型の約3倍となっています。

基金数は減少の一途

2012年に廃止

企業年金の元は退職金で、それを分割して受けとるところからスタートしています。現在では、老後の生活保障の意味合いが強くなっています。

## 企業年金は、従業員の退職金の準備をする手段の一つ！

　一部の企業では退職金を準備するために、企業年金を活用している。そもそも退職金は、「社員の功労・慰労を労うもの」という意味がある。戦後の経済成長の中で物価上昇に見合った賃金上昇がなく、終身雇用、年功序列といった日本型経営の中で、「社員の囲い込み・賃金の後払い」の意味合いを持つようになってきた。そして、現在では日本人の平均寿命の延びと共に、「老後の生活保障」の意味合いも持つようになっている。

## 企業年金は、確定給付型から確定拠出型へ！

　企業年金は、掛金を拠出、運用し、給付を行う仕組みだ。将来受け取る給付額が確定している「確定給付型」と積み立てる掛金の額が確定している「確定拠出型」の２つがある。

　確定給付型は、1962年に適格退職年金が、1966年に厚生年金基金がスタートした。企業が掛金を拠出し、運用責任もあるため、社員にとってはうれしい限りだが、バブルの崩壊と共に、運用難による掛金拠出の負担増などで、適格退職年金は2012年をもって廃止となった。2014年の公的年金の健全化法施行を受け、最大1,888基金あった厚生年金基金は解散または代行返上が進み、2022年３月末時点で５基金（企業年金連合会）にまで減少している。2002年に導入された確定給付企業年金制度は、受け皿としての役割も担っている。

　確定拠出型は、一般に企業が掛金を拠出するものの、運用責任は社員が負うため給付額の変動リスクが伴う。確定拠出型の代表例として、2001年に施行された確定拠出年金があり、企業型と個人型がある。加入者比率は全体の４分の３が企業型と過半を占めている。

# 39. 確定拠出年金の改正ポイント

〈2022年10月改正〉

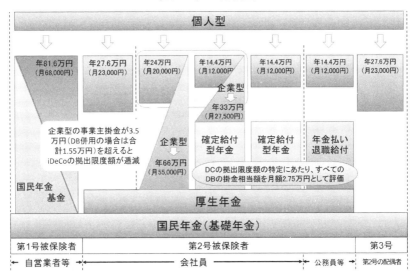

〈2024年12月改正予定〉

・加入者がそれぞれ加入しているＤＢ等の他制度ごとの掛金相当額を反映することで、公平できめ細かな算定方式に改善が図られる予定。

上記の図のポイントは、個人型と企業型の部分で、規約変更無しで併用できるようになった点です。

## 2022年は確定拠出年金制度の改正のオンパレード！

　公的・私的年金の改革法が2020年5月29日に国会で成立し、確定拠出年金は2020年以降、様々な改正法が施行されている。

　まず、1つ目は「iDeCoプラス、簡易型ＤＣへの加入促進」である。中小企業が「iDeCoプラス」や「簡易型ＤＣ」に加入するための対象範囲が100人以下から300人以下に拡大された。これにより、より多くの中小企業がこの制度を導入できるようになった。

　2つ目は、「受給開始時期の選択肢拡大と加入年齢の上限引き上げ」である。個人型ＤＣ（iDeCo）および企業型ＤＣの受給開始時期は60 ～ 70歳までの間であったが、2022年4月から、60 ～ 75歳までと5年間選択肢が拡大された。さらに2022年5月からは、加入年齢の上限が引き上げられた。具体的には、個人型ＤＣ（iDeCo）については60歳未満から65歳未満に、企業型ＤＣについては、65歳未満から70歳未満（企業により加入できる年齢等は異なる）と、それぞれ5歳分範囲が広がった。まさに今後、高齢になっても就労者が拡大されること、そして平均余命の延びなどの要因からの改正である。


## 企業型ＤＣ加入者でも個人型ＤＣ（iDeCo）との併用が容易に！

　今までは、企業型ＤＣの加入者が、個人型ＤＣ（iDeCo）にも加入しようとしたとき、各企業の労使合意が必要となるなど簡単にはいかなかったが、これが不要となり原則加入できるようになった。

　マッチング拠出とは、企業が拠出する掛金に加えて、加入者本人が掛金を上乗せして拠出する制度である。今回の改正で、加入者が自腹で企業型に加えて拠出するか、個人型（iDeCo）に加入するかを選択することが可能である。2024年12月にも改正が予定されている。

# 40. 個人年金保険と確定拠出年金

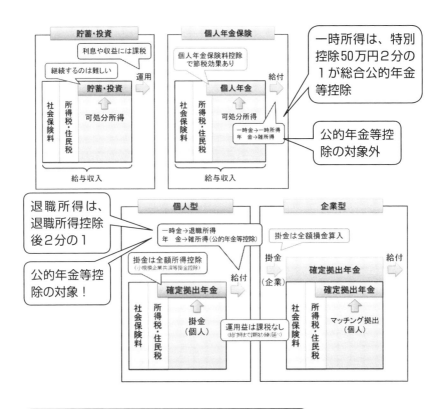

**貯蓄・投資**

利息や収益には課税

継続するのは難しい

運用

貯蓄・投資

可処分所得

社会保険料

所得税・住民税

給与収入

**個人年金保険**

個人年金保険料控除で節税効果あり

給付

個人年金

可処分所得

社会保険料

所得税・住民税

一時金→一時所得
年　金→雑所得

給与収入

一時所得は、特別控除50万円2分の1が総合公的年金等控除

公的年金等控除の対象外

退職所得は、退職所得控除後2分の1

公的年金等控除の対象！

**個人型**

一時金→退職所得
年　金→雑所得（公的年金等控除）

掛金は全額所得控除
（小規模企業共済等掛金控除）

給付

確定拠出年金

掛金
（個人）

社会保険料

所得税・住民税

運用益は課税なし
（給付時まで課税が繰り延べ…）

**企業型**

掛金は全額損金算入

掛金

（企業）

給付

確定拠出年金

確定拠出年金

マッチング拠出
（個人）

社会保険料

所得税・住民税

2001年10月：確定拠出年金スタート
2012年1月：マッチング拠出が可能に！
2017年1月：iDeCoの加入者の拡大
2018年1月：iDeCoの掛金支払いが
　　　　　　年単位に

## 老後の資産形成は、節税効果に要チェック！

　個人の可処分所得の視点で、「貯蓄・投資」、「個人年金保険」そして「確定拠出年金」をみていきたい。可処分所得とは、「給与収入－（社会保険料＋所得税・住民税）」で計算するが、個人での貯蓄や投資を行う場合は、可処分所得から捻出する。地道に積み立てていく難しさに加え、運用結果の収益には所得税が課税される。一方、民間の個人年金保険を利用した場合は、可処分所得からその保険料を捻出する点では同じだが、10年以上かけて保険料を支払い、60歳以上から10年以上かけて受け取る等の一定の要件を満たせば、契約時期によるが最大4万円または5万円の個人年金保険料控除が受けられる。給付を一時金で受け取れば一時所得、年金で受け取れば雑所得の対象となる。

## 確定拠出年金は、拠出時、運用中、給付時に節税効果あり！

　確定拠出年金の個人型も可処分所得から捻出することに変わりはないが、その掛金は小規模企業共済等掛金控除の対象となるため、全額が所得控除の対象となる。給付においても一時金であれば退職所得が、年金は雑所得で公的年金等控除の対象となる。そして加入者が運用指図をし得られた運用益は、給付時まで課税が繰り延べられるため、課税はされない。拠出時、運用中、給付時において税制のメリットを享受できるのである。さらに魅力的なのが、確定拠出年金の企業型である。何より掛金を企業が拠出（企業は全額損金算入が可能）してくれる点だ。2012年からは「マッチング拠出」という、加入者も一定の範囲内で企業の掛金に上乗せ拠出ができるようになった。給付時や運用益に対する課税は、個人型と同様である。確定拠出年金の給付は、通算加入者等期間が10年以上の場合は60歳から受給が可能となる。

# 41. 選択制確定拠出年金（企業型）

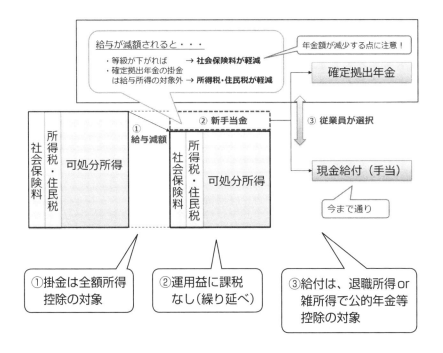

給与が減額されると・・・
- 等級が下がれば → **社会保険料が軽減**
- 確定拠出年金の掛金は給与所得の対象外 → **所得税・住民税が軽減**

年金額が減少する点に注意！

確定拠出年金

③ 従業員が選択

① 給与減額

② 新手当金

所得税・住民税 社会保険料 可処分所得

所得税・住民税 社会保険料 可処分所得

現金給付（手当）

今まで通り

①掛金は全額所得控除の対象

②運用益に課税なし（繰り延べ）

③給付は、退職所得or雑所得で公的年金等控除の対象

中小企業でも、掛金を拠出する負担がなく導入できます。導入・運営コストはかかりますが、社会保険料の支出も軽減されるため、企業にとってもメリットがあります！

## 中小企業でも導入しやすい「選択制確定拠出年金（企業型）」

　選択制確定拠出年金はキャッシュフローが少なく、掛金を負担できない中小企業でも導入できる制度だ。この制度は、毎月の従業員の給与を減額し、その減額した同額の手当金を支給し、手当金を確定拠出年金の掛金にする制度である。確定拠出年金などやりたくないという従業員には、現金給付という選択をしてもらえば、以前と手取り額は変わらないため、従業員のデメリットもない。

## 掛金は全額所得控除、社会保険料や所得税・住民税も軽減!?

　手当金を確定拠出年金の掛金とした場合、給与から控除されるため、所得税・住民税は軽減される。さらに、標準報酬月額の等級が下がれば、社会保険料も軽減される。社会保険料は労使折半のため会社負担も軽くなる。なお、等級が下がれば、厚生年金の年金額や、健康保険の傷病手当金・出産手当金、雇用保険の基本手当なども減少してしまう点に注意が必要である。

　確定拠出年金（個人型）と同様に、従業員の拠出額は全額が所得控除の対象となり、運用益には課税されず（繰り延べ）、給付も一時金であれば退職所得として、年金であれば雑所得として公的年金等控除額を差し引くことができる。なお、退職所得控除額を計算するときは、加入者期間を勤続年数とする。運用については、運営管理機関が提示する３つ以上の運用商品の中から従業員自らが選択をする。給付の種類は、老齢給付金、障害給付金、死亡一時金がある。原則60歳になるまで引き出すことはできず、脱退することもできない。一定の要件を満たした場合は、中途脱退が認められ、脱退一時金が支払われる。

# ～高齢者医療の自己負担割合の変遷～

　70歳以上75歳未満の一部負担金の割合が1割から2割への引き上げは2008年4月に予定されていた。福田内閣の時である。同時期に後期高齢者医療制度が施行された。75歳以上の方々を「後期高齢者」と呼ぶのは失礼なのではないか、年金から保険料を天引きするのはひどいのではないか、といった批判が相次ぎ、マスコミでも散々取りあげられた。前年には、アメリカにおいてサブプライムローン問題が騒がれ始め、そのような状況下で、70歳以上75歳未満の方々の負担割合を2割に引き上げることはできず、1年凍結された。

　翌年の2009年、次は麻生内閣である。この年も問題の多い年だった。前年にリーマンショックが起こり、年末年始には、いわゆる派遣切りにあった失業者のため一時的に設置された派遣村の報道が世間を賑わせた。そして2009年は衆議院の解散総選挙のある年でもあった。政局的に2割への引き上げは困難となり、また1年凍結されたのである。

　2010年、総選挙後の政権は民主党が握り、鳩山内閣が誕生した。4月前後は、アメリカとの普天間基地問題もあり、さらに政権交代直後ということもあり、1年凍結された。2011年、すでに菅内閣になっていたが、東日本大震災の影響が大きく、2割への引き上げは困難を極めた。続く2012年の野田内閣は、復興優先ということで、早々に凍結を明言した。

　2013年、再び安倍内閣がスタートしていた。2割引き上げを可決させた政権ではあったが、消費税を8％に引き上げることも念頭に置いたのか、もう1年凍結された。そして2014年4月、6年の時を超え2割に引き上げられた。凍結に要した1年当たりの国の負担額は2,000億円であった。

# コンサルティングのポイント〔ライフ〕

　なんでも今は人生100年時代らしい。現在の平均寿命は、男性81.47、女性87.57なので、一昔前は人生80年時代といっていいだろう。

　生まれてから20歳あたりまでは学校に通い教育を受ける。20歳前後から60歳過ぎまで約40年間仕事をし、それ以降の20年間は老後という余生を過ごす。しかし、人生100年時代になると、その余生が20年延び40年間になる。40年間仕事をしてその後の40年間の自分のサポートをするのはさすがに厳しい。というか、不可能に近い。そこで死ぬまで受け取ることのできる公的年金だが、その金額をみると心もとないのは事実だ。ではどうすれば良いのか。

　ひとつは、60歳過ぎで引退などせず働き続けることだ。正直、引退するには早すぎる。元気で経験値もあるため働くべきだ。確かに、若い時のように、体力や精神力は維持できないかもしれないが、知恵袋的存在はこの世代の右に出るものは少ないだろう。しかし、病気なども含め、引退せざるを得ない時期は必ずやってくる。

　もうひとつは、その様な時に備えて、老後の収入源（フロー）をいかに確保するかである。国民年金にしろ、厚生年金にしろ、公的年金の老齢給付は今のところ原則65歳から受給できる。まずはこれを増やす手段から考えてみたい。有名なのは繰下げ受給だ。現在は75歳まで遅らせてもらうことが可能である。遅らせて受け取ると、1ヵ月当たり0.7％の増額になるため、75歳から受給する場合、年金額が84％増になる。しかも一生涯増額されるため、利用しない手はない。もらい始める年齢は遅くなるが、そのくらいまでは働いていたいところだ。ただし、本来支給の年金を遡って受給する場合は「特例的な繰下げみなし増額制度」を利

用することになるため制度の理解が必要だ。

　後の資産形成の手段の一つにiDeCo（個人型確定拠出年金）がある。こちらは、原則60歳から支給され、年金形式で受け取れば公的年金扱い、一時金で受け取れば退職所得扱いとなり税制面での優遇が多い。積立てをしている現役時代にも、その掛金は全額所得控除になるなど節税にも貢献してくれる。

　60歳を過ぎて働くと、給与の額が少なくなる場合もあるが、60歳からはiDeCoで補い、70歳からは増額された公的年金を受け取る。それでも心細いのであれば、民間の保険会社の個人年金保険に加入するのも一つの方法といえよう。こちらも保険料を支払うときに、個人年金保険料控除の対象になるものもあり、現役時代の節税にもなる。

　あとは、人や家計によって異なるが、どれだけのストック（老後資金）を蓄えておくかになるだろう。

　このように、60歳以降の収入プランニングをいかに早いうちに行い実行に移すかが今の時代を生き抜くポイントになってくる。現役世代は節税をしつつ老後の資産形成、働き続けることによって老後をできるだけ遅くさせ、老後の収入源である公的年金をいかに増やすかの工夫をしておくのだ。

　公的年金の繰上げ支給一つとってみても、計画しておかないと原則通り65歳から受け取ってしまうだろう。そして計画するには、様々な知識が求められる。まずは公的年金の知識と手続きの仕方だ。iDeCo一つとっても、税制や資産運用の知識がなければ使いこなすことは難しいし、個人年金を利用するのであれば生命保険の知識も必要になる。日々暮らしていくための居住についてはどうすべきなのか、最後に訪れる相続の備えはどうなっているのかなど、コンサルティングに求められる領域は広く深い。表面的なアドバイスではもうお客様には振り向いてもらえないだろう。

# 第3章

## リスク管理

　生命保険や損害保険は、将来の「不安」に対して、「安心」を手に入れる手段ともいえます。やみくもに不安を抱いているだけでは、どのような備えをしておけば良いのかも分かりません。確率的にどのようなことが起こりやすいのか、どのような対策があるのかなどを知っておく必要があります。

# 1. 生命保険と損害保険

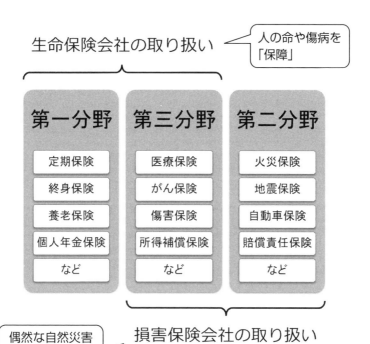

生命保険会社の取り扱い

人の命や傷病を「保障」

| 第一分野 | 第三分野 | 第二分野 |
|---|---|---|
| 定期保険 | 医療保険 | 火災保険 |
| 終身保険 | がん保険 | 地震保険 |
| 養老保険 | 傷害保険 | 自動車保険 |
| 個人年金保険 | 所得補償保険 | 賠償責任保険 |
| など | など | など |

損害保険会社の取り扱い

偶然な自然災害や事故で生じた損害を「補償」

医療保険などの第三分野は、外資系生保、いわゆるカタカナ生保が多くあります。外圧などの歴史から現在の状況になったのです！

## 生命保険は「保障」、損害保険は「補償」

　本章で学ぶことは、「生命保険」「損害保険」の大きく２つの分野である。

　生命保険は、人の命や傷病の保障を目的とする保険で、日本では生命保険会社が取り扱っている。この分野を第一分野と呼ぶ。一方、損害保険は、偶然な自然災害や事故などにより生じた損害を補償する目的で、損害保険会社が取り扱っている。この分野を第二分野と呼ぶ。どちらにも属さないものを第三分野（現在は、生命保険会社・損害保険会社のどちらも取扱い可能）といい、その多くの商品は、外資系の生命保険会社が取り扱っている。それには理由がある。

## 外資の「医療保険」参入と保険業法による規制

　保険業法により、第一分野の保険を扱う生命保険会社は、第二分野は扱えず、第二分野を扱う損害保険会社は第一分野を扱うことができないという規制があった。つまり生保、損保の会社同士では競合しないのである。この隙間を見逃さなかったのが、外資系の生命保険会社であった。1974年に、「医療保険」という商品を武器に日本に乗り込んできたのだ。医療保険やがん保険などは、生命保険とも損害保険ともいいがたい、どちらの分野にも属さない保険である。これが第三分野の保険として分類された。日本の保険会社が参入できないこともあり、外資系生保会社は、日本でのシェアを伸ばしていった。

　1996年、保険業法の規制緩和が行われ生損保のどちらも相互参入が可能になった。しかし、アメリカからの圧力もあり、第三分野に参入が解禁されたのは2001年になってからとなる。その時すでに、外資系の保険会社がシェアの８割以上を押さえており、国内の生保会社にとっては厳しい状況になっていた。

# 2. 保険料と保険金額の
バランスの取り方

今日は雨が降りそう・・・

降水確率が何%だったら
傘を持って家を出ますか？

保険料（体力）と保険金額
（備え）のバランスが大切！

富士山登頂！

手ぶらで登れば荷物は軽
いが備えがうすくなる！

備えが多すぎると
荷物が重なりバテ
てしまう！

将来の不確実性を、「確率」という
視点から見ることで、最適な保険
料と保険金額のバランスが見えて
きます！

## 天気予報で降水確率30%、あなたは傘を持っていきますか？

　出勤前の朝、窓の外をみたら雨が降りそうだった。そんな時、天気予報の降水確率が何%だったら傘を持っていくだろうか。「もしも」のことを考えて傘を持って出たとしても、雨が降らなければ鞄が重くなるだけである。また、持っていかない場合、雨が降ってしまえばずぶ濡れになってしまう。降水確率の認識と、雨が降った場合のリスク許容度により、人によって選択の仕方が異なってくる。

## 富士山登頂！「荷物の重さが保険料、荷物の中身が保険金」

　世界遺産にもなった富士山に初めて登頂することを考えてみよう。服装や荷物はどうすればよいかなど、初めての挑戦では見当がつかない。「もしも」のことを考え、たくさんの荷物を持っていけば安心だが、荷物が重く体力的に厳しくなる。しかし、荷物の中身を軽くし過ぎると、何かトラブルがあった時に対処できない。

　保険に置き換えてみると、高額の保険金額の保障は安心だが、保険料も高くなる。保険料を少なくすると、保険金額もそれなりの金額に減少してしまう。保険料と保険金額はトレード・オフの関係にある。そのため、双方のバランスの取り方がポイントとなる。これが保険の見直しの根本的な考え方だ。しかし、これが難しい。病気、介護、老後、死亡など、不確実な要素ばかりだからである。

　病気や死亡する確率が分かれば、どんな備えが必要かも見えてくる。将来の不確実性を嘆くのではなく、様々な統計のデータを見つめ直し、自分に必要な備えを認識することが大切といえる。データは、厚生労働省からいくつか発表されている。死亡保障や医療保障の必要性の視点から、次頁からそれらを解説する。

# 3. 生命保険の契約と税金

〈契約〉

○保険会社が破綻したら
　生命保険契約者保護機構
　→責任準備金の90%

○安全な保険会社を選ぶには
　ソルベンシー・マージン比率
　→最低200%以上

○いざ、契約！
　クーリング・オフ制度
　→8日以内、書面
　責任開始期
　→契約、告知、保険料

〈保険料〉

○保険料の構成
　純保険料
　付加保険料

○保険料の払込方法
　全期前納払い
　一時払い　など

〈保険金〉

○保険商品
　定期保険
　終身保険
　養老保険
　個人年金保険
　医療保険など

〈税金〉

○一般の生命保険料控除
○介護医療保険料控除
　保険料8万円超
　　→所得税：4万円
　保険料5.6万円超
　　→住民税：2.8万円

○個人年金保険料控除
　払込期間10年以上
　受取年齢60歳以上
　受取期間10年以上

○死亡保険金の税金
　夫・夫・妻→相続税
　夫・妻・夫→所得税
　夫・妻・子→贈与税

10日に契約した場合、クーリング・オフの対象期間は17日までです！

保険商品により、保険金の受け取り方は異なる！

契約形態は左から、契約者・被保険者・保険金受取人

なぜ、生命保険料控除があるのでしょうか。
それは、「医療、介護、年金」など、自助努力による備えが求められているからなのです。

112

## 生命保険会社が破綻してしまったら……

　生命保険は「自分の身にもしものことがあったら……」といった、金銭的な不安を軽減するために加入するものだが、今は大変な時代になった。「加入した保険会社にもしものことがあったら……」ということから考えないといけないからだ。

　生命保険会社が破たんした場合に、頼りになるのが生命保険契約者保護機構である。高予定利率契約を除き、責任準備金の90％まで補償をしてくれる。責任準備金とは、保険会社が将来の保険金等の支払いに備えて積み立てるもので、保険金額を補償するものではない。

## ソルベンシー・マージン比率で保険会社の健康チェック！

　生命保険に加入するときに気になるのが、保険会社の経営状況である。ソルベンシー・マージン比率をみることである程度判断ができる。

　ソルベンシー・マージン比率とは、大災害や株価大暴落などのような通常の予測を超える事態が起こった場合の保険金の支払い能力を表した指標である。例えば、震災が起こった場合、通常の予測を超える方々が亡くなってしまうことがある。そんな時にも、保険金を支払うことができるかどうかを判断することができる。この比率が高いほど、その保険会社の健全性は高く、200％未満になると、金融庁はその状況に応じて、業務停止などの早期是正措置を発動できる。自分が加入している保険会社のソルベンシー・マージン比率は知っておきたい。

　生命保険に加入すると保険料の支払いがあり、保険事故が起これば保険金が支払われる。保険料を支払うと生命保険料控除を受けることができ、保険金を受け取ると、その契約形態により、相続税、所得税、贈与税といった国税が課せられる。

# 4. 平均寿命と平均余命

|       | 男性       | 女性       |
|-------|-----------|-----------|
| 2011年 | 79. 44 (8) | 85. 90 (2) |
| 2012年 | 79. 94 (5) | 86. 41 (1) |
| 2013年 | 80. 21 (4) | 86. 61 (1) |
| 2014年 | 80. 50 (3) | 86. 83 (1) |
| 2015年 | 80. 79 (4) | 87. 05 (2) |
| 2016年 | 80. 98 (2) | 87. 14 (2) |
| 2017年 | 81. 09 (3) | 87. 26 (2) |
| 2018年 | 81. 25 (3) | 87. 32 (2) |
| 2019年 | 81. 41 (3) | 87. 45 (2) |
| 2020年 | 81. 64 (2) | 87. 74 (1) |
| 2021年 | 81. 47 (3) | 87. 57 (1) |
| 2022年 | 81. 05 (4) | 87. 09 (1) |

※カッコ内の数字は世界での順位

2020年から、男女ともに世界一位の香港は特別行政区であるため、ランキングからは除外されています！

厚生労働省「2021年簡易生命表の概況」より

2020年から、男女ともに平均寿命が短くなっています。新型コロナウイルス感染症の影響ではないか、と公表されています！

## 生命表は「死亡」データの宝庫！

　自分の死亡年齢を知ることは、死亡保障を考える上では有益である。しかし、精神的には知らない方が幸せかもしれない。

　厚生労働省から日本人の生命表として完全生命表と簡易生命表の2つが公表されている。前者は5年ごとに作成されているが、後者は概数ではあるものの毎年作成されている。ここでは、毎年7月末に公表される『簡易生命表の概況』についてみていきたい。

## 平均寿命とは、0歳の時の平均余命！

　平均寿命とは0歳の平均余命を指す。65歳の女性であれば、その平均余命はおよそ25年であるため、その時の年齢である65歳を加えると 約90歳となる。平均寿命より、年齢に平均余命を加えた方が長くなる。老後資金を検討するときなどは、平均余命で見込みを立てた方が適切といえる。

　図表の男女の平均寿命の右側にあるカッコは、世界の順位である。女性は、2010 年までは26年間連続で世界第1位と金メダルを取り続けてきた。男性は女性ほどではないが、メダルを取れるかどうかというレベルだった。しかし、2011年に香港の女性に抜かれ、連続記録が途絶えてしまった。2011年3月11日に起こった東日本大震災の影響である。どれだけ多くの方が亡くなったのかが見て取れる。統計データを見るとき、天災や戦争などがあった年は、統計データの連続性が途切れる可能性があることを忘れてはならない。

　また、2012年以降女性は1位2位を繰り返しているが、2020年から厚生労働省は、香港は国ではなく特別行政区であることから、ランクから除外されてしまった。

# 5. 簡易生命表の見方

〈簡易生命表（男性）〉

| 年齢 | 死亡率 | 生存数 | 死亡数 | 定常人口 | | 平均余命 |
|---|---|---|---|---|---|---|
| $x$ | $nq_x$ | $l_x$ | $nd_x$ | $nL_x$ | $T_x$ | $\overset{\circ}{e}_x$ |
| 0（週） | 0.00064 | 100 000 | 64 | 1 917 | 8 105 352 | 81.05 |
| 1 | 0.00007 | 99 936 | 7 | 1 916 | 8 103 435 | 81.09 |
| 2 | 0.00005 | 99 928 | 5 | 1 916 | 8 101 518 | 81.07 |
| 3 | 0.00006 | 99 923 | 6 | 1 916 | 8 099 602 | 81.06 |
| 4 | 0.00022 | 99 917 | 22 | 8 987 | 8 097 686 | 81.04 |
| | 0.00016 | | | | 8 088 699 | 80.97 |
| | 0.00030 | | | | 8 080 375 | 80.90 |
| 6 | 0.00033 | 99 849 | | 49 916 | 8 055 409 | 80.68 |
| 0（年） | 0.00184 | 100 000 | 184 | 99 859 | 8 105 352 | 81.05 |
| 1 | 0.00024 | 99 816 | 24 | 99 803 | 8 005 493 | 80.20 |
| 2 | 0.00017 | 99 792 | 17 | 99 784 | 7 905 690 | 79.22 |
| 3 | 0.00012 | 99 775 | 12 | 99 769 | 7 805 906 | 78.23 |
| 4 | 0.00009 | 99 763 | 9 | 99 759 | 7 706 137 | 77.24 |
| 5 | 0.00008 | 99 755 | 8 | 99 751 | 7 606 378 | 76.25 |
| 6 | 0.00007 | 99 747 | 7 | 99 744 | 7 506 627 | 75.26 |
| 7 | 0.00007 | 99 740 | 7 | 99 737 | 7 406 884 | 74.26 |
| 8 | 0.00006 | 99 734 | 6 | 99 731 | 7 307 147 | 73.27 |
| 9 | 0.00006 | 99 728 | 6 | 99 725 | 7 207 416 | 72.27 |

（吹き出し：0.184%／10万人／184人（特異値）／平均寿命／99,816人）

〈簡易生命表（女性）〉

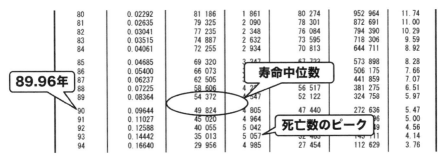

| 80 | 0.02292 | 81 186 | 1 861 | 80 274 | 952 964 | 11.74 |
|---|---|---|---|---|---|---|
| 81 | 0.02635 | 79 325 | 2 090 | 78 301 | 872 691 | 11.00 |
| 82 | 0.03041 | 77 235 | 2 348 | 76 084 | 794 390 | 10.29 |
| 83 | 0.03515 | 74 887 | 2 632 | 73 595 | 718 306 | 9.59 |
| 84 | 0.04061 | 72 255 | 2 934 | 70 813 | 644 711 | 8.92 |
| 85 | 0.04685 | 69 320 | 3 247 | 67 723 | 573 898 | 8.28 |
| 86 | 0.05400 | 66 073 | | | 506 175 | 7.66 |
| 87 | 0.06237 | 62 505 | | | 441 859 | 7.07 |
| 88 | 0.07225 | 58 606 | 4 2 | 56 517 | 381 275 | 6.51 |
| 89 | 0.08364 | 54 372 | 4 547 | 52 122 | 324 758 | 5.97 |
| 90 | 0.09644 | 49 824 | 4 805 | 47 440 | 272 636 | 5.47 |
| 91 | 0.11027 | 45 020 | 4 964 | | | 5.00 |
| 92 | 0.12588 | 40 055 | 5 042 | | | 4.56 |
| 93 | 0.14442 | 35 013 | 5 057 | | 145 711 | 4.14 |
| 94 | 0.16640 | 29 956 | 4 985 | 27 454 | 112 629 | 3.76 |

（吹き出し：89.96年／寿命中位数／死亡数のピーク）

厚生労働省「2022年簡易生命表の概況」より

生命表は、平均寿命が記されているだけではなく、私たちの年齢と死亡の関係を様々な角度から見ることができます！

## 簡易生命表は、10万人の赤ちゃん誕生から！

　簡易生命表は、厚生労働省が毎年7月末に公表している。新聞やニュース報道などでは、「平均寿命がまた延びました」などと報道される時期である。ライフプランや生命保険の加入を考える上で必須の知識であり、簡易生命表の見方は、是非とも知っておきたい。

　2021年簡易生命表（男性）の0（年）の行を左からみてほしい。まず死亡率があり、次に生存数がある。生存数10万人でスタートするのが生命表のルールである。次に死亡数があり0（年）のときはその数が多いため「特異値」と呼んでいる。一番右端にあるのが、0歳の赤ちゃんの平均余命であり、これが平均寿命である。次の年の1（年）の生存数は、0（年）の時の10万人から特異値である死亡数を差し引くと次の年（1年）の生存数になる。これを繰り返していく。これが、簡易生命表の構成である。

## 半分の生存数になるのが寿命中位数、あなたは生き残れるか！

　寿命中位数とは、生命表上で出生者のうち半数が生存し、半数が死亡するとされる年数をいう。0（年）の時に10万人でスタートしているため、生存数が5万人の時の年数（年齢）となる。

　左図（女性）の簡易生命表をみると、90（年）よりの少し手前で半数の5万人を切っているのがわかる。男性の寿命中位数は、およそ84（年）なので、男女ともに寿命中位数は、平均寿命より3年弱上回っている。これは国によって特徴が異なる。

　なお、寿命中位数の年齢の後に死亡数がピークを迎えている。これは男性も同様である。簡易生命表は、年齢と死亡の関係を様々な角度から見ることができるのである。

# 6. 生保標準生命表による保険料の計算

### 生保標準生命表2018（死亡保険用）（男）

| 年齢<br>$x$ | 生 存 数<br>$l_x$ | 死 亡 数<br>$d_x$ | 死 亡 率<br>$q_x$ | 平均余命<br>$\overset{\circ}{e}_x$ |
|---|---|---|---|---|
| 0 | 100,000 | 81 | 0.00081 | 80.77 |
| 1 | 99,919 | 56 | 0.00056 | 79.84 |
| 2 | 99,863 | 36 | 0.00036 | 78.88 |
| 27 |  |  | 0.00064 | 54.39 |
| 28 |  |  | 0.00064 | 53.43 |
| 29 |  |  | 0.00066 | 52.46 |
| 30 | 98,850 | 67 | 0.00068 | 51.50 |
| 31 | 98,783 | 68 | 0.00069 | 50.53 |
| 32 | 98,715 | 69 | 0.00070 | 49.57 |

簡易生命表の30歳（男）の死亡率は、0.00068

### 生保標準生命表2007（死亡保険用）（男）

| 年齢<br>$x$ | 生 存 数<br>$l_x$ | 死 亡 数<br>$d_x$ | 死 亡 率<br>$q_x$ | 平均余命<br>$\overset{\circ}{e}_x$ |
|---|---|---|---|---|
| 0 | 100,000 | 108 | 0.00108 | 78.24 |
| 1 | 99,892 | 75 | 0.00075 | 77.32 |
| 2 | 99,817 |  |  | 76.38 |
| 27 | 98,675 |  |  | 52.07 |
| 28 | 98,596 |  |  | 51.12 |
| 29 | 98,516 | 82 | 0.00083 | 50.16 |
| 30 | 98,434 | 85 | 0.00086 | 49.20 |
| 31 | 98,349 | 88 | 0.00089 | 48.24 |
| 32 | 98,261 | 90 | 0.00092 | 47.28 |

簡易生命表に比べ、平均余命が短い！

生保標準生命表は、下記の日本アクチュアリー会のホームページで参照できます！
http://www.actuaries.jp/lib/standard-life-table/

118

## 保険料の秘密が分かる「生保標準生命表」

　生命保険料は、予定死亡率、予定利率、予定事業費率の３つの予定率を基礎とし、純保険料と付加保険料を加味して算出される。保険料を計算する際、予定死亡率は生命表をベースに求めるが、実際の保険料計算では、完全生命表でも簡易生命表でもなく、生保標準生命表を用いる。生保標準生命表は、公益社団法人　日本アクチュアリー会が作成し、金融庁が検証しているため信頼度が高く、各保険会社が保険料の算出に使用している。死亡保険用、年金開始後用、第三分野用の３種類がある。

　2018年４月から使用されているのは、生保標準生命表2018であるが、その一つ前は2007を使用していた。つまり2018年度はその対象となる保険の保険料が変わったことを意味する。

## 30歳男性、死亡保険金5,000万円の１年間掛け捨ての保険料

　生保標準生命表2018の死亡保険用を使い、標記の保険料の概算してみよう。30歳男性の死亡する確率をみると0.00068により、１万人いたら6.8人が亡くなる値である。一人当たりの死亡保険金が5,000万円なので、掛け合わせると「0.00068×5,000万円＝34,000円」となる。これが１年間での一人当たりの純保険料に相当する。なお、予定利率や予定事業費率は考慮しないものとする。必要となる契約者数は、「5,000万円÷34,000円＝1,470.6人」により1,471人となる。改定前の生保標準生命表2007の30歳男性の死亡率は0.00086なので、保険料を計算すると43,000円とかなり保険料が高くなる。しかし、厚生労働省の簡易生命表の30歳男性の死亡する確率は、0.00055なので、これを基に計算するとさらに安い保険料になる。

# 7. 死亡保障の見直し①
## ～出生と死亡～

出生数および合計特殊出生率の年次推移

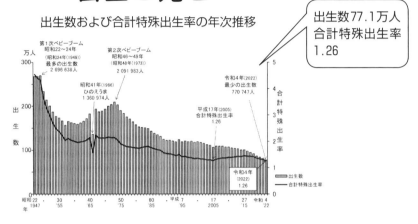

出生数77.1万人
合計特殊出生率
1.26

死亡数及び死亡率の年次推移

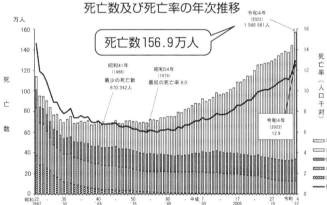

死亡数156.9万人

厚生労働省「2022年人口動態統計月報年計（概数）の概況」より

出生数と死亡数の差をみると、マイナス79.8万人です。日本の人口は急激に減少しています！

## 年間の出生数の減少が止まらない！合計特殊出生率も下落

　厚生労働省『人口動態統計月報年計(概数）の概況』をみると、出生数は前年より減少し、過去最低を更新し続けている。出生数のグラフの左端からみると、まず、1947 ～ 1949年のいわゆる団塊の世代の時の出生数の多さに気づく。その人数は最多の約270万人（1949）である。次のピークが団塊ジュニアの世代で、1971 ～ 1974年で約210万人）（1973）である。しかし、その後のベビーブームは訪れず、現在まで減少傾向が続いている。

　合計特殊出生率もそのトレンドは減少傾向にある。合計特殊出生率とは、一人の女性が一生の間に産む子どもの数を表している。2005年に過去最低の1.26となったが、その後もち返したものの、また下落している。少子化は現在も続いているのがわかる。

　子どもが生まれた場合、その後の教育費の備えなどから、生命保険に新たに加入したり、見直しをしたりする必要が出てくる。


## 年間の死亡数は増加の一途！ 150万以上の相続が発生中

　死亡数についてもみていきたい。死亡数はついに150万人を超えてしまった。1966年の最低の死亡数（67万人）から増加傾向となり、2003年には100万人を超え現在はその倍以上となっている。

　当たり前の話になるが、なくなった人数だけ相続も発生している。単純に計算すれば、1日に4千件以上のお葬式が日本全国で行われていることになる。

　出生数は減少、死亡数は増加している。日本の人口の減少に歯止めがかからない状態が続いている。数字だけ見ていると、現状の少子化対策はあまり結果が出ていないようだ。

# 8. 死亡保障の見直し②
## ～死亡原因～

### 全体（総数）でみた主な死因別死亡数の割合

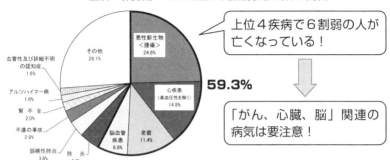

上位4疾病で6割弱の人が亡くなっている！

**59.3%**

「がん、心臓、脳」関連の病気は要注意！

### 性・年齢別にみた主な死因の構成割合

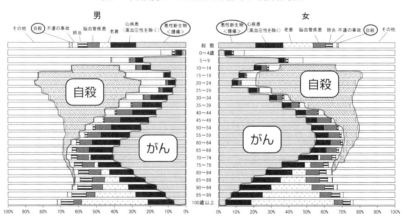

厚生労働省「人口動態統計月報年計（概数）の概況」より

20代の死亡原因の第1位は男女共に「自殺」です。そして30～40代にかけて、「がん」が死因の1位に代わっていきます。

## 「がん」「心臓」「脳」関連の病気には要注意！

　2021年の死亡数を死因順位別にみると、第1位は悪性新生物（がん）、第2位は心疾患、第4位は脳血管疾患であり、老衰を含む上位4疾病で全体の約6割を占めている。保険商品に「特定（三大）疾病保障保険」があるが、これらのリスクに備える保険で、がん・急性心筋梗塞・脳卒中により所定の状態と診断された場合に保険金が支払われるため、日本人の特徴に合っているのかもしれない。

　ちなみに肺炎は、1980年に不慮の事故にかわり第4位となり、2011年に脳血管疾患にかわり第3位となった。2017年に肺炎の原死因選択ルールの明確化により、現在はその順位が第5位となっている。

## 労働力確保の視点からも「自殺」対策は急務！

　性・年齢別にみた主な死因の構成割合は、さらに興味深い。20〜24歳の年齢帯の男女の死因を見てみると、悪性新生物でも心疾患でもなく圧倒的に自殺が多いのである。そして次が、不慮の事故だ。男性では40代半ばまでは自殺がトップで、それ以降、悪性新生物に取って代わる。女性は、30代前半で死因トップが、自殺から悪性新生物に代わる。全体（総数）でみた死因別死亡数の割合ではみえなかった点がこのデータからみえてくる。

　ところで、ＴＶドラマ等でも時々扱われるが、自殺の場合、保険金は支払われるのだろうか。答えは、支払われる場合と支払われない場合がある。契約にもよるが、加入してから一定期間以内（1〜3年以内）の自殺については支払いの対象にはならない。ただし、一定期間以内の自殺であっても、心神喪失状態や精神障害などの状態での自殺は、支払いの対象となる場合がある。

# 9. 死亡保障の見直し③ ～結婚と離婚～

## 婚姻件数および婚姻率の年次推移

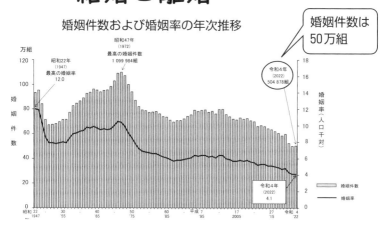

婚姻件数は50万組

## 離婚件数および離婚率の年次推移

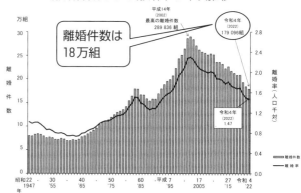

離婚件数は18万組

厚生労働省「人口動態統計月報年計（概数）の概況」より

離婚件数と比較して、婚姻件数は3倍近くあります。なんとなく、ほっとしますね！

124

## 結婚の件数は低下し晩婚化の傾向！

　結婚は、生命保険の加入や見直しの機会になる。独身の場合は、備えるべきリスクも少ないが結婚して子どもが生まれたりするとそういってもいられない。婚姻件数のデータをみると、2000年辺りから明らかな減少傾向となっている。1972年の約110万組と比べると、すでに5割を切っている。1972年は、いわゆる団塊の世代が20代前半になり、結婚しているためにその母数が多くなっている。

　平均初婚年齢の年次推移をみると、現状は夫31歳、妻30歳である。すでに20年以上前になるが、1995年の初婚年齢は、それぞれ28.5歳、26.3歳となっており、比較すると現在は晩婚化が進んでいるのが分かる。

## 保険の見直しは結婚2、3年目がオススメ？

　生命保険に加入していた場合、結婚しても離婚をした場合も、保険金受取人を変更することになる。当然のことだが、結婚をしたカップルは、その後、離婚したときのことを考えていない。離婚したときに必要になるのが保険の見直しだ。

　2002年の約29万組の離婚をピークに減少傾向にある。その要因に人口減少もあるかもしれないが、不景気の問題もありそうだ。ここでは、結婚してから、どのくらいの期間で離婚に至るカップルが多いのかを調べてみた。厚生動労性のデータをみると、結婚して5年未満の離婚が圧倒的に多い。このデータは、結婚後5年毎に区切って調査が行われている。5年未満の中でも、結婚してから2、3年後が最も危険であることがわかる。そのタイミングで、保険の営業の方から保険の見直しの連絡がきたら、意味深である。

# 10. 医療保障の見直し①
## ～入院と通院～

年齢階級別にみた施設の種類別推計患者数

（単位：千人）　　　　　　　　　　　　　　　　　　　　　令和2年10月

| 性 年齢階級 | 入院 | | | 外来 | | | |
|---|---|---|---|---|---|---|---|
| | 総数 | 病院 | 一般診療所 | 総数 | 病院 | 一般診療所 | 歯科診療所 |
| 総　数 | 1 211.3 | 1 177.7 | 33.6 | 7 137.5 | 1 472.5 | 4 332.8 | 1 332.1 |
| 男 | 558.6 | 548.1 | 10.5 | 3 050.0 | 692.8 | 1 805.0 | 552.1 |
| 女 | 652.8 | 629.6 | 23.2 | 4 087.5 | 779.7 | 2 527.8 | 780.0 |
| 0　歳 | 8.9 | 8.4 | 0.5 | 61.1 | 10.4 | 50.6 | 0.1 |
| 1 ～ 4 | 5.0 | 5.0 | 0.0 | 234.4 | 23.5 | 193.0 | 17.9 |
| 5 ～ 9 | 3.7 | 3.7 | － | 246.3 | 22.2 | 164.3 | 59.8 |
| 10 ～ 14 | 5.3 | 5.3 | 0.0 | 178.1 | 20.0 | 116.9 | 41.3 |
| 15 ～ 19 | 7.0 | 6.8 | 0.2 | 124.3 | 18.8 | 79.6 | 25.9 |
| 20 ～ 24 | 8.9 | 8.5 | 0.4 | 146.7 | 21.6 | 86.1 | 39.0 |
| 25 ～ 29 | 12.7 | 11.6 | 1.1 | 171.9 | 27.6 | 102.0 | 42.2 |
| 30 ～ 34 | 16.5 | 14.9 | 1.6 | 204.3 | 35.4 | 122.8 | 46.1 |
| 35 ～ 39 | 19.3 | 18.2 | 1.1 | 238.0 | 43.8 | 142.1 | 52.0 |
| 40 ～ 44 | 23.1 | 22.6 | 0.5 | 294.9 | | | |
| 45 ～ 49 | 34.0 | 33.6 | 0.4 | 369.6 | | | |
| 50 ～ 54 | 41.8 | 41.3 | 0.5 | 374.5 | | | |
| 55 ～ 59 | 52.7 | 52.0 | 0.7 | 406.0 | | | |
| 60 ～ 64 | 66.6 | 65.7 | 0.9 | 454.9 | 102.8 | 256.9 | 95.2 |
| 65 ～ 69 | 99.4 | 97.3 | 2.1 | 654.9 | 148.3 | 382.2 | 124.3 |
| 70 ～ 74 | 141.9 | 139.2 | 2.7 | 886.6 | 208.7 | 522.1 | 155.9 |
| 75 ～ 79 | 155.7 | 151.8 | 3.9 | 814.3 | 192.6 | 493.8 | 128.0 |
| 80 ～ 84 | 174.7 | 169.9 | 4.8 | 640.2 | | 396.6 | 91.6 |
| 85 ～ 89 | 173.4 | 168.0 | 5.4 | 401.5 | | | 50.8 |
| 90歳以上 | 159.8 | | 6.7 | 221.3 | | | 25.0 |
| 不　詳 | 0.8 | | | 14.0 | | | 3.9 |
| （再掲） | | | | | | | |
| 65歳以上 | 904.9 | | | 3 618.8 | 850.2 | 2 193.0 | 575.5 |
| 70歳以上 | 805.5 | 782.0 | 23.5 | 2 963.9 | 701.9 | 1 810.8 | 451.2 |
| 75歳以上 | 663.6 | 642.8 | 20.8 | 2 077.3 | 493.2 | 1 288.7 | 295.3 |

*（吹き出し）外来患者数が急増！*
*（吹き出し）外来患者数のピーク！*
*（吹き出し）入院患者数のピーク！*

厚生労働省「患者調査の概況」より

65歳を過ぎると、外来や入院の医療費が重くのしかかってくるのが分かります！

## 自分が病気になったときの状況がわかる「患者調査」

　医療保険を検討するときに、欠かすことのできない資料がある。それは、3年に一度しか公表されない、厚生労働省の『患者調査の概況』だ。私たち日本人の先輩方のリアリティのある、言ってみれば病歴のデータである。これを参考にしない手はない。

　左図をご覧いただくと、左半分が入院患者数、右半分が外来患者数になっている。そして上から下に5歳刻みの年齢で区分けされている。今回は「総数」で見ていくが、「病院」と「一般診療所」のデータも記載されている。病院とはベッド数が20床以上あり、一般診療所とはベッド数が19床以下の医療機関のことを指す。病院と診療所の利用状況を比較すると、入院は病院の方が多く、外来は診療所の方が多い。

### 65歳を過ぎると、入院・外来の患者数は一気に増加する！

　入院や外来の頻度が高くなるのは、60代以降である。外来のピークは70〜74歳のときで約87万人、入院のピークはその10年後の80〜84歳で約17万人だ。つまり、私たちは60歳の大台に乗ると、外来や入院の頻度が高まり、今までと比較をすると、医療費の負担が多くなる。70歳台になると、定期的に外来診療を受ける人が増えることもあり、ピークを迎える。薬の量も自然に増えてくる。そして、80歳台になると通院等も難しくなり、軽い病気であったとしても入院を余儀なくされかもしれない。

　このように、60代以降の医療費の備えは、現役世代のうちに検討しておいた方が安心といえるだろう。遅くとも65歳以上の医療費は、それ以前の医療費の掛かり方とは異なる。若い時の外来や入院のイメージで考えてはいけない。15〜19歳の外来の総数に目を移すと、0歳を除けばその総数は一番少ない。おそらく、将来かかる医療費のことなど考えもしない年代だ。

# 11. 医療保障の見直し②
## ～傷病別の入院患者数～

傷病分類別にみた施設の種類別推計患者数

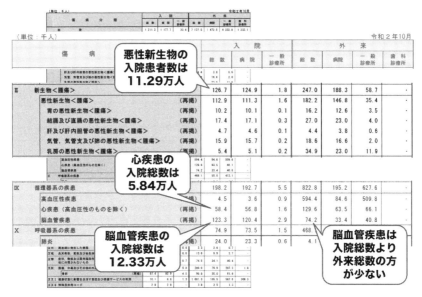

厚生労働省「患者調査の概況」より

死亡原因の１位は悪性新生物でしたが、入院患者数を見ると、脳血管疾患がもっとも多くなっています！

## 死亡原因１位と入院総数が多い疾病ではどちらの備えが重要か？

　既に解説済みであるが、死亡原因の１位は悪性新生物（がん）だ。老衰を除くとそれに続くのが、心疾患、脳血管疾患である。一方、左図を見ると、入院患者数の最も多い疾病は、脳血管疾患なのである。そして、悪性新生物、心疾患と続く。

　明白なことは、前者は「死亡保障」であり、残された家族のための備えとなる。後者は「医療保障」であり、自分の治療のための備えである。どちらも別の備えであることを理解しておくことが重要である。

## 「脳血管疾患」の外来総数は思った以上に少ない

　次に外来総数をみていこう。悪性新生物、および心疾患は入院総数より、外来総数のほうが多くなっている。しかし、脳血管疾患は外来総数の方が圧倒的に少ないことに気づく。これはどういうことなのか。

　脳血管疾患という疾病の特徴から、例えば足腰に麻痺がある場合、外来が困難となるからである。入院せざるを得ないということだ。

## 脳血管疾患の備えですぐに医療保険というのは早計！

　脳血管疾患は入院率が高く備えておきたい疾患である。とはいえすぐに医療保険に加入するというのは早計だ。まずは、公的医療保険の高額療養費制度などの仕組みを知り、具体的な支出額を把握する必要がある。次に遺伝的なことも含め、親族の病気の状況などを把握し、早めに病気の備えとして貯蓄しておくのも流動性が高くオススメの方法だ。その上で不安が残るようであれば、民間の医療保険等の活用を検討するのもいいだろう。リスクへの備えで大切なのは、保険のみに頼るのことではなく、様々な方法から考えることなのだ。

# 12. 医療保障の見直し③ ～入院期間～

傷病分類別にみた年齢階級別退院患者の平均在院日数

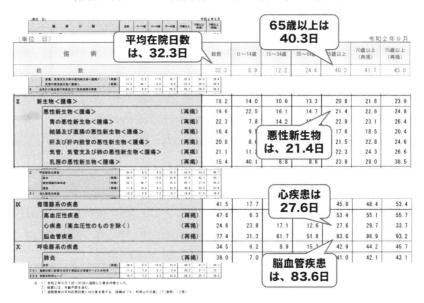

**平均在院日数は、32.3日**

**65歳以上は40.3日**

**悪性新生物は、21.4日**

**心疾患は27.6日**

**脳血管疾患は、83.6日**

厚生労働省「患者調査の概況」より

脳血管疾患は、死亡リスクも生存リスクも高い病気です。どのような備えが必要化を真剣に検討しておく必要がありそうです。

## 平均在院日数とは入院期間のこと

　入院する患者数を把握した後は、入院する「期間」が知りたくなる。たとえ、入院患者数が多くても、2、3日で退院できるとしたら多少は気が楽になるし、公的な医療保険でなんとかなりそうだからだ。

　入院期間（日数）のことを、「平均在院日数」という。悪性新生物、心疾患、脳血管疾患の3つの疾病についてみていきたい。

## 65歳以上の平均在院日数を考える！

　退院患者の平均在院日数の総数の値をみると約1ヵ月であることがわかる。左図では、「65歳以上」のデータがあるので、ここではその値に注目する。そこでの平均在院日数はおよそ40日間。これを長いと見るか短いと見るかは個人によりそうだが、医療財政のことを考えると、長期の入院は負担にもなるため、できることなら短期間で退院してほしいという思惑もありそうだ。

## 私たちにとって深刻な病気のひとつが「脳血管疾患」

　65歳以上の平均在院日数は約40日間だが、個別の傷病分類から見ると、悪性新生物は20日間強、心疾患は30日間弱であるが、脳血管疾患をみると80日間超となっている。

　脳血管疾患という病気は、外来よりも入院患者数の方が多く、そして平均在院日数も他と比較して長い。脳血管疾患は死因割合こそ4番目だが、治療という視点で捉えると、かなりの備えが必要になることが分かる。この状況を把握した上で、これをお読みのあなたはどのように行動するのか、そしてどのようなアドバイスをすべきなのか、改めて考えるよい機会となれば幸いである。

# 13. 法人向け保険①
## ～法改正前の節税保険～

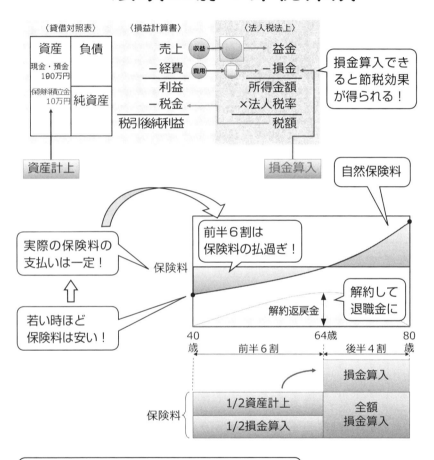

〈貸借対照表〉

| 資産 | 負債 |
|---|---|
| 現金・預金 100万円 | |
| 保険料積立金 10万円 | 純資産 |

資産計上

〈損益計算書〉

売上
－経費
利益
－税金
税引後純利益

〈法人税法上〉

収益 → 益金
費用 → －損金
所得金額
×法人税率
税額

損金算入できると節税効果が得られる！

損金算入

自然保険料

実際の保険料の支払いは一定！

前半6割は保険料の払過ぎ！

保険料

解約して退職金に

解約返戻金

若い時ほど保険料は安い！

| 40歳 | 前半6割 | 64歳 | 後半4割 | 80歳 |

| 保険料 | 1/2資産計上 | 損金算入 |
|---|---|---|
| | 1/2損金算入 | 全額損金算入 |

法人向けの保険には、長期平準定期保険や逓増定期保険があります。共に解約することを前提に設計された保険です。

132

## 生命保険の保険料支払いで節税効果！

　社員が10人くらいの企業の社長が亡くなったとしよう。中小企業の場合、いきなり経営が立ち行かなくなることも少なくない。そこで、短期借入金（1年以内に返済を必要とする借入金）の返済や、向こう1年間の社員の給与にあてるために生命保険に加入することがある。

　法人税法上、支払う保険料が損金算入できれば節税効果を生み、資産計上できれば、解約することで現金が得られる。掛け捨ての定期保険などの保険料は損金算入が可能で、貯蓄性のある終身保険などの保険料は資産計上の対象になる。保険料の半分を損金算入、もう半分を資産計上できる養老保険を、ハーフタックスプランと呼んだりもする。

## 長期平準定期保険を解約して社長の退職金の原資に！

　40歳の社長が保険期間40年の長期平準定期保険に加入したとする。毎月の保険料は一定であるが、実際は40歳と80歳では保険料は異なる。若い時ほど死亡率が低いため保険料は安くなる。つまり、一定年齢までは保険料の払い過ぎの状態になる。単純に考えれば、その差額部分が解約返戻金として貯まってくる。定期保険にもかかわらず貯蓄性を持つということだ。税制的には64歳（前半6割）まで、その保険料の半分を損金算入、もう半分を資産計上する。

　社長にもしものことがあった時、保険金は短期借入金の返済や社員の給料として活用し、元気に勇退時期を迎えることができたなら、保険を解約し解約返戻金を退職金の原資とする。支払う保険料の半分は節税効果が期待でき、残りの半分は退職金の原資になる。このような使い方で設計されているのが法人向けの保険「長期平準定期保険」なのだが、この保険は2019年7月7日までしか契約できない。

# 14. 法人向け保険②
## ～法改正後の経理処理～

〈最高解約返戻率の違いによる取扱い〉

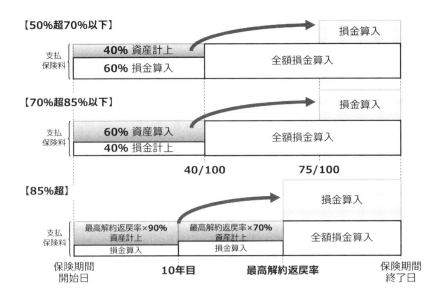

最高解約返戻率が高くなればなるほど、一定期間の損金算入できる割合が低くなっています！

## 「傷害保障重点期間設定型長期定期保険」とは？

　その名の通り、「傷害保障」と前出の「長期平準定期保険」を組み合わせた商品である。充填期間設定型といって、保険期間を第1、第2とふたつに分け、第1保険期間は保険料を抑え、第2保険期間で保険料を高めにすることで、実際の保険料を引き上げる。つまり、第1保険期間の保険料と実際の保険料のギャップが大きくなり、解約返戻金がより多くなるという仕組みだ。

　この保険は、業界内で「発明」とまでいわれた。「節税保険」という別名もあり、この商品は飛ぶように売れ、多くの保険会社から発売された。それに業を煮やしたのか、国は2019年6月に法人税基本通達の改正を行った。

## そんなに節税はさせない！最高解約返戻率で区分

　前出の長期平準定期保険も含め、2019年7月8日以降の契約締結分から、左図のように最高解約返戻率の違いで経理処理の取り扱いが変わることになった。

　最高解約返戻率が50％以下の場合は、今までと変わらないが、50％超70％以下の場合、保険期間開始日から40/100の期間の資産計上の割合は40％、70％超85％以下のときは資産計上の割合が60％と高くなった。最高解約返戻率が高いほど、資産価値の割合も高めた改正といえる。別の視点で見れば、損金算入の割合は、返戻率が高くなるほど60％から40％と低くなっている。つまり、節税がしにくくなったことを意味している。

　最高解約返戻率が85％を超えると、保険期間開始日から保険期間終了日までを3つに区分し、それぞれ異なる経理処理となる。

# 15. 実損填補と火災保険

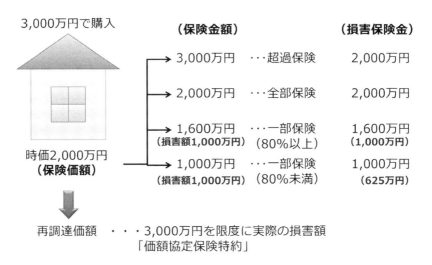

3,000万円で購入

時価2,000万円
**（保険価額）**

再調達価額　・・・3,000万円を限度に実際の損害額
　　　　　　　　「価額協定保険特約」

| | （保険金額） | | （損害保険金） |
|---|---|---|---|
| | 3,000万円 | ・・・超過保険 | 2,000万円 |
| | 2,000万円 | ・・・全部保険 | 2,000万円 |
| | 1,600万円<br>（損害額1,000万円） | ・・・一部保険<br>（80％以上） | 1,600万円<br>（1,000万円） |
| | 1,000万円<br>（損害額1,000万円） | ・・・一部保険<br>（80％未満） | 1,000万円<br>（625万円） |

価額協定保険特約とは、保険の対象が居住用建物等に限り付帯することができる特約で、損害を再調達価額で補償する特約です！

## 損害保険は「実損填補」

　生命保険と損害保険の大きな違いのひとつに、実損填補がある。実損填補とは、保険契約時に予め定めた保険金額（契約金額）を上限として、実際の損害額を保険金で支払うことをいう。そして損害保険の支払い保険金は、この実損填補が基本となっている。

## 火災保険を例に、実損填補と全部保険を理解する！

　例えば左図のように、3,000万円で新築建物を購入したとする。10年の時が経過したとき、改めて火災保険に加入する場合を考えてみよう。その時の時価が2,000万円だった、これを保険価額という。2,000万円の価値があるので、2,000万円の契約をしたとする。これが保険金額であり契約金額である。保険価額と保険金額が等しい場合、全部保険などといったりもする。購入価格は3,000万円だが、保険価額は2,000万円のため、保険金額を3,000万円としても、全焼した場合に支払われる損害保険金の額は、2,000万円になってしまう。こういった保険を超過保険と呼ぶ。

## 火災保険料の節約もほどほどに！

　次は、保険価額＞保険金額となる一部保険を見ていく。一部保険にすると、全部保険と比較すると保険料は安くなるがいくつか注意が必要となる。住宅火災保険や住宅総合保険において、保険金額が保険価額の80％未満の場合、比例填補になってしまうからである。

　比例填補とは、保険会社が限度額の範囲内で、実際の損害額に対して契約時に定めた割合の金額（一定の計算式がある）が支払われる。なお、保険金額が保険価額の80％以上の場合は実損填補となる。

# 16. 地震保険と保険料

損害区分の細分化

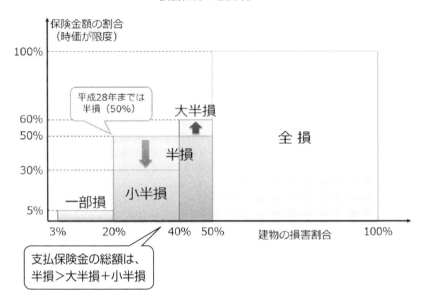

2022年10月から、地震保険料の改定により、全国平均で0.7%値下げされました！！

## 地震保険は単体では加入できない！

　近年地震リスクへの関心が高まっているが火災保険だけでは、地震に関する損害は補償されないのをご存じだろうか。地震リスクに対応するなら、火災保険に地震保険を付帯する必要がある。一般的には、補償の対象は居住用の建物と家財で、店舗併用住宅の場合は居住用部分のみとなる。

　地震保険の保険金額は、建物、家財ごとに火災保険の保険金額の30～50％の範囲内で設定する。ただし、建物は5,000万円、家財は1,000万円が限度となる。

## じわじわと地震保険の保険料が引き上げられてきたが……

　去る2017年に地震保険の改定があり、2017年は保険料が全国平均で＋5.1％、2019年（＋3.8％）、2021年（＋5.1％）と、段階的に計+14.7％の保険料引き上げが行われた。しかし、2022年10月には地震保険料が全国平均で0.7％値下げされた。値上げ要因には全国的に地震の発生頻度が増加したこと、一方、値下げ要因として、耐久性の高い住宅が普及していたことが挙げられる。今回は値下げ要因のほうが大きくなったため、値下げとなった。

　2017年1月からの地震保険の損害区分は、「全損（100％）、大半損（60％）、小半損（30％）、一部損（5％）」の4区分である。以前は「全損（100％）、半損（50％）、一部損（5％）」の3つだった。区分が細分化されたことで、今までは半損に認定されなかった場合、一部損となり5％の支払いしか受けられなかったが、今後は小半損として30％の支払いとなる場合も考えられる。しかし、今までの半損（50％）が、大半損（60％）、小半損（30％）に細分化されたものの、保険金の支払総額は下がっている。保険金支払い節約のための改正ともいえる。

# 17. 自動車損害賠償責任保険

1ヵ月の保険料は、5,740円もかかる！

**自賠責保険料　早見表**

| 保険期間 | 37ヵ月 | 36ヵ月 | 25ヵ月 | 24ヵ月 | 13ヵ月 | 12ヵ月 | 1ヵ月 |
|---|---|---|---|---|---|---|---|
| 自家用乗用自動車 | 24,190 | 23,690 | 18,160 | 17,650 | 12,010 | 11,500 | 5,740 |
| 軽自動車（検査対象車） | 10,230 | 10,100 | 8,640 | 8,510 | 7,020 | 6,890 | 5,370 |
| 小型二輪車（250cc超） | 10,270 | 10,140 | 8,660 | 8,530 | 7,030 | 6,890 | 5,360 |

（2023年4月改定 本土用）

36ヵ月と37ヵ月の保険料は、1,000円も違わない！

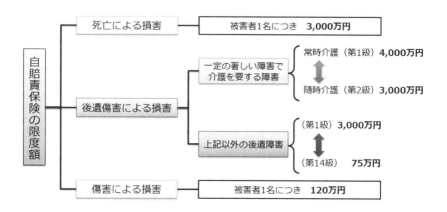

- 自賠責保険の限度額
  - 死亡による損害 —— 被害者1名につき　3,000万円
  - 後遺傷害による損害
    - 一定の著しい障害で介護を要する障害
      - 常時介護（第1級）4,000万円
      - 随時介護（第2級）3,000万円
    - 上記以外の後遺障害
      - （第1級）3,000万円
      - （第14級）　75万円
  - 傷害による損害 —— 被害者1名につき　120万円

自賠責保険は、被害者の救済を目的としています。任意の自動車保険は、自賠責保険の保険金が支払われた後、不足分が補われます！

140

## 自賠責保険は、まとめて加入すると保険料がおトク！

　自動車保険には、法律で加入が強制されている自動車損害賠償責任保険（以下、自賠責保険）と、任意の自動車保険がある。

　自賠責保険は、通常は車検の時に加入する。加入期間は、次の車検までの期間以上となる。新車であれば、次の車検は3年後なので36ヵ月以上、次の車検が2年後であれば24ヵ月以上の保険に加入する必要がある。1ヵ月単位での契約も可能だがかなり割高になる。車検切れなどを起こした場合、24ヵ月＋1ヵ月とするよりは、25ヵ月で契約をした方がかなりおトクになる。

## 自賠責保険は「被害者救済」のための保険！

　自賠責保険は、交通事故の被害者救済を目的としている。そのため事故が原因で壊してしまった建物や自分の車は補償の対象外である。また被害者への補償もそれだけで十分とはいえないかもしれない。

　被害者に後遺障害が残ってしまった場合は最大で4,000万円。死亡させてしまった場合は最大3,000万円。ケガをさせてしまった場合は最大120万円しか補償されない。

## 任意の自動車保険の補償内容

　基本補償には、「賠償責任保険・傷害保険・車両保険」の3種類がある。賠償責任保険は、他人を死傷させた場合、または他人の財物に損害を与えた場合の補償である。傷害保険には、搭乗者傷害、自損事故、無保険車傷害の3つがある。車両保険は自分の車が対象となる。

　人身傷害補償保険もあり、過失割合に関わらず、保険金額の範囲内で損害額の全額が示談を待たずに支払われる。

# 18. 傷害保険

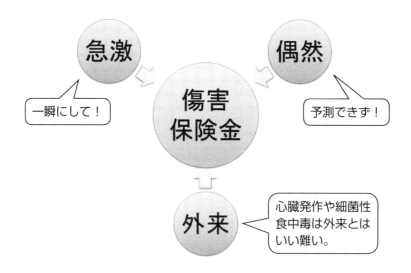

|  | 細菌性食中毒 | 地震・噴火・津波による傷害 |
| --- | :---: | :---: |
| 普通傷害保険 | × | × |
| 国内旅行傷害保険 | ○ | × |
| 海外旅行傷害保険 | ○ | ○ |

普通傷害保険に加入し、海外旅行でケガをした場合でも、補償の対象になります！海外旅行傷害保険との違いを把握しておきましょう！

## 三拍子そろうと保険金が支払われる傷害保険金！

　傷害保険とは、被保険者が「急激かつ偶然な外来の事故」によって身体に被る傷害・死亡に備える保険である。なお、病気は対象外となる。最もスタンダードな商品は、普通傷害保険である。保険金の支払い対象となるかならないかの、○×クイズに答えてもらいたい。

---

① サッカーの試合中転倒し、足を骨折した。

② 運動中に心臓発作を起こし入院した。

③ 海水浴中におぼれて溺死した。

④ 食堂の料理が原因で細菌性食中毒を起こした。

⑤ 転倒した傷が原因で破傷風にかかった。

⑥ 地震・噴火・津波による傷害

---

　さて、いかがだっただろうか。答えは、奇数番号が○で偶数番号が×だ。②の心臓発作は外来の事故とはいいがたい。④の細菌性食中毒も同様である。⑥の地震・噴火・津波については、火災保険でもそうだったように、原則、補償の対象外になっている。

　しかし、国内旅行傷害保険になると、細菌性食中毒が特約なしで補償対象となり、海外旅行傷害保険になると、細菌性食中毒に加え、地震・噴火・津波による傷害でも補償の対象となる。海外旅行傷害保険は、海外専用というわけではない。普通傷害保険に加入し海外旅行に行き、転倒して骨折した場合でも、補償対象になる。勘違いしやすいが、普通傷害保険は、国内・国外を問わず、日常生活の様々な事故による傷害に対して保険金が支払われる。

# ～損害保険業界の状況～

　近年、損害保険会社は経営統合や合併が進み、現在は「３メガ損保」グループが市場の９割以上を占め、寡占状態となっている。具体的に、３メガ損保とは下記のグループを指す。

---

　・東京海上ホールディングス
　・ＭＳ＆ＡＤインシュアランスグループホールディングス
　・損保ジャパン日本興亜ホールディングス

---

　損害保険会社が取り扱っている保険の種類は多数あるが、一般社団法人日本損害保険協会が発表している正味収入保険料のデータをみると、およそ半分弱を占めるのが、テレビのＣＭでもよく見かける自動車保険である。

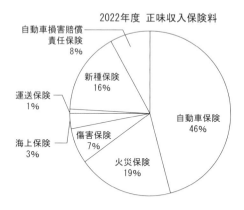

2022年度　正味収入保険料

自動車損害賠償責任保険 8%
新種保険 16%
運送保険 1%
傷害保険 7%
海上保険 3%
自動車保険 46%
火災保険 19%

　現状では、更新時や車の買い換え時に、パイを奪い合っているのが現状といえるだろう。若者の車離れ、少子高齢化、人口減少などの影響も大きく、海外市場への展開が求められている業界でもある。

# コンサルティングのポイント〔リスク〕

　リスクの捉え方は三者三様で、単身者の若者、家族を持つ人、高齢者それぞれ異なる。主観的であるため、同じ高齢者であっても感じ方は違う。共通点は、将来の不確実性に不安を感じていることだ。

　ポイントとなるのは「現時点での状態」と「将来のある時点の状態」という、2つの時間的位置を意識することだ。

　例えば、生命保険を例にとれば、その現時点の状態は通常健康であろう。そもそも健康でないと加入できない可能性が高い。しかし、将来のある時点となると、どうなっているかは誰にもわからないため、不安になる。もちろん、現状通り健康であってほしいが、もしかすると大きな病気をして、仕事ができない状態になっているかもしれない。あくまで仮定での話になるが、ほんの少しでも可能性があると不安でいたたまれなくなる時が私たちにはある。その「不安」をお金で「安心」に代えるツールが生命保険の役割である。保険に加入したからといって、病気にならなくなったり死ななくなるわけではないが、なった場合の備えという視点で私たちは「安心」という心の状態を手に入れたくなるのだ。

　「可能性の効果」という言葉を聞いたことがあるだろうか。確率が低いと私たちの感覚は過大評価をしてしまう特徴を指している言葉である。例えば、宝くじの1等はそう当たるものではない。確率で考えれば、かなり低い値になる。しかし、私たちはもしかしたら当たるかもしれないと思い、年末の忙しいさなか、過去当たりの出た販売窓口に行列をなしている。過去当たりが出た窓口で購入しても当たる確率はなんら変わらないのに、である。これが可能性の効果で、実際の確率より私たちの主観的な確率は高く感じてしまう。

つまり、病気にかかる可能性がどんなに低くても、もしかしたらその病気になってしまうのではないかと恐れてしまう。

　通常、宝くじのように、当たる確率が低い状況下において、私たちは一か八かの勝負に出る傾向がある。ほとんど当たらないにもかかわらず、宝くじを購入しているのがその証拠だ。冷静に考えれば、宝くじの還元率は50％未満であり、投資商品の仲間にすら入れてもらえない。私たちの心理は「リスク追求的」になっているのだ。

　ところが、宝くじのように利得を目前にするとリスクを追い求める心理状態になるが、これが病気といったような損失になると、その心理状態は一気に変化し「リスク回避的」なモードになる。かなり低い確率であっても、大きな損失（病気）を恐れるため、様々な保障に加入しすぎてしまうのだ。

　過剰な保障であったとしても、将来のある時点の状態がサポートされるため、現時点での状態、つまり心の状態は不安から安心の方向へと遷移する。しかしその対価として、それなりの保険料が必要になる。現在の生活を脅かすほどのコストになる場合だって考えられる。行き過ぎは、本末転倒となってしまう。

　大切なのは「現時点での状態」と将来のある時点の状態を映し出す、「現在の心の状態（安心感）」のバランスをどうとっていくかなのだ。

　定量的な補償額といったことだけでなく、お客様の気持ちといった定性的な要素への気配りもできる人は、おそらくお客様の信頼も大きいはずだ。

　お客様への対応は、それぞれ三者三様であるが、お客様に頼られる担当者の共通点もありそうだ。

# 第4章

## 金融資産運用

　この先、資産運用の知識は必ず自分の役に立ちます。しかし、預貯金中心でお金を貯めてきた私たちには、まだまだ馴染みのない部分も多くあります。資産運用を行うには、景気・経済の捉え方や、金融商品の知識は必要不可欠です。小額から実践してみるとよいでしょう。

# 1. 金融商品と景気・経済

GDP（国内総生産）とは、
一国の経済規模を表します！

＜金融商品＞

○貯蓄型
　・利率と利回り
　・貯蓄型金融商品

○投資型
　・債券
　・株式
　・投資信託
　・外貨建て商品
　・その他

○セーフティネット

資産運用

＜景気と経済＞

○**GDPと経済成長率**

○**景気動向指数**

○**業況判断DI(日銀短観)**

○**物価指数(消費者・企業)**

○**日銀の金融政策**
　・政策金利
　・預金準備率操作
　・公開市場操作

セーフティネットの代表的なものに
「預金保険制度」があります。
銀行が破綻した場合、1,000万円
とその利息まで保護されます。

世の中のお金の量をコント
ロールすることで、金利を調
節します。お金の量を少なく
すると、金利が上昇します。

「金融商品の知識」と、「景気・経済
の動き」は、資産運用に必須の知識
です！

## 市場には、様々な金融商品があふれている！

　一般的な株式や債券、投資信託の他にも市場には様々な金融商品がある。例えば金や銀、プラチナなど実際に目に見える「商品」、為替の流れを予想して外貨に投資する「FX（外国為替証拠金取引）」などが有名。ビットコインを代表とする暗号資産も投資対象といえる。

　資産運用をする上で大切なことは、運用の目的を明確にすることだ。その目的に適した金融商品を選ぶことが重要なのである。儲かりそうだからといって、無目的にそして理解できないような仕組みのリスクの高い商品に投資をするのはお勧めできない。

## 統計やデータの見方を知り、勘に頼らない金融商品選択を！

　金利の高低によって、有利な預貯金のタイプも異なる。株式や債券など、投資型の金融商品の場合は、さらに金利の影響を強く受ける。難しいことではあるが、この先の景気や、経済の動きを自分なりに予測できなければ、どの金融商品を選択すべきなのかが分からない。それにはまず、GDPや景気動向指数、業況判断ＤＩなど定期的に公表されるデータの意味合いは知っておきたい。日本銀行の金融政策は多くの人から注目を浴びている。

## 人間の心理も株価に大きな影響を及ぼす！

　2002年のノーベル経済学賞の受賞で大きく注目された「行動経済学」をご存じだろうか。人の心理が経済に大きな影響を与えると考える学問である。株価を予想する時には、業績や財務状況ばかりを気にしがちだが、実は人間の「心理」も考慮しなければならないだろう。株価に織り込まれるのは人間心理も大きな要素といえる。

# 2. GDPデフレーター

$$\text{GDPデフレーター} = \frac{\text{名目GDP}}{\text{実質GDP}}$$

基準年:100

| 上昇（100超）<br>⇩<br>インフレ圧力 | 下落（100未満）<br>⇩<br>デフレ圧力 |

〈基準時点（2023年）〉

| みかん | 100円 |
|---|---|
| | 10個 |
| りんご | 200円 |
| | 20個 |

〈比較時点（2024年）〉

| みかん | 80円 |
|---|---|
| | 12個 |
| りんご | 300円 |
| | 15個 |

〈パーシェ方式〉

$$\frac{（100円×10個）＋（200円×20個）}{（10個×12個）＋（20個×15個）}$$

1.3

価格上昇の影響を
**過大評価**する傾向

〈ラスパイレス方式〉

$$\frac{（80円×12個）＋（300円×15個）}{（10個×10個）＋（20個×20個）}$$

1.2

価格上昇の影響を
**過小評価**する傾向

GDPデフレーターは、国内生産品が対象のため、原油など輸入品価格は反映されません！

## 実額の名目ＧＤＰと物価変動の影響を取り除いた実質ＧＤＰ

　ＧＤＰは、一定期間内に国内で生産される財・サービスなどの付加価値を合計したものである。そのうち、名目ＧＤＰは、各年の経済活動の成果を、その年の市場価格で評価したものである。つまり、名目ＧＤＰは物価変動の要素を含んでいる。一方、実質ＧＤＰは、一定の基準年の価格で評価したものであり、名目ＧＤＰから物価変動の影響を取り除いたものである。これらの特徴を踏まえ、名目ＧＤＰを実質ＧＤＰで除した値を見ることで、物価変動の影響を測ることができる。この値を「ＧＤＰデフレーター」という。

　物価の変動を表す指標に消費者物価指数がある。これは家計消費を対象としているが、ＧＤＰデフレーターは家計消費だけでなく企業の設備投資や国の公共投資なども含む幅広い指数となっている。

## パーシェ方式とラスパイレス方式の違いと特徴

　物価指数の算出方式には、パーシェ方式とラスパイレス方式などがある。パーシェ方式は、「比較時点」の販売数量などを加重平均して求める。一方、ラスパイレス方式は、「基準時点」の販売数量などを加重平均して求める点が大きく異なる。パーシェ方式は、比較時点と基準時点での物価水準の変動をとらえるもので、正確性は高いものの、数量調査が必要になるため速報性に劣る。ラスパイレス方式は、比較時点で基準時点と同じ数量を購入したと考え、物価水準の変動を捉えるため、数量調査の必要もなく、速報性に優れている。

　ＧＤＰデフレーターの上昇はインフレ圧力、下落はデフレ圧力が強いことを示す。日本のＧＤＰデフレーターはパーシェ方式、消費者物価指数や企業物価指数はラスパイレス方式で算出されている。

# 3. ＧＤＰギャップ

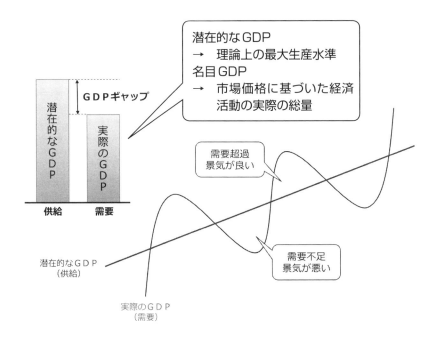

潜在的なGDP
→　理論上の最大生産水準
名目GDP
→　市場価格に基づいた経済
　　活動の実際の総量

ＧＤＰギャップ

潜在的なＧＤＰ

実際のＧＤＰ

供給　　　需要

需要超過
景気が良い

需要不足
景気が悪い

潜在的なＧＤＰ
（供給）

実際のＧＤＰ
（需要）

GDPギャップ（実際のGDP−潜在的なGDP）がプラスなら景気がよく、マイナスなら景気が悪いといえます！

## ＧＤＰギャップとは何なのか？

　GDPギャップとは、需給ギャップともいわれ、一国の経済全体の総需要と、潜在的な供給力の差をいう。総需要とはGDP（国内総生産）のことを指し、潜在的な供給力は、資本や労働などの生産要素が最大限に投入されたと仮定した場合、または過去の平均的な水準まで投入されたと仮定した場合に実現可能なGDP（潜在的なGDP）をいう。

　GDPギャップは、一国の経済の現状を把握したり物価の先行きを予測したりするための指標で、各国の政府当局や中央銀行、IMF（国際通貨基金）等の国際機関が推計している。算出方法は、実際のGDPから潜在的なGDPを差し引き、潜在的なGDPで除す事によって求める。ただし、潜在的なGDPの定義や前提条件、そして用いるデータによって、その値は必ずしも一致しない。具体的には、内閣府と日本銀行の推計も異なっている。

## インフレギャップとデフレギャップ

　実際のGDPが潜在的なGDPを上回る場合、つまり「需要＞供給」となるときのギャップをインフレギャップといい、「需要＜供給」となるときのギャップをデフレギャップという。

　インフレギャップは、好況によりモノやサービスの需要超過により、将来物価が上昇するインフレーションを引き起こす要因となる。そうならないよう、一般に国等は財政支出の削減や増税、金融引締等の政策を講じることになる。デフレギャップは、不況のためモノやサービスの需要不足により、将来物価が下落するデフレーションを引き起こす要因となる。そうならないよう、一般に国等は財政支出の拡大や減税、金融緩和等の政策を講じる。

# 4. インフレーションの種類

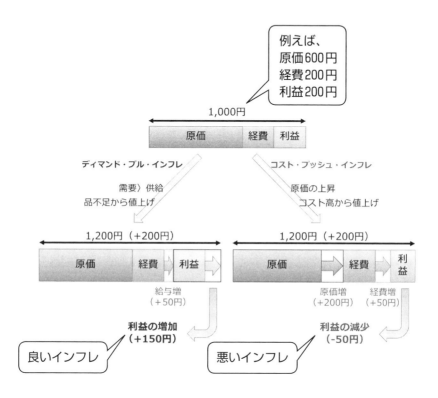

例えば、
原価600円
経費200円
利益200円

1,000円

| 原価 | 経費 | 利益 |
|------|------|------|

ディマンド・プル・インフレ

需要〉供給
品不足から値上げ

コスト・プッシュ・インフレ

原価の上昇
コスト高から値上げ

1,200円（+200円）

| 原価 | 経費 | 利益 |
|------|------|------|

給与増
（+50円）

1,200円（+200円）

| 原価 | 経費 | 利益 |
|------|------|------|

原価増
（+200円）

経費増
（+50円）

利益の増加
（+150円）

良いインフレ

利益の減少
（-50円）

悪いインフレ

最近の資源価格の急激な上昇、最低賃金のアップ、これはまさに、コスト・プッシュ・インフレといえるでしょう！

## インフレーションの種類

　インフレーションとは、物価が継続的位上昇する状態をいい、ディマンド・プル・インフレ、コスト・プッシュインフレなどがある。インフレは、物価が上がり続けるため、以前の金額では同じものが購入できなくなる。つまり、お金の価値が下がり続けることになる。例えば、現金で100万円所有しているのと、100万円の新車を持っているのでは、現金の価値が目減りし、車の価値が上がることになり、インフレ時の預貯金等は注意が必要となる。

## ディマンド・プル・インフレ

　景気が良くなり、総需要が総供給を上回ることによるインフレーションを「ディマンド・プル・インフレ」という。GDPギャップがプラスのときに起こりやすい。景気が良くなれば、買い物をしたい人も増加する。需要が供給を上回っているため、値上げしても売れる。原価は変わらず、高い値段で販売することができるため、給与を上げることもできるし企業も儲かる。世の中に出回るお金が増え、さらに景気が良くなる。良いインフレといえる。

## コスト・プッシュ・インフレ

　原油価格などの原材料価格が上昇すると、同じ価格で販売することが困難になる。値上げをすると、購入者は減り、企業の利益も減り景気は悪化してしまう。労働者は生活するために賃上げを求める。しかし、原価や賃金がアップするためさらに値上げをしないとやっていけなくなる。これが、コスト・プッシュ・インフレで、世の中に出回るお金が減るため、景気悪化に拍車がかかる。悪いインフレといえる。

# 5. マネーストックと マネタリーベース

日本銀行

〈マネタリーベース〉

| 日本銀行券発行高 |
| 貨幣流通高 |
| 日銀当座預金 |

**日本銀行が金融部門を含めた
経済全体に供給する通貨量**

〈マネーストック（M3）〉

| M1（現金通貨＋預金通貨） |
| 準通貨（定期性預金） |
| ＣＤ（譲渡性預金） |

**金融部門（金融機関は含まない）から
経済全体に供給されている通貨の総量**

日本銀行が発行
した通貨（種）

経済全体に供給

通貨の総量
（木や果実）

どちらの統計値も、「統計上の制約」や「経済主体の動き予測の困難性」から、統計上の値と実際の値は、必ずしも一致しません！

## マネーストック

　マネーストックとは、金融部門から経済全体に供給されている通貨の総量のことをいう。現金通貨・預金通貨の合計であるＭ１、Ｍ１に準通貨やＣＤを加えたＭ３が代表的な指標とされている。準通貨とは、現金と同様に決済に用いられることができる商品で、例えば、定期性預金や、クレジットカードの利用残高などが含まれる。

　景気や物価の動向やその先行きを判断するための指標のひとつとして活用されている。

## マネタリーベース

　マネタリーベースとは、日本銀行が金融機関を含めた経済全体に供給する通貨量のことをいう。日銀当座預金に、流通現金（日本銀行券発行高＋貨幣流通高）を加えて算出する。

　市場の流動性や金利水準のコントロールを日本銀行が行うときの主要ツールであり、通貨供給の基盤として活用されている。

## マネーストックとマネタリーベースの違い

　マネタリーベースは、中央銀行が供給する通貨であり、お金の「種」といえる。一方、マネーストックは、通貨の総量であり、より広範囲の考え方となる。お金の「種」から育った「木や果実」といえるだろう。「マネタリーベース ＜ マネーストック」のイメージである。

　ただし、マネーストックには金融機関や中央政府などが保有する通貨量は対象とならない。その理由は、一般の経済主体が利用する通貨とは性質が異なること、マネーストックに与える影響が限定的なことなどがある。

# 6. イールドカーブ

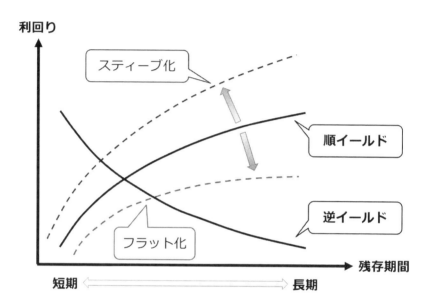

簡単に言えば、「順イールドっていいよね！」ということです。現状が異なれば「順イールドに戻したいよね！」という話なのです。

158

## 日本銀行による「短期金利」と「長期金利」のコントロール

　マネーストックの調整方法のひとつに公開市場操作があり、主に国債を中心に売買が行われている。そうすることにより、金利と通貨量をコントロールする。

　日本銀行は、短期金利と長期金利の目標を設定し、これらの目標金利を達成するために、国債等の売買を行っている、短期金利の目標は、主に政策金利を通じて設定し、長期金利の目標は、例えば10年国債の利回りを対象としている。これを、イールドカーブ・コントロール（ＹＣＣ）といい、日本銀行が特定の金利目標を設定し、国債市場での金利に対し、意図的に影響を与えている。

　では、イールドカーブとはどのようなものなのだろうか。

## イールドカーブを見ることで市場の分析や予測ができる！

　イールドカーブとは利回り曲線のことであり、左図のように横軸を債券の残存期間、縦軸を利回りとした両者の関係をグラフ化したものである。通常、残存期間が長いほど不確実性（リスク）が高くなるため、利回りは高くなる。これを「順イールド」という。反対に、右肩下がりとなる曲線を「逆イールド」といい、景気が悪化する前兆であると捉えられている。

　順イールドにおいて、短期債と長期債の利回りの差が縮小することを「フラット化」という。経済の成長鈍化の兆候や不確実性の増加といった状況を反映している。一方、短期債と長期債の利回りの差が拡大することを「スティーブ化」という。これは、経済成長の加速やインフレ期待の増加の現象とされている。以上のように、イールドカーブの変化は市場の分析や予測において重要な役割を果たしている。

# 7. 複利効果と満期一括払い型

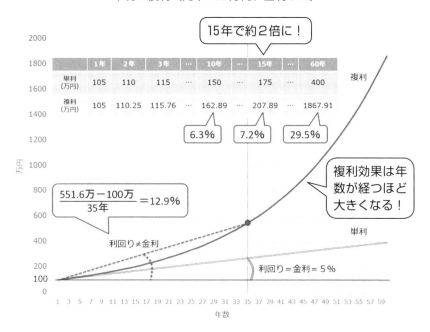

単利と複利（元本100万円、金利5％）

**15年で約2倍に！**

|  | 1年 | 2年 | 3年 | … | 10年 | … | 15年 | … | 60年 |
|---|---|---|---|---|---|---|---|---|---|
| 単利（万円） | 105 | 110 | 115 | … | 150 | … | 175 | … | 400 |
| 複利（万円） | 105 | 110.25 | 115.76 | … | 162.89 | … | 207.89 | … | 1867.91 |

6.3%　7.2%　29.5%

複利

$$\frac{551.6万－100万}{35年}＝12.9\%$$

複利効果は年数が経つほど大きくなる！

利回り≠金利

単利

利回り＝金利＝5％

年数

「72の法則」は知っておきましょう！元本が2倍になる年数が簡単に計算できます。

## 複利効果と知っておきたい72の法則！

　現実的な金利ではないが、元本100万円で市場の金利が５％の場合を考えてみる。利息の付き方には、単利と複利の２種類がある。単利の場合は、上記の条件の場合、毎年５万円の利息が受け取れるので、元本が２倍になるには20年の時を要する。一方、複利は元本に利息を加えて計算をするので、およそ15年で２倍になる。72の法則を利用すると72÷5＝14.4、となるので15年弱で２倍になるのが分かる。72の法則とは、72を金利で除すことにより、元本が２倍になる、おおよその年数を求めることのできる法則だ。普通預金の金利を0.001％とすると、２倍になる年数は、72÷0.001＝72,000年かかる。縄文時代に預金してもまだ２倍にならない計算だ。

## 複利の預金には、満期一括払型で決まり！

　左のグラフをみてほしい。単利は右上がりの直線になり、複利は曲線になっている。そして時が経つにつれ、単利と複利の元利合計額は乖離していく。35年後の元利合計は単利なら275万円、複利なら約２倍の551.6万円となる。その利回りを計算すると、単利５％、複利で12.9％になる。住宅ローンをイメージして、35年にしてみたが、預貯金と異なりローンの場合は支払額になる。基本的にローンは複利なので、元利合計の金額で考えることが大切である。

　税金は、利払いごとに課税される。預貯金の場合、半年に一度利息が支払われるものが多く、複利の商品であっても、その増え方は税率分だけ低くなってしまう。税率を20％とすると、金利が５％の商品でも、受けとる利息は４％分に減少する。満期一括払型の場合、満期時に利払いがあるため、５％の複利効果が得られた後に課税される。

　要するにより効率的なリターンが期待できるのは、複利である。

# 8. 分散投資とリバランス

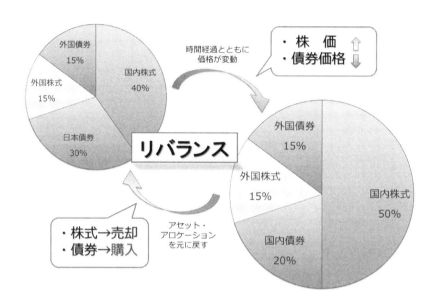

・ 株 価 ⇧
・ 債券価格 ⇩

時間経過とともに
価格が変動

外国債券
15%

国内株式
40%

外国株式
15%

リバランス

外国債券
15%

日本債券
30%

外国株式
15%

国内株式
50%

・ 株式→売却
・ 債券→購入

アセット・
アロケーション
を元に戻す

国内債券
20%

複利効果は時間が経てばたつほど
その威力を発揮します。投資でも、
配当や分配金等を再投資するなど
して複利効果を得たいものです！

## 値動きの異なる商品を組み合わせて、リスクを低減！

　資産運用を学んでいると、「長期投資」や「分散投資」という言葉を耳にする。複利効果などを考えると、長期投資は確かに一理ある方法といえるだろう。では、分散投資はいかがだろうか。投資商品には、国内、海外の債券や株式、金や不動産などがある。これらは基本的に異なる値動きをする。このような商品を組み合わせることで、ポートフォリオ全体としてのブレを相殺して、リスクを軽減できる。これをポートフォリオのリスク軽減効果という。ポイントは単純に多数の金融商品に投資すれば良いというわけではなく、値動きの異なるものを組み合わせる点にある。

## アセット・アロケーションとリバランス

　「今、どの銘柄がお勧めですか？」と聞かれることがある。長期的な資産運用という観点では、個別銘柄の選択よりも、どのような資産をどの程度組み入れるか、という考え方の方が運用成果を決定する重要な要素となる。左上の円グラフのように、「国内株式を40％、国内債券を30％、外国の株式と債券を15％ずつ」に配分したとする。こういった資産配分をアセット・アロケーションという。仮にこのまま数年間運用し、株価の上昇と共に市場金利が上昇したとする。すると債券価格は下落する。市場の変化と共に、アセット・アロケーションのバランスは当初とは異なってくる。仮に、外国株式・債券の価格を不変とした場合、右下の円グラフのように、国内株式の割合が増加、国内債券の割合が減少する。これを当初の配分に戻すことを、リバランスという。価格が上昇した株式を売却し、価格の下がった債券を購入することで元の割合に戻すことができる。

# 9. 債券の利回り計算

利付債の利回り計算

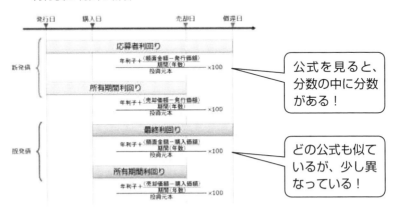

公式を見ると、分数の中に分数がある！

どの公式も似ているが、少し異なっている！

利回り計算の公式の意味

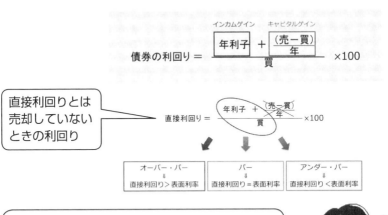

$$債券の利回り = \frac{年利子 + \dfrac{(売-買)}{年}}{買} \times 100$$

直接利回りとは売却していないときの利回り

直接利回り $= \dfrac{年利子 + \dfrac{(売-買)}{年}}{買} \times 100$

| オーバー・パー | パー | アンダー・パー |
|---|---|---|
| ⇓ | ⇓ | ⇓ |
| 直接利回り＞表面利率 | 直接利回り＝表面利率 | 直接利回り＜表面利率 |

電卓での利付債の利回りは、「引いて、割って、足して、割る」で計算できます！

164

## 債券の利回り計算は大嫌い!?

　債券の利回りは、購入時期や売却、償還時期によりその計算方法は複数存在する。大きな区分けをすれば、「新発債」の利回り化、「既発債」の利回りかの２つに分類できる。それぞれにおいて、償還まで保有していたのか、それとも途中で売却したのかに分けられる。

　皆さんにお友達がいたとしよう。そのお友達から「債券投資をして、20万円の利益がでた」という話を聞いた。何を訊ねたくなるだろうか。そう、まず投資額が気になるはずだ。利益の20万円は「売 − 買 = 20万円」で計算できるので、投資額は買った値段になる。投資額が100万円と１億円では、その投資効率は大きく異なる。次に疑問に思うのが投資期間だ。所有期間３年と100年とでは、これまた大きく効率が異なる。「所有期間の年で割る」ことで、１年あたりの利益が分かり、20万円の利益の正体が見えてくる。これは、１年あたりのキャピタルゲインを計算したことに他ならない。

## 債券の利回り計算の公式は、暗記ではなくその意味が重要！

　利回りとは、１年間に得られた利益を購入金額である投資元本で除したものである。債券の１年あたりの利益は、債券のインカムゲインである年利子と、売買後のキャピタルゲインを足し合わせ、投資額で割ったものに他ならない。このようにみると、複数ある債券の利回り計算の公式も一本化できる。年利子、売った金額、買った金額、所有した年数の４つの情報があれば計算ができる。電卓での四則演算の手順は、「引いて、割って、足して、割る」ことで計算できる。なお、直接利回りとは、インカムゲインを買った金額で除した、売却していないときの利回りのことを指す。

# 10. 証券取引所の市場構造の見直し

| 市場 | 概要 |
|---|---|
| プライム市場 | 多くの機関投資家の投資対象になりうる規模の時価総額（流動性）を持ち、より高いガバナンス水準を備え、投資者との建設的な対話を中心に据えて持続的な成長と中長期的な企業価値の向上にコミットする企業向けの市場 |
| スタンダード市場 | 公開された市場における投資対象として一定の時価総額（流動性）を持ち、上場企業としての基本的なガバナンス水準を備えつつ、持続的な成長と中長期的な企業価値の向上にコミットする企業向けの市場 |
| グロース市場 | 高い成長可能性を実現するための事業計画及びその進捗の適時・適切な開示が行われ一定の市場評価が得られる一方、事業実績の観点から相対的にリスクが高い企業向けの市場 |

日本取引所資料より

それぞれの流通株式時価総額は、上記の順で、100億円以上、10億円以上、5億円以上となっています！

## 東京証券取引所の市場区分が見直されました！

　東京証券取引所の、市場第一部、市場第二部、マザーズ及び
JASDAQ（スタンダード・グロース）の４つの市場区分が見直され、
2022年４月４日に、プライム市場・スタンダード市場・グロース市場
の３つの市場区分がスタートした。

　見直しが行われた背景として、市場第二部、マザーズ、JASDAC
の位置付けが重複しているなど、各市場のコンセプトが曖昧で投資家
にとって利便性が低かったことが挙げられている。

　もう一つは、上場した企業に、積極的な企業価値向上を促す仕組み
となっていないという指摘である。新規上場基準よりも上場廃止基準
が大幅に低いといった点についても挙げられていた。

　そこで、３つの市場区分への見直しを行った。

## 株価指数の見直し

　東証株価指数（TOPIX)は、東証一部上場全銘柄となっていたため、
市場区分が見直されると影響されてしまう。そこで、TOPIX構成銘
柄について、市場区分とは切り離市\見直しを行う。見直しの過程は、
2022年10月〜2025年１月にかけて、段階的に以降を行っていくこと
が決まっている。

## 名古屋証券取引所も市場特性等を踏まえた整備が行われた！

　国内の個人投資家を主体としている、名古屋証券取引所も市場特性
等を踏まえて、東証と同じ2022年４月４日に、上場制度の整備を実施
した。それまでの、市場第一部、市場第二部、セントレックスから、
プレミア市場、メイン市場、ネクスト市場となった。

# 11. 株価とROE

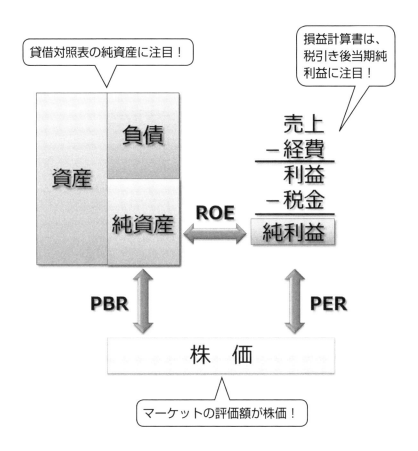

貸借対照表の純資産に注目！

損益計算書は、税引き後当期純利益に注目！

負債

資産

純資産

ROE

売上
－経費
利益
－税金
純利益

PBR

PER

株　価

マーケットの評価額が株価！

ROEは、純資産と純利益の相性診断といえます。割合が高いほど、純資産を有効活用し税引き後の当期純利益を得たと考えられます！

## 株価は３つの財務諸表から計算する！

　株価は一企業の数値的な評価を表すものであり、少なくとも貸借対照表、損益計算書、キャッシュフロー計算書などを分析しないと、数値的な企業の評価はできない。

　貸借対照表とは、一時点における資金の調達と運用の関係を表すもので、企業の資産や負債がどの程度あるのか、つまり「安全性」を知ることができる。損益計算書は、一年間の収益と費用がどの程度あったのかを表すもので、売上高や様々な経費などいわば「収益性」を知ることができる。キャッシュフロー計算書は、１年間の現金の流れを表したもので、仮に利益が出ていたとしても、現金が滞ってしまえば、黒字倒産になってしまうかもしれない。これは企業の「健全性」を表しているといえるだろう。

## 企業の総合力を指し示すＲＯＥ！

　例えば、純資産100億円のＡ社とＢ社があったとしよう。Ａ社は100億円の資産を１年間有効活用して20億円の純利益を出したとする。一方、Ｂ社は30億円の利益を出した。この場合Ａ社のＲＯＥは20％でＢ社のＲＯＥは30％となる。ＲＯＥを見ることで、一企業の収益性を判断する材料になる。分かりやすく表現をすれば、ＲＯＥが高ければ高いほど収益性が高いといえる。ただし、その他の要因でＲＯＥが異常に高くなっている会社もあるのでＲＯＥだけで投資先を判断するのは早計である。

　貸借対照表の純資産と、損益計算書と税引後純利益を比較していくのがROE（自己資本利益率）である。まさに、企業の総合力を指し示し、収益を得るための効率性を表している指標でもある。

# 12. PERとPBR

株価・純利益・純資産の関係性

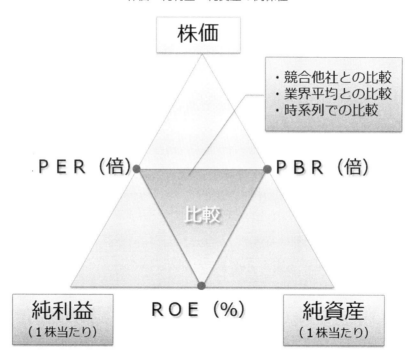

PER、PBR、ROE は、比較することで、始めてその効果がわかります！銘柄選びで迷ったときは活用してみましょう！

## ＰＥＲは、1株当たり純利益の何倍の株価なのかが分かる！

　ＰＥＲ（株価収益率）とは、株価が1株当たり純利益の何倍になっているのかを表した指標である。

　例えば、Ａ社、Ｂ社の1株当たり純利益は同じ100円である。そのときの株価はＡ社120円、Ｂ社200円だったとする。この場合のＰＥＲはＡ社が1.2倍。Ｂ社は2.0倍となる。1株当たり純利益は100円と同じではあるが、株価を考慮すると、相対的にＡ社の方が割安であり、Ｂ社は割高といえる。ＰＥＲとは、1株当たり純利益の何倍の株価を付けているかという、倍率を表している。

## ＰＢＲで、株価の底値の目安が分かる！

　ＰＢＲ（株価純資産倍率）とは、株価が1株当たり純資産の何倍になっているのかを表した指標である。ＰＢＲも割安・割高の判断が可能で、ＰＥＲと同様の考え方ができる。もうひとつ知っておきたいことは、ＰＢＲ＝1倍の考え方である。これは、1株当たり純資産とその時の企業の価値を意味する株価は同じ金額になる。これは、企業の解散価値と判断できる。つまり、株価の底値の目安になる。しかし、近年は1倍を下回る企業もあり、これだけで底値を判断するのも困難になってきている。

## ＰＥＲ、ＰＢＲ、ＲＯＥは、比較することで意味をなす！

　株式の投資指標であるＰＥＲ、ＰＢＲ、ＲＯＥはそれぞれ関連性があり、割合のため比較をするのに適している。競合他社との比較だけでなく、業界平均、自社の時系列での比較をする場合にも活用できる。株式投資の際、是非とも参考にしたい指標である。

# 13. 信用取引

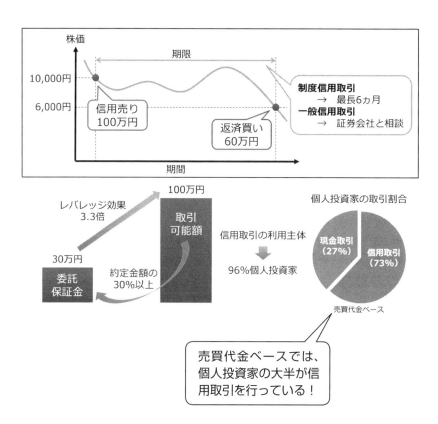

株価

期限

10,000円

6,000円

信用売り
100万円

返済買い
60万円

**制度信用取引**
→ 最長6ヵ月
**一般信用取引**
→ 証券会社と相談

期間

100万円

レバレッジ効果
3.3倍

取引
可能額

信用取引の利用主体

96%個人投資家

30万円

委託
保証金

約定金額の
30%以上

個人投資家の取引割合

現金取引
（27%）

信用取引
（73%）

売買代金ベース

売買代金ベースでは、
個人投資家の大半が信
用取引を行っている！

信用取引は、現金取引と比較すると、リスクの高い投資です。リスク面をしっかりと理解することが大切です！

172

## 最初に売ってから買い戻すことのできる信用取引！

　信用取引とは、投資者が取引をしている証券会社に委託保証金を差し入れて行う売買取引をいう。

　例えば、株価下落局面が安定して続いていたとしよう。現金で売買をすると、株式を購入し売却すると損失が出てしまう。そのような時に信用取引だ。証券会社から株式を借り、それを信用売りとして売却できる。その後、買い戻し借りた株式を証券会社に返済する。現金取引では、「買ってから売る」のが当たり前だが、信用取引は「売ってから買い戻す」ことが可能になる。その時に必要になるのが、委託保証金である。100万円の取引をする場合30％以上、つまり最低30万円あれば信用取引ができる。言い換えれば、手元資金の3.3倍の取引が可能ということだ。手元資金以上の取引を行うことが可能で、これをレバレッジ効果と呼ぶ。レバレッジをかけた取引では、手元資金以上の損失が発生する場合もあり、それだけリスクは大きくなる。

## 信用取引の9割以上は個人投資家で、現金取引よりも多い！

　気になるのが、借りた株式をいつまでに買い戻して、返すのかという点だ。信用取引制度は、制度信用取引と一般信用取引の2種類がある。前者は、最長でも6ヵ月以内に返済する必要があるが、後者の期限は、証券会社と相談し決定する。

　少々、知識を要する信用取引だが、東京証券取引所『信用取引制度の概要（2023年4月）』をみると、信用取引の利用者の96％は個人投資家で、個人による売買のうち、信用取引の割合は73％、現金取引は27％なのである。どちらも売買代金ベースだが、意外にも個人投資家による信用取引の利用割合が高いのに驚く。

# **14.** 投資信託の仕組みとコスト

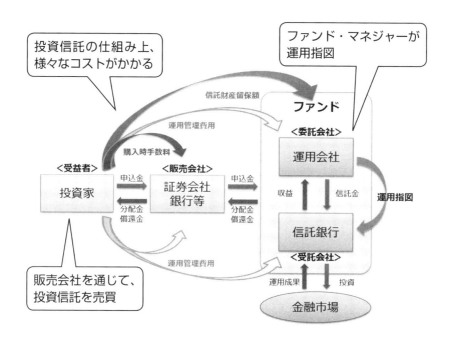

投資信託の仕組み上、様々なコストがかかる

ファンド・マネジャーが運用指図

販売会社を通じて、投資信託を売買

信託財産留保額

運用管理費用

購入時手数料

<受益者>

投資家

<販売会社>

証券会社
銀行等

申込金

分配金
償還金

申込金

分配金
償還金

ファンド

<委託会社>

運用会社

収益

信託金

運用指図

信託銀行

<受託会社>

運用管理費用

運用成果

投資

金融市場

投資信託への投資は、かかるコスト
をチェックすることが大切です！
購入時手数料は証券会社によって
異なることがあります！

## 複数の機関が役割分担して成り立つ投資信託！

投資信託は、多数の投資家から資金を集め、運用の専門家であるファンド・マネジャーが株式や債券などに分散投資し、その成果を投資額に応じて分配する仕組みの金融商品である。

投資信託は、証券会社、銀行、郵便局などの「販売会社」を通じて販売される。集めた資金を運用しているのは、販売会社とは別の運用会社で「委託会社」と呼ばれている。委託会社にいるファンド・マネジャーは、運用方法を検討し、「受託会社」である信託銀行等に指図する。マーケットで実際に売買を行っているのは受託会社である。

このような仕組みで1本の投資信託が機能する。

## 投資信託にかかるコストは主に3つ！

投資信託は上記のように、複数の機関が関係しているためコストがかかる。

購入時には、購入時手数料がかかる。費用のかからないノーロードのファンドもあるが、通常は購入する際に販売会社に支払う。この手数料率は販売会社により異なり、投資額とは別に支払う必要がある。

保有しているときにかかるのが、運用管理費用（信託報酬）である。投資信託の信託財産から間接的に、販売会社、委託会社、受託会社の3者に支払われる。運用成績とは関係なく差し引かれるため、運用利回りの方がコストより低い場合は、元本が減少してしまう。

換金時に支払うのが、信託財産留保額である。投資信託によってはかからないものもある。一見、信託財産留保額の設定されていない投資信託の方が魅力的に映るかもしれないが、それだけ解約（換金）しやすい投資信託とみることもできる。

# 15. ＥＴＦ（上場投資信託）

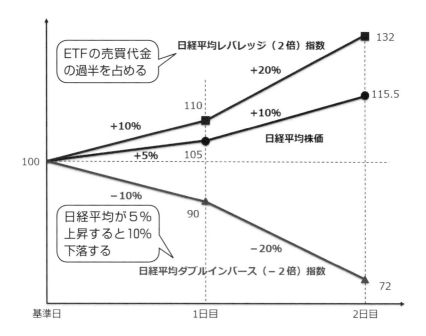

ETFの売買代金
の過半を占める

日経平均レバレッジ（２倍）指数

+20%

+10%

110

+10%

+5%

105

日経平均株価

100

−10%

90

日経平均が５%
上昇すると10%
下落する

−20%

日経平均ダブルインバース（−２倍）指数

132

115.5

72

基準日

1日目

2日目

ETF には、レバレッジ型やインバース型など、様々な銘柄があります。値動きの特徴を理解した上で、投資することが大切です！

## 購入価格がすぐに分からない投資信託！

　投資信託は注文時点では、購入価格に当たる基準価額は確定していない。国内に投資するファンドの場合、15時までに申し込めば、日本の株式市場の終値を用いて基準価額を算出する。そのため約定価格は、翌営業日にならないと分からない。海外に投資するファンドになると、15時までに申し込みを行っても、翌営業日10時ころの為替レート（仲値）を基に基準価額が算出される。約定価額が分かるのは、翌々営業日になってしまう。

## ＥＴＦ（上場投資信託）は、リアルタイムで投資可能！

　株式投資と比較をすると、売買時に時間がかかってしまう投資信託に対し、ETF（上場投資信託）であれば、投資信託でありながら証券取引所に上場しているため、株式と同様に取引することができる。ETFは、東証株価指数（TOPIX）や日経平均に連動したものなど、指数に連動した投資信託であるため、商品数は多くはない。

　売買代金を見ると、上位２銘柄が大きな割合を占めている。一つは「日経平均レバレッジ・インデックス連動型上場投信（1570）」で、売買代金が断トツの規模になっている。日経平均レバレッジ・インデックスとは、日経平均の日々の変動率の２倍になるように価格が算出される。日経平均の２倍のブレがあるため、ハイリスク・ハイリターンの特徴がある。ただし、２営業日以上離れた人の比較においては、常に２倍の変動率を保つとは限らない点に注意が必要である。

　日経平均ダブルインバース・インデックスは、日経平均の日々の変動率の－２倍となるように価格が算出される。こちらの売買代金の大きく、リスクを取った投資に利用されているのが分かる。

# 16. 為替レートと為替手数料

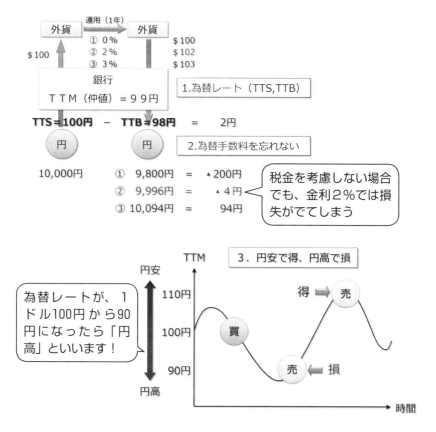

TTS=100円 − TTB=98円 = 2円

TTM

3．円安で得、円高で損

為替レートが、1ドル100円から90円になったら「円高」といいます！

外貨預金は、日本の預貯金のような安心感はありません！為替レート、為替手数料、為替変動リスクを理解しておくことが大切です！

## 初心者には分かりにくい外貨預金の表示

　外貨預金は、何かと初心者には分かりにくい。例えば、「３ヵ月物の外貨定期預金、金利８％」といった表現は、混乱を招きやすい。金利８％は、現状の日本の預金金利と比較すると、光り輝いているようにみえる。しかし、金利は「年あたり」での表示になるので、この商品の場合、預入期間は３ヵ月より、金利も12ヵ月分の３ヵ月で計算するため実質２％になる。そこに為替手数料や為替変動リスクを考慮しなければならない。「預金」という安心感はそこにはない。

## 外貨預金で無視できない為替手数料！

　為替レート（仲値）が99円のとき、円を米ドルに替えるには一般に１円の手数料がかかるため、ＴＴＳは100円となる。一方、米ドルを円に替えるときも１円の手数料がかかるため、ＴＴＢ＝98円となる。つまり、円を米ドルに、そして米ドルを円に替えるだけで、２円分の為替手数料がかかる。つまり、この為替レートが変動せず、１年間の運用で、10,000円の外貨預金をした場合、税金を考慮せず、金利が２％であったとしても、戻りが9,996円となり、４円の損失がでてしまう。為替手数料の影響力は大きく、無視できない。

## 外貨預金をしたら、「円安で得、円高で損」と覚える！

　通常、為替は変動する。例えば、為替レートが100円から110円になることを円安といい、90円になることを円高という。「100円で買って（預けて）、90円で売るのと、110円で売るのとではどちらが得か？」という質問に答えるのは簡単だ。外貨預金をしている方にとっては、購入時を基準にすると「円安で得、円高で損」といえる。

# 17. 新しいNISA

| | つみたて投資枠　併用可 | 成長投資枠 |
|---|---|---|
| 年間投資枠 | 120万円 | 240万円 |
| 非課税保有期間 (注1) | 無期限化 | 無期限化 |
| 非課税保有限度額<br>（総枠）　（注2） | 1,800万円<br>※簿価残高方式で管理(枠の再利用が可能) | |
| | | 1,200万円（内数） |
| 口座開設期間 | 恒久化 | 恒久化 |
| 投資対象商品 | 積立・分散投資に適した<br>一定の投資信託<br>[ 現行のつみたてNISA対象商品と同様 ] | 上場株式・投資信託等 （注3）<br>①整理・監理銘柄②信託期間20年未満、高レバレッジ<br>型及び毎月分配型の投資信託等を除外 |
| 対象年齢 | 18歳以上 | 18歳以上 |
| 現行制度との関係 | 2023年末までに現行の一般NISA及びつみたてNISA制度において投資した<br>商品は、新しい制度の外枠で、現行制度における非課税措置を適用<br>※現行制度から新しい制度へのロールオーバーは不可 | |

(注1) 非課税保有期間の無期限化に伴い、現行のつみたてNISAと同様、定期的に利用者の
　　　住所等を確認し、制度の適正な運用を担保
(注2) 利用者それぞれの非課税保有限度額については、金融機関から一定のクラウドを利用し
　　　て提供された情報を国税庁において管理
(注3) 金融機関による「成長投資枠」を使った回転売買への勧誘行為に対し、金融庁が監督指
　　　針を改正し、法令に基づき監督及びモニタリングを実施
(注4) 2023年末までにジュニアNISAにおいて投資した商品は、5年間の非課税期間が終了
　　　しても、所定の手続きを経ることで、18歳になるまでは非課税措置が受けられることと
　　　なっているが、今回、その手続きを省略することとし、利用者の利便性向上を手当て

金融庁「新しいNISA」より

非課税保有期間が無期限化となり、
いよいよ「投資は非課税で」という
のが常識になりそうです！

## 2024年から新しいＮＩＳＡがついにスタート！

　新しいＮＩＳＡは、つみたて投資枠と成長投資枠と「枠」に変わったため、それぞれ併用可能になった。どちらも非課税保有期間が無期限化、年間投資枠はつみたて投資枠が120万円、成長投資枠が240万円に増額された。口座開設期間は恒久化され、対象年齢は成年年齢が引き下げもあり、18歳以上である。

　投資の非課税制度は、よく富裕層優遇であるといわれることがある。通常の人よりも、投資できる資産が多いことがその原因である。そこで、非課税保有投資額が設定される。いわゆる生涯投資枠のことで、簿価残高方式（購入したときの価額の累積）で1,800万円までとなる。こちらは年間投資枠とは異なり、売却するとその枠をもう一度使用することが可能となる。1,800万円のうち、成長投資枠では、上場株式や投資信託等で使用でき、その限度額は1,200万円である。

## ＮＩＳＡの始まりから現在まで

　2014年1月からスタートしたのが一般ＮＩＳＡである。それまで適用されていた軽減税率（所得税7％、住民税3％）が廃止され、ＮＩＳＡが始まった。その後、2016年4月からはジュニアＮＩＳＡが、2018年1月からはつみたてＮＩＳＡがスタートした。しかしながら、2020年度改正により、ジュニアＮＩＳＡについては、新規の口座開設が2023年までとされ、廃止が決定される。さらに、2023年度税制改正において、2024年以降のＮＩＳＡ制度について、抜本的拡充、恒久化の方針が示された。なお、2023年までのＮＩＳＡは、新しいＮＩＳＡにロールオーバーすることはできないため、新しいＮＩＳＡに移す場合は、一旦売却してから購入し直す必要がある。

# 18. アセット・ロケーション

| 投資場所／資産配分 | 課税口座・特定口座 | 新しいNISA<br>(少額投資非課税制度) | | iDeCo<br>(個人型確定拠出年金) |
|---|---|---|---|---|
| | | 成長投資枠 | つみたて投資枠 | |
| | 制限なし | 年240万円<br>無期限化 **併用可** | 年120万円<br>無期限化 | 年81.6万円<br>65歳まで |
| 株式 国内 | ○ | ○ | | |
| 株式 外国 | ○ | ○ | | |
| 株式投資信託 | ○ | ○ | △ | △ |
| ETF<br>(上場投資信託) | ○ | ○ | △ | |
| 債券 国内 | ○ | | | |
| 債券 外国 | ○ | | | |
| 公社債投資信託 | ○ | | | △ |

非課税とならない投資先は課税口座に！

現物株は、成長投資枠に！

厳選された投資商品の中から選択する！

小規模企業共済等掛金控除の活用を意識する！

資産運用は、手数料や税を抑え「複利効果」を発揮させるかです。投資先の選定でこだわりたいポイントです！

## 非課税制度の有効活用こそ、これからの資産形成のコツ！

　2024年から新しいＮＩＳＡがスタートし、非課税となる年間投資枠が合わせて360万円に増加した。非課税保有限度額が1,800万円という上限はあるものの、一般家庭であれば、毎年360万円の投資枠を使い切るにはハードルが高いといえる。

　効率的な投資を行うには、投資により得られた利息や配当、分配金などを再投資することにより得られる「複利効果」が重要である。しかし、それにかかる手数用や税はその効果を鈍らせてしまう。つみたて投資枠でセレクトされた投資信託は、運用管理費用（信託報酬）が一定の範囲内に収められている。また、iDeCoは、小規模企業共済等掛金控除の対象になっているため、投資をした年から所得控除の恩恵を受けられる。これらのメリットを最大限に活用した資産運用を心がけたい。

## アセット・アロケーションを広い視野で考えることが大切！

　課税口座、新しいＮＩＳＡ口座、そしてiDeCoなど、それぞれ個別にアセット・アロケーションを検討している人を見かける。もちろん、自由に考えてもらえばいいのだが、各口座全体でのアロケーションを検討すべきである。

　例えば、債券絡みはＮＩＳＡでは投資できないため、iDeCoで投資し、株式絡みは、ＮＩＳＡ口座に置く。どちらの非課税口座にも適用されない投資商品については、課税口座を利用する。これが、試算の置き場所をも考えた、アセット・ロケーションの考え方である。

　これからの資産運用は、視野を広く持ち、手数料や税のロスを意識しながら、全体でのバランスを考えることが求められてくる。

# 19. 暗号資産とその売買

| 仮想通貨 | → 2019年5月31日 → | 暗号資産 |

資金決済法
金融商品取引法の改正（日本）

＜暗号資産の取引＞

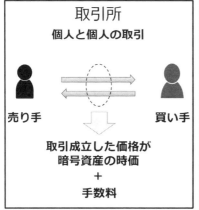

### 取引所
**個人と個人の取引**

売り手　　　　　　買い手

取引成立した価格が
暗号資産の時価
＋
手数料

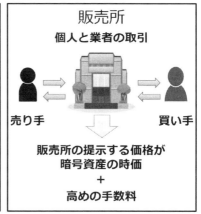

### 販売所
**個人と業者の取引**

売り手　　　　　　買い手

販売所の提示する価格が
暗号資産の時価
＋
高めの手数料

取引所や販売所など、暗号資産を交換する事業者のことを、暗号資産交換事業者と呼びます！

## 仮想通貨から暗号資産への名称変更

　暗号資産とは仮想通貨のことで、2018年にアルゼンチンで行われたG20サミットにおいて、名称変更がなされた。

　代表的な暗号資産であるビットコインを見ると、その価格変動の幅は大きい。つまり、「通貨」としての特性を欠いていることが大きな理由の一つとして挙げられた。他にも、「法定通貨と間違えやすい」、「管理体制が脆弱」、「反社組織や脱税の温床になりかねない」などの指摘もされた。日本でも、国際的な名称変更に合わせて仮想通貨のことを暗号資産と、名称変更が行われた。しかし、日本では仮想通貨からの名称変更は強制されてはいない。

## 暗号資産の取引方法の主軸は、取引所と販売所

　ビットコインをはじめとする暗号資産の売買を行うには、2つの方法がある。1つは取引所を利用する方法、もう1つは販売所を利用する方法である。

　取引所での取引は、個人と個人による売買のため、上場株式のように、指値注文や成行注文ができる。そして、買い手と売り手の注文が一致すれば売買が成立する。需要と供給のバランスによって価格が変動する。

　一方、販売所の取引では、暗号資産を取り扱う業者に対して売買を行うことになる。具体的には、ビットコインを購入する場合の取引は販売所が提示する価格で行うことになり、それが時価となる。つまり、取引所のように、個人が金額を指定することはない。なお、業者との取引になるため、取引所の取引に比べ、手数料が高めに設定されている。取引を行う前に、2つの取引方法の特徴は理解しておきたい。

# 20. ビットコインの取引

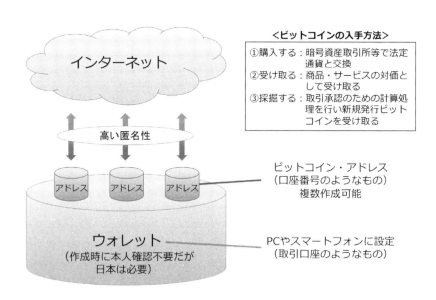

インターネット

高い匿名性

<ビットコインの入手方法>

①購入する：暗号資産取引所等で法定
　　　　　　通貨と交換
②受け取る：商品・サービスの対価と
　　　　　　して受け取る
③採掘する：取引承認のための計算処
　　　　　　理を行い新規発行ビット
　　　　　　コインを受け取る

アドレス　アドレス　アドレス

ビットコイン・アドレス
（口座番号のようなもの）
複数作成可能

ウォレット
（作成時に本人確認不要だが
日本は必要）

PCやスマートフォンに設定
（取引口座のようなもの）

ウォレットには、常時ネットに接続
しているホット・ウォレットと、そ
うではないコールド・ウォレットが
あります。後者の方が安全です！

## ビットコインの３つの入手方法

　ビットコインなどの暗号資産を入手するには、おおきく３つの方法がある。一般的なのは、取引所・販売所で購入する方法である。多くの人が利用している。

　次に、店舗などの場合、商品やサービスの対価として受け取る方法がある。まだ、ビットコインで商品を購入できる店舗は少ないが、通貨として利用することも可能だ。商売をしている側からみれば、販売することでビットコインを受け取ることができる。

　３つ目が、採掘（マイニング）する方法である。マイニングとは、取引の情報を記録したブロックの作成および検証を行うことで、その参加者にはビットコインで報酬が支払われる。具体的には、インフラを整備し全てを自分で行うソロマイニング、マイニング実施企業に出資し報酬を受け取るクラウドマイニングなどの方法がある。

## ビットコインの取引方法

　ビットコインを使うにはどのようにすれば良いのだろうか。取引所や販売所があることは説明したが、実際に取引を行うためには、株式投資を行う際の証券口座のように、暗号資産交換事業者のウォレットをつくる必要がある。

　ウォレットとは、パソコンやスマートフォンの中に設定され、ここから世界中のユーザーと取引を行う。ビットコインは、インターネットを通じて取引を行うため、各ウォレットには、ビットコイン・アドレスが付与され、このアドレスは１つのウォレットに対して、複数作成することが可能である。取引のたびに異なるアドレスを使用することで、高い匿名性を保てるようになっている。

# ～日本の借金と対外純資産～

　税収と社会保障費などの政策的経費の差額を表す指標にプライマリーバランスがある。定期的に財務省から公表されるが、ここ最近はずっとマイナスの状態が続きている。この積み重ねが俗に「国の借金」といわれ、1,300兆円に迫る勢いになっている。これを人口で除してみると、1人あたり1,000万円超の借金を抱えていることになる。この借金は、いわゆる赤字国債で占められているが、その保有者の割合を見ると、約1割くらいが外国人投資家で、それ以外は日本国内である。簡単にいえば、日本の中でお金の貸し借りをしていることになる。

　国の借金というと、日本が海外から借りているお金のように感じるがそうではないようだ。

　では、日本は海外からどのくらいの借金をしているのだろうか。そこで知っておきたいのが「対外純資産」である。対外純資産とは、日本が海外にもつ資産の額から、海外から借りている負債の額を差し引いた額を示す指標である。その額をみると、日本は400兆円超のプラスとなっている。これは、借金よりも海外に持つ試算のほうが多いことになる。為替レートの問題はあるが、現在においても日本の対外純資産は、主要先進国の中で最も高い水準にある。こちらも、財務省から公表されているのだが、前者に比べて報道されるパワー少ないように感じてしまうのだが、皆様はいかがだろうか。

　私たちにとって大切なことは、何を「借金」と定義しているかをしっかりと見極めることである。ここで、「日本の借金は問題ない」と言っているわけでもなく、「海外資産が多いから大丈夫」と言っているわけでもない。正しい事実をお伝えしたいだけなのだ。

#  コンサルティングのポイント〔金融〕

　長期・分散投資は以前から言われていたが、iDeCoや新しいＮＩＳＡの登場で、積立投資についてもその認知度は高まってきた。ドルコスト平均法の特徴もある程度は理解が深まっただろうが、だからといって多くの人がこぞって資産形成を始めているわけではない。

　ご存知の通り、現在の預貯金の金利はかなり低く、普通預金の金利は、0.001％のところもあり、100万円を１年間預けたとしても、わずか10円の利息しか受け取ることができない。更にそこから源泉徴収されてしまう。このような状況下では、老後の資産形成といっても迫力を欠き、非課税口座の有意性もそれほど発揮はできない。そこで、長期・分散・積立の投資となるわけだが、一般消費者はそのくらいでは行動に移さない。

　それには理由がある。

　そもそも、人は現状を維持する選択をしようとする傾向があるからだ。新たなチャレンジをするより、安心感を求めてしまう。決して年間の利息10円に安心感があるわけではないが、新たなチャレンジによる利得よりも、変化による損失の方が恐ろしいと感じる。これを行動経済学では「損失回避性」と呼んでいる。

　さらに新しいチャレンジをするには、相応の労力も必要になる。預貯金しかしたことのない人にとって、投資をすることは金融機関の選択や取引方法、投資商品の学習など様々な労力を必要とする。

　そこで、私たちは意思決定（選択）の先延ばしをしてしまうのだ。つまり、現状を変えることを嫌う。これが「現状維持バイアス」であり、バイアスとは、私たちの思考の偏りを意味する。

　俗に言われる「株式の塩漬け」はこれで説明できる。

　例えば100万円を投資して、80万円に値下がりしてしまうと

しよう。それを売却できずに保有し続けることを「塩漬け」と呼んでいる。こちらも損失を現実のものとするのが恐ろしく、この先の株価上昇にかすかな望みをもち、売却の先延ばしをしてしまうのである。

　私たちが、損失を利得より恐れ、さらに不確実な状況下では変化を嫌い現状を維持したいという心理状態となる。それを理解せず、長期・分散・積立投資のすばらしさをいかに力説しようと、多くの一般消費者は受け付けてはくれない。

　人の特性上「損失」の恐怖感を拭い去ることは難しいが、現在の行為がもつ本質的なリスクを伝えることはできる。コンサルティングのポイントは、「目的の再確認」と「現状での再選択」の2点である。

　「目的の再確認」とは、現状維持バイアスの働いた選択をしそうになったとき、目的が達成できるかどうかを改めて検討してもらうことである。老後の資産形成が目的の場合、預貯金のみで十分に生活していけるのであれば、あえて労力やリスクをとって投資をする必要はない。しかし、多くの場合、預貯金だけでは希望する目的を達成するのは困難な時代になってきている。預貯金のリスクをしっかりと見せてあげることが肝要だ。他の選択肢も検討する必要性が伝わりやすい。

　「現状での再選択」とは、塩漬け株が該当する。例えば100万円を投資し、80万円に値下がりした場合、「仮に今80万円で売却した場合、また同じ銘柄の株式に投資するかどうか」を問うてみるのだ。おそらく、また同じ株を購入するとこたえる人は少数だろう。にもかかわらず持ち続けようとしている矛盾を理解する必要がある。

　現状維持バイアスは非合理的な判断をすることも少なくない。「意思決定の先延ばし」の対策もコンサルティングに求められている。

# 第5章

## タックスプランニング

　給与などの収入には所得税・住民税がかかります。年金や生命保険金を受け取っても課税されます。日本で暮らしていく上で、税から離れることはできません。手続きをすることで、払い過ぎた税金が戻ることもあれば、支払う税額が少なくなることもあります。税の知識は必須といえます。

# 1. 日本の税収

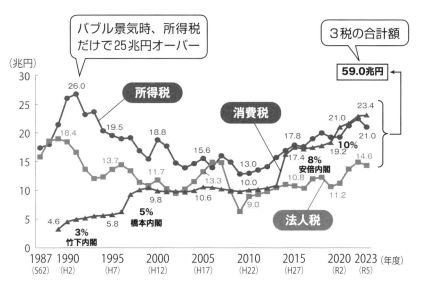

バブル景気時、所得税だけで25兆円オーバー

3税の合計額

**59.0兆円**

（兆円）

所得税

26.0

18.4

19.5

13.7

18.8

11.7

9.8

**5%**
**橋本内閣**

4.6

**3%**
**竹下内閣**

5.8

消費税

15.6

13.3

10.6

13.0

10.0

9.0

17.8

17.4

**8%**
**安倍内閣**

10.8

法人税

21.0

**10%**

19.2

11.2

23.4

21.0

14.6

1987
(S62)

1990
(H2)

1995
(H7)

2000
(H12)

2005
(H17)

2010
(H22)

2015
(H27)

2020
(R2)

2023
(R5) (年度)

（注）2022年度以前は決算額、2023年度は予算額である。

財務省「これからの日本のために財政を考える（2023年４月）」

所得税、消費税、法人税が日本を支える３税でその合計は59.0兆円です。相続税収は2.7兆円と、歳入総額の2.4%しかありません！

## 法人税率は高くしにくい、では所得税を増税する！？

　左図は、財務省『これからの日本のために財政を考える』からの引用である。1987年から現在までの所得税、法人税、所得税のいわゆる３税についての税収の経緯が示されている。

　まず「所得税」のグラフを見ると、1991年は前年の26.0兆円を超え、最も高い税収になっている。しかし、2009年はその半分の税収にまで減少している。2023年は21.0兆円と戻してはきているようだが、ピーク時と比較すると、金額的にはもう一歩といったところだろうか。

　「法人税」については、2008年のリーマンショックの翌年の税収が急激に減少しているのが目立つ。2000年以降をみるとおよそ12兆円前後をさまよっている。しかし、法人税率をみると1980年代から2020年代にかけて一貫して引き下げられている。仮に、税収増を狙って法人税率を引き上げると、企業の国外移転や国際競争力の低下、それにより企業の投資が減少するなどのリスクが考えられ、長期的には政府の税収が減少する可能性があるからだ。

## 消費税が10%に引き上げられ、税収第１位に！

　注目したいのは、所得税収を抜いて税収第１位となった消費税である。1989年の竹下内閣のときに３％でスタートした消費税は、1997年４月の橋本内閣の時に税率が５％に引き上げられた。2014年４月、安倍内閣の時に８％に引き上げられ、2019年10月には10%へ引き上げられた。消費税10%への引き上げに続き、2023年10月１日よりインボイス制度が導入された。インボイス制度とは、課税売上げから課税仕入に関する消費税の控除を受けるためのもので、登録申請書を提出し登録を受ける必要がある。

# 2. 日本の財政状況

一般会計予算の歳出と歳入の内訳

補正後予算（令和5年度）

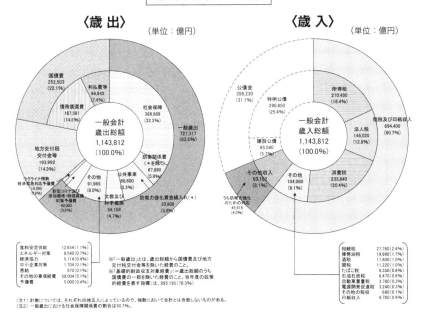

〈歳出〉 （単位：億円）

国債費 252,503 (22.1%)
利払費等 84,943 (7.4%)
債務償還費 167,561 (14.6%)
社会保障 368,889 (32.3%)
一般会計歳出総額 1,143,812 (100.0%)
一般歳出 727,317 (63.6%)
地方交付税交付金等 163,992 (14.3%)
ウクライナ情勢経済緊急対応予備費 10,000 (0.9%)
新型コロナ及び原油価格・物価高騰対策予備費 40,000 (3.5%)
その他 91,985 (8.0%)
文教及び科学振興 54,158 (4.7%)
公共事業 60,600 (5.3%)
防衛関係費（＊を除く） 67,880 (5.9%)
防衛力強化資金繰入れ（＊） 33,806 (3.0%)

食料安定供給 12,654 (1.1%)
エネルギー対策 8,540 (0.7%)
経済協力 5,114 (0.4%)
中小企業対策 1,704 (0.1%)
恩給 970 (0.1%)
その他の事項経費 58,004 (5.1%)
予備費 5,000 (0.4%)

※「一般歳出」とは、歳出総額から国債費及び地方交付税交付金等を除いた経費のこと。
※「基礎的財政収支対象経費」（＝歳出総額のうち国債費の一部を除いた経費のこと。当年度の政策的経費を表す指標）は、895,195 (78.3%)

〈歳入〉 （単位：億円）

公債金 356,230 (31.1%)
特例公債 290,650 (25.4%)
所得税 210,480 (18.4%)
法人税 146,020 (12.8%)
租税及び印紙収入 694,400 (60.7%)
建設公債 65,580 (5.7%)
一般会計歳入総額 1,143,812 (100.0%)
消費税 233,840 (20.4%)
その他の収入 93,182 (8.1%)
その他 104,060 (9.1%)
うち防衛力強化のための対応 45,919 (4.0%)

相続税 27,760 (2.4%)
揮発油税 19,990 (1.7%)
酒税 11,800 (1.0%)
関税 11,220 (1.0%)
たばこ税 9,350 (0.8%)
石油石炭税 6,470 (0.6%)
自動車重量税 3,780 (0.3%)
電源開発促進税 3,240 (0.3%)
その他の税収 690 (0.1%)
印紙収入 9,760 (0.9%)

（注1）計数については、それぞれ四捨五入によっているので、端数において合計とは合致しないものがある。
（注2）一般歳出における社会保障関係費の割合は50.7%。

財務省「日本の財政関係資料（2023年4月）」より

プライマリーバランスは今回も赤字！
日本の借金は減るどころか増加しています！

194

## 日本の財政状態は火の車？

　日本の屋台骨ともいえる「所得税」、「法人税」、「消費税」の合計はおよそ59.0兆円であることは前章でも確認したとおりである。しかし、左図の左側の「歳出」の合計（円の真ん中）をみると、約114兆円と記載されている。右側の「歳入」を見ると、その他の税収や収入はあるものの、歳出を賄うには全く足りない。

　その不足部分を補っているのが、国債等の公債金という借金である。公債金のうち「特例国債」にあたるのがいわゆる赤字国債と呼ばれている。なお、建設国債とは、普通国債の一種で、財政法の例外規定により、公共事業費、出資金および貸付金の財源として発行されている。

## プライマリーバランスの黒字化はまだまだ先！

　歳出について見ていくと、額の大きなものには、一般歳出、地方交付税交付金等、国債費の３つがある。一般歳出の内訳を見ると、年金、医療、介護、子ども・子育て等のための支出である「社会保障」がダントツで多い。公共事業の金額は、上記の建設国債の使途ともいえるのでほぼ同じ額となっている。

　地方交付税交付金等は、どこでも一定のサービス水準が維持されるよう、国が調整して地方団体に配分する経費である。

　歳入にある公債金とは国の借金であり、歳出にある国債費とはその借金を返すためのお金である。国債費には、国債償還費（国の借金の元本の返済）と利払い等を行うための経費がある。いわゆる借金の返済と利息相当の支払いである。国債費は歳出総額の２割以上を占めている。様々な行政 サービスを提供するための経費を、税収等で賄えているかを示すプライマリーバランスは、マイナスとなっている。

# 3. 所得税の計算の流れ

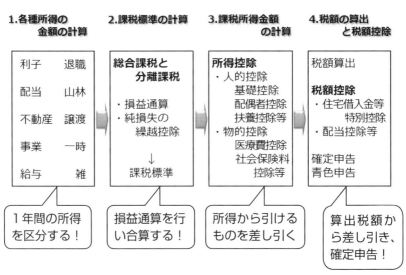

**1.各種所得の金額の計算**

| 利子 | 退職 |
|------|------|
| 配当 | 山林 |
| 不動産 | 譲渡 |
| 事業 | 一時 |
| 給与 | 雑 |

1年間の所得を区分する！

**2.課税標準の計算**

総合課税と分離課税
・損益通算
・純損失の繰越控除
↓
課税標準

損益通算を行い合算する！

**3.課税所得金額の計算**

所得控除
・人的控除
　基礎控除
　配偶者控除
　扶養控除等
・物的控除
　医療費控除
　社会保険料控除等

所得から引けるものを差し引く

**4.税額の算出と税額控除**

税額算出

税額控除
・住宅借入金等特別控除
・配当控除等

確定申告
青色申告

算出税額から差し引き、確定申告！

〈所得税の速算表〉

| 課税される所得金額 | | 税率 | 控除額 |
|------|------|------|------|
| 195万円以下 | | 5% | 0円 |
| 195万円を超え | 330万円以下 | 10% | 97,500円 |
| 330万円を超え | 695万円以下 | 20% | 427,500円 |
| 695万円を超え | 900万円以下 | 23% | 636,000円 |
| 900万円を超え | 1,800万円以下 | 33% | 1,536,000円 |
| 1,800万円を超え | 4,000万円以下 | 40% | 2,796,000円 |
| 4,000万円超 | | 45% | 4,796,000円 |

所得250万円の所得税額は、
250万円×10% − 97,500円
＝152,500円

所得税は、自分で計算し自分で申告し納税する申告納税方式をとっています。確定申告をすることで、払い過ぎた税金は戻ってきます。

## 所得税の確定申告は、まず所得を10種類に区分することから！

　確定申告は、次のように4つのステップ経て計算を行う。

　最初のステップは、各種所得の金額の計算である。個人の1年間（1月1日から12月31日までの1暦年）の所得を10種類に区分する。そして、それぞれの収入から、収入を得るためにかかった費用等を差し引くことで、所得を求める。

　第2ステップの課税標準の計算は、各種所得の計算でそれぞれ区分した10種類の所得のうち、4つの所得（不動産所得・事業所得・山林所得・譲渡所得）から損失が出た場合に、他のプラスの所得と相殺する。これを損益通算という。損失が大きく、相殺しきれなかった場合は、翌年以降3年間にわたり、その損失を繰り越すことができる。これを純損失の繰越控除という。

## 所得控除と税額控除で納税額をシェイプアップ！

　第3ステップは、課税所得金額の計算で、いわゆる所得控除だ。配偶者がいるかどうか、高校生、大学生の子どもがいるかなどの家族構成により、所得から一定に金額を控除できる。また、医療費や生命保険料などを支払った場合、こちらも一定額を所得から控除できる。

　第4ステップは、税額算出と税額控除だ。課税される所得金額が多ければ多いほど、税率が高くなっていく。これを超過累進税率といい、税率は5〜45%までの7段階で構成されている。算出された税額から差し引くことができるのが、税額控除である。所得控除と異なり、税額から直接差し引くことができる。

　これら4つのステップを踏んで、税額を計算し、それを翌年2月16日から3月15日までの間に、税務署に確定申告して納税する。

# 4. 【Step.1】各種所得の金額の計算

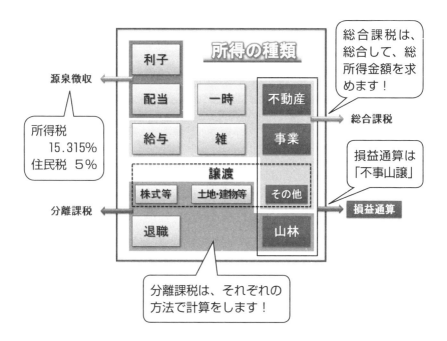

所得の種類

利子

配当

給与

一時

雑

不動産

事業

その他

譲渡

株式等　土地・建物等

退職

山林

源泉徴収

所得税　15.315%
住民税　5%

分離課税

総合課税は、総合して、総所得金額を求めます！

総合課税

損益通算は「不事山譲」

損益通算

分離課税は、それぞれの方法で計算をします！

10種類の所得は、総合課税、分離課税に区分できます。譲渡所得は、総合課税が原則となりますが、分離課税とされるものもあります！

## 総合課税の所得は、総所得金額としてまとめて計算を行う！

　第1ステップの各種所得の金額の計算を詳しく考えていきたい。所得の種類は、各種所得の頭文字で表現すれば「利・配・不・事・給・退・山・譲・一・雑」と10種類ある。

　総合課税となるのは、「利・配・不・事・給・譲・一・雑」の8種類で、これらの所得を総合して求めた金額を、総所得金額という。総合課税の譲渡所得は、短期と長期に分けられる。総合長期譲渡所得と一時所得には特別扱いがある。長期保有したものを譲渡すると、その一時に課税されてしまう。一時所得は、突発的に発生するものであり、そのまま他の所得と総合すると、税率が超過累進税率のため、税負担が重くなってしまう。そこで、負担の公平性から、総合長期譲渡所得の金額と一時所得の金額の合計額の2分の1相当額を他の所得と総合し、課税することになっている。「利・配」については源泉徴収することで課税が完結するため、確定申告や納税の手続きは必要ない。

## 分離課税の所得は、それぞれ個別に税額計算を行う！

　分離課税の「退・山」の2種類については、他の所得とは総合しないで、それぞれの方法で税額を計算する。退職所得は、過去の長期間にわたる勤労の対価の後払いの特性があることから、他の所得と分離することで、税額の軽減が図られている。山林所得は、長期間にわたって発生した所得が、伐採や譲渡により、一時に実現する所得なので、こちらも他の所得とは分離し、さらに低い税率により税額計算が行われる。譲渡所得のうち、分離課税の土地・建物等の譲渡に関しては、短期と長期があり、短期の場合には所得税率30％と高い税率が課される。これは、地価の安定等の政策的見地から設けられている。

# 5. 利子所得と配当所得

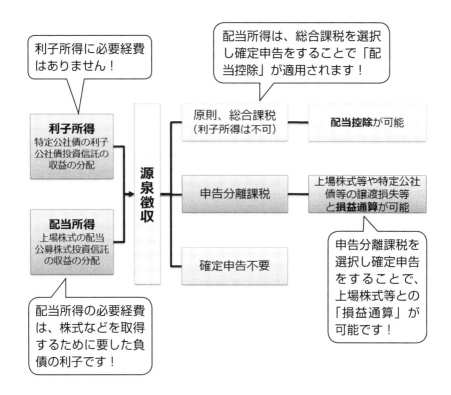

利子所得に必要経費はありません！

配当所得は、総合課税を選択し確定申告をすることで「配当控除」が適用されます！

**利子所得**
特定公社債の利子
公社債投資信託の
収益の分配

**配当所得**
上場株式の配当
公募株式投資信託
の収益の分配

源泉徴収

原則、総合課税
（利子所得は不可）

**配当控除**が可能

申告分離課税

上場株式等や特定公社
債等の譲渡損失等
**と損益通算**が可能

確定申告不要

配当所得の必要経費は、株式などを取得するために要した負債の利子です！

申告分離課税を選択し確定申告をすることで、上場株式等との「損益通算」が可能です！

金融所得課税の一体化により、特定公社債等の課税関係が改正されたのは、2016年1月になります！

## 特定公社債等とは？　～金融所得課税の一体化～

　特定公社債とは、国債、地方債、外国国債、外国地方債をはじめ、2015年12月31日以前に発行された公社債等を指す。公募公社債投資信託等の受益権などを含めて特定公社債等と呼ぶ。2016年1月から特定公社債等の「利子・償還差益・譲渡益」の課税関係が改正され、原則20.315％（所得税15.315％、住民税5％）の申告分離課税となった。

## 利子所得は、源泉徴収される！

　特定公社債の利子や公社債投資信託の収益の分配は、利子所得に該当し、復興特別所得税を含め源泉徴収される。確定申告を行わない場合は、これで課税関係が完結する。

　申告分離課税を選択し、確定申告を行った場合は、上場株式等や特定公社債等の譲渡損失等と損益通算が可能になった。

## 配当所得は確定申告を行うと、配当控除や損益通算が可能に！

　配当所得は総合課税で確定申告を行うことが原則となっている。その場合、負債の利子がある場合は控除することができ、配当控除も適用される。源泉徴収された税額も精算される。

　配当所得にはもうひとつ、確定申告をすることで申告分離課税を選択することも可能となる。上場株式等の譲渡損失と損益通算をしたい場合に選ぶことになる。負債の利子の控除、源泉徴収税額の精算を行うことは可能だが、配当控除は適用されない。

　特例として、配当所得にも確定申告不要制度があるため、確定申告をしなければ源泉徴収をもって課税関係は完結する。

# 6. 不動産所得と事業所得

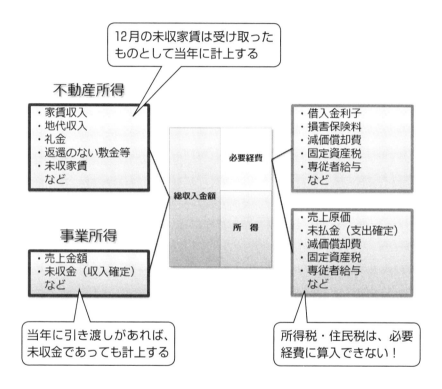

12月の未収家賃は受け取ったものとして当年に計上する

**不動産所得**
- ・家賃収入
- ・地代収入
- ・礼金
- ・返還のない敷金等
- ・未収家賃
  など

**事業所得**
- ・売上金額
- ・未収金（収入確定）
  など

当年に引き渡しがあれば、未収金であっても計上する

総収入金額

必要経費

所得

- ・借入金利子
- ・損害保険料
- ・減価償却費
- ・固定資産税
- ・専従者給与
  など

- ・売上原価
- ・未払金（支出確定）
- ・減価償却費
- ・固定資産税
- ・専従者給与
  など

所得税・住民税は、必要経費に算入できない！

所得が少ない方が、納税額が少なくなります。総収入金額を少なく、必要経費を多くしがちなので注意が必要です！

## 似ているけど違う、不動産所得と事業所得

　有料駐車場は、保管責任を負わない月極駐車場であれば不動産所得、保管責任を負う時間極駐車場を経営しているのであれば事業所得になる。アパートの貸付のみなら不動産所得だが、食事などのサービスを提供すると事業所得になる。状況によっては雑所得となる場合もある。

　似ているようで異なる不動産所得と事業所得だが、共通して押さえておきたい点は、「総収入金額」、「必要経費」、そして「減価償却費」の３点である。

## 「総収入金額」に含めなければいけないものとは？

　総収入金額のうち、不動産所得において代表的なものは家賃や地代収入で、計上するのは、原則、契約上の支払日になる。家賃を滞納され、翌年に支払いがあった場合でも、支払いがあったものとして当年に確定申告を行う。事業所得の場合、売上金が一番分かりやすい収入になる。商品などの棚卸資産の販売による収入金額は、原則、引き渡しがあった日に計上する。年末に販売し引き渡しを行った後、翌年に振り込みがあった場合などは、当年に計上することになる。

## 所得税・住民税は「必要経費」に算入できない！

　必要経費は、不動産所得・事業所得に共通するものは多い。固定資産税、不動産取得税、登録免許税をはじめ、減価償却費や専従者控除などが該当する。減価償却費には定額法と定率法があり、所得税は前者、法人税は後者が標準となる。不動産所得、事業所得に共通して必要経費に算入できないものは、所得税と住民税だ。所得税を納めるための借入金利子や、交通反則金なども必要経費に算入できない。

# 7. 給与所得

給与所得控除額の速算表

| 給与等の収入金額 | 給与所得控除額 |
|---|---|
| 162.5万円以下 | 55万円 |
| 162.5万円超180万円以下 | その収入金額×40%－10万円 |
| 180万円超360万円以下 | その収入金額×30%＋8万円 |
| 360万円超660万円以下 | その収入金額×20%＋44万円 |
| 660万円超850万円以下 | その収入金額×10%＋110万円 |
| 850万円超 | 195万円 |

給与所得控除額の
最低額は55万円！

<確定申告が必要な場合>
・給与等の年収が2,000万円超
・給与、退職所得以外の所得が20万円超
・給与の支払いが2ヵ所以上
・雑損控除、医療費控除、寄附金控除の適用を受ける場合
・住宅借入金等特別控除の適用を受ける最初の年

上記に該当したら、
確定申告が必要です！

2020年1月からの給与所得控除額は
一律10万円引き下げられ、その上限
は195万円に縮小される予定です！

## 「給与所得控除額」は、会社員の必要経費！

　給与所得は、多くの方にとって身近な所得であろう。給与収入を得るためにも必要経費はかかるが、会社員一人ひとりの経費を計算するのは、人数も多く現実的には困難である。そこで、概算経費として給与所得控除額が存在する。以前は、青天井だった給与所得控除額だが、2013年から給与所得控除額の上限が限定され、現在では195万円に縮減されている。その影響もあり、一定の要件を満たした場合、所得金額調整控除が設けられた。

　パート・アルバイトをしている主婦や学生などが該当しやすい、給与収入が162.5万円以下の給与所得控除額55万円は記憶しておきたい。この55万円と基礎控除額48万円を足し合わせると103万円になる。つまり、給与収入が103万円を超えると所得税が課せられるため「103万円の壁」と呼ばれている。一方、「150万円の壁」とは、配偶者（納税者）の配偶者特別控除が徐々に少なくなる時の境目を指す。

## 会社員の基本は年末調整、しかし確定申告が必要な場合も！

　給与所得者は、月給および賞与から所得税が源泉徴収され、年末調整が行われるため、確定申告は必要ない。しかし、年収が2,000万円超、給与所得・退職所得以外の所得の合計が20万円超（簡単にいえば、副収入が20万円超）、給与等の支給が2ヵ所以上、といった要件を満たす場合は確定申告が必要になる。また、所得控除のうち、雑損控除、医療費控除、寄附金控除の適用を受ける場合や、住宅借入金等特別控除の適用を受ける最初の年も、確定申告をしないと適用されない。なお、2015年4月以後、5団体以内でふるさと納税を行った場合は、確定申告をせず寄附金控除を受けることができる。

# 8. 所得金額調整控除

**〈子ども・特別障害者等を有する者等〉**

給与等の収入金額が**850万円を超える者**で、
次のいずれかに該当する場合

・本人が特別障碍者に該当する場合
・23歳未満の扶養親族を有する場合
・特別障碍者である同一生計配偶者もしくは扶養親族を有する場合

⬇

**所得金額調整控除＝（給与等の収入金額−850万円）×10%**
※ただし給与等の収入金額は1,000万円が限度

### ＜給与所得と年金所得の双方を有する者等＞

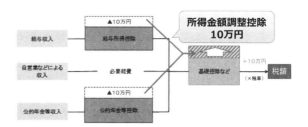

所得金額調整控除は、給与所得のある方が対象になります！

## 所得金額調整控除とは、

　所得金額調整控除は、2020年の税制改正において、給与所得控除額が10万円引き下げられ、さらに、公的年金等控除額も10万円引き下げられるなどが施行されたため新設された。

　一定の給与所得者の総所得金額を計算する場合に、一定の金額を給与所得の金額から控除するというものである。

## 子ども・特別障害者等を有する者等の所得金額調整控除

　その年の給与等の収入金額が850万円を超える居住者で、次のいずれかに該当する者が対象となる。

・本人が特別障害者に該当する者

・年齢23歳未満の扶養親族を有する者

・特別障害者である同一生計配偶者または扶養親族を有する者

　控除額は、「（給与等の収入金額 − 850万円）×10％」であり、給与所得から控除する。ただし、給与等の収入金額は1,000万円が限度となる。

## 給与所得と年金所得の双方を有する者に対する所得金額調整控除

　その年分の給与所得控除後の給与等の金額と公的年金等に係る雑所得の金額がある居住者で、その合計額が10万円を超える者が対象となる。

　控除額は、給与所得控除後の給与等の金額（上限10万円）と公的年金等に係る雑所得の金額（上限10万円）から10万円を差し引いた額となる。なお、「子ども・特別障害者等を有する者等の所得金額調整控除」の適用がある場合はその適用後の給与所得の金額から控除する。

# 9. 退職所得

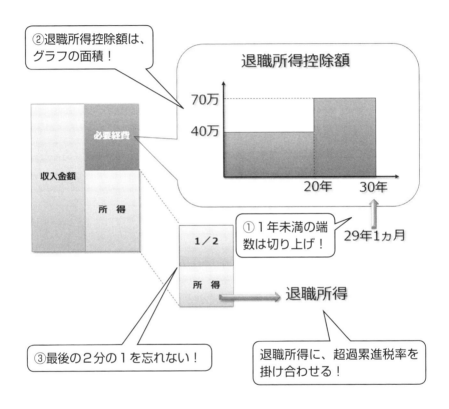

②退職所得控除額は、グラフの面積！

### 退職所得控除額

70万
40万

20年　30年

必要経費

収入金額

所　得

29年1ヵ月

①1年未満の端数は切り上げ！

1/2

所　得

→ 退職所得

③最後の2分の1を忘れない！

退職所得に、超過累進税率を掛け合わせる！

2022年4月から、短期退職手当等に該当する場合は、退職所得の金額で300万円超の部分は2分の1をかけない金額となりました！

## 退職所得は、あまり税金が取られない所得！

　退職所得は、分離課税で課税退職所得金額に超過累進税率を適用して計算する。退職所得は、老後の生活保障等の性格から、税負担の緩和がされている。退職所得のポイントは、次の３点である。

　勤続年数を求める際１年未満の端数は１年に切り上げられることであり、退職所得控除額があることだ。計算するときに、勤続年数を基に控除額を求めるため、切り上げは退職者の有利に働く。そして、何より影響が大きいのが、退職所得控除後の２分の１が退職所得の金額になることである。

　しかし、特定役員退職手当等（勤続年数５年以下の役員等）については、２分の１の適用はない。また、短期退職手当等（役員等以外で勤続年数が５年以内）の場合、2022年４月から退職所得の金額で、300万円超の部分は２分の１をかけない金額とされた。

## 「退職所得の受給に関する申告書」提出のススメ！

　退職する際、是非とも「退職所得の受給に関する申告書」を提出することをオススメする。所得税、および住民税についても適正な税額を源泉徴収してくれるため確定申告をする必要がなくなる。図表の例で計算すれば、退職収入2,000万円、退職所得控除額1,500万円（40万円×20年＋70万円×10年）より、退職所得は（2,000万円－1,500万円）×1／2＝250万円。「2.所得税の計算の流れ」にある、所得税の速算表を用いて計算すると、250万円×10％－9.75万円＝15.25万円が所得税額になる。しかし、申告書を提出しないで退職してしまうと、退職金の20％相当額である400万円が所得税として源泉徴収されてしまう。

209

# 10. 一時所得と雑所得

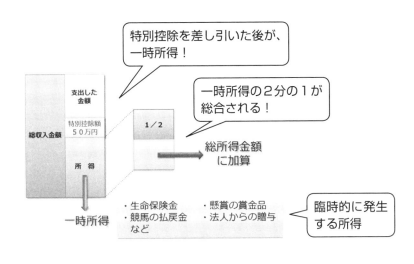

特別控除を差し引いた後が、一時所得！

一時所得の2分の1が総合される！

支出した金額

特別控除額 50万円

総収入金額

所得

1/2 → 総所得金額に加算

一時所得

・生命保険金　・懸賞の賞金品
・競馬の払戻金　・法人からの贈与
など

臨時的に発生する所得

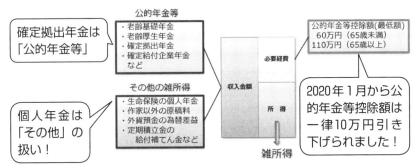

確定拠出年金は「公的年金等」

公的年金等
・老齢基礎年金
・老齢厚生年金
・確定拠出年金
・確定給付企業年金
など

その他の雑所得
・生命保険の個人年金
・作家以外の原稿料
・外貨預金の為替差益
・定期積立金の給付補てん金など

個人年金は「その他」の扱い！

収入金額

必要経費

所得

雑所得

公的年金等控除額(最低額)
60万円（65歳未満）
110万円（65歳以上）

2020年1月から公的年金等控除額は一律10万円引き下げられました！

一時所得は、雑所得を除く8種類以外の所得のうち一時的なものをいい、雑所得は、他の9種類の所得に当てはまらないものをいいます！

## 突発的に発生する所得である一時所得は節税効果が大きい！

　一時所得の魅力は、総収入金額から支出した金額を差し引いた後、さらに差し引くことのできる特別控除額50万円がある点だ。そこで気になるのが、どのような所得が一時所得になるのかである。投資対象になる商品であれば、節税効果を見込めるが、一時所得になるものを調べてみると、懸賞の金品であったり、競馬の馬券の払戻金であったりする。養老保険の満期保険金なども該当する。

　一時所得にはもうひとつ税的な魅力がある。一時所得の金額の2分の1が総合され、その後に課税される点である。一時所得は突発的に発生するものなので、そのまま他の所得と総合すると、超過累進税率のため、税負担が重くなってしまうからだ。

## 生命保険の個人年金は雑所得だが、公的年金等控除の対象外

　雑所得は、10種類の所得に該当しない所得を指す。雑所得の代表例は公的年金等で、老齢基礎年金などはもとより、勤務先からの退職年金、iDeCo等の確定拠出年金なども該当する。なお、障害年金や遺族年金は非課税となる。雑所得を求めるには、公的年金等の収入金額から公的年金等控除額を差し引く。公的年金等控除額は、65歳未満と65歳以上で大きく異なり、また年金収入によっても異なる。なお、年齢はその年の12月31日時点で判定する。

　生命保険などの個人年金は、公的年金以外のその他の雑所得に区分される。総収入金額から必要経費を差し引いて計算する。最後に公的年金等の雑所得の金額と、その他の雑所得の金額を足し合わせることで、雑所得の金額が求められる。

# 11. 譲渡所得

【総合課税】・・・ゴルフ会員権、金地金、絵画、骨董品など
（生活用動産は関係なし）

総合短期譲渡所得：保有期間が5年以内
総合長期譲渡所得：保有期間が5年超

5年超であれ
ば総合長期！

取得費が不明 → 概算取得費（収入金額の5％）

譲渡費用：譲渡に際して支出した仲介手数料など

| | |
|---|---|
| 取得費 + 譲渡費用 | |
| 特別控除額 50万円 | 総合短期譲渡所得から先に控除 |
| 総収入金額 | |
| 所得 | |

特別控除額
50万円

総合短期 ⇒ そのまま → 総所得金額に加算

総合長期 ⇒ 1/2 → 総所得金額に加算

総合長期の
場合、2分
の1を総合

譲渡所得

【分離課税】・・・土地・建物等、上場株式等

土地・建物等

年単位で、
5年超であ
れば長期！

分離短期譲渡所得：譲渡年の1月1日における所有期間が5年以内
分離長期譲渡所得：譲渡年の1月1日における所有期間が5年超

収入金額 －（取得費 ＋ 譲渡費用） ＝ 分離課税の譲渡所得

譲渡所得の原則は総合課税です。土
地・建物等や上場株式等については
分離課税になります！

## 譲渡所得の原則は総合課税！

　譲渡所得は、原則、総合課税であるが、株式等や土地・建物等は、分離課税になる。

　総合課税で注意したいのは、一時所得と同様に、特別控除額50万円がある点だ。対象になる商品には、ゴルフ会員権や金地金、絵画、骨董品などがある。総合課税の譲渡所得には短期と長期があり、保有期間が5年超の場合に長期となる。総合長期譲渡所得の場合、一時所得と同様にその2分の1が総合される。特別控除額50万円は、短期と長期が両方ある場合、総合短期から先に控除する。

## 土地を短期で転がして儲けた金額の税率は高い！

　土地・建物等および上場株式等は分離課税のため、それぞれ単体で税額を算出する。土地・建物等についても、短期と長期に分けられる。総合課税と同様に、所有期間が5年を超えていれば長期になるが、「譲渡年の1月1日時点における所有期間」となっている。つまり、1暦年のうち、その売却時期に関わらず1月1日に売却したものとして所有期間を計算するため、1年単位でしか短期と長期が判断されない。一方、総合課税の短期と長期は、今日は短期、明日になれば長期と、1日単位で短期と長期が判断される点が異なる。分離短期譲渡所得の税率は39.63％（所得税30.63％、住民税9％）、分離長期譲渡所得の税率は20.315％（所得税15.315％、住民税5％）と、短期の税率は長期の倍近くあり、かなり高く設定されている。地価の安定等の政策的見地からこのようになっている。

　上場株式等の税率は、配当所得と同様に、20.315％（所得税15.315％、住民税5％）である。

213

# 12. 【Step. 2】課税標準の計算

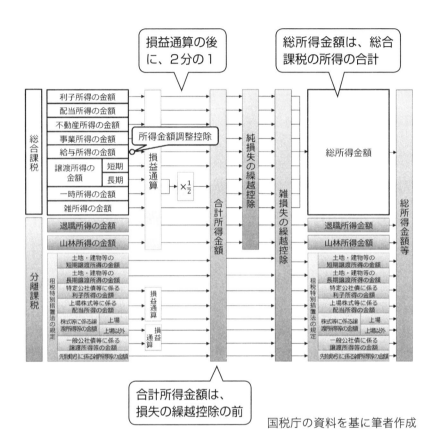

損益通算の後に、2分の1

総所得金額は、総合課税の所得の合計

合計所得金額は、損失の繰越控除の前

国税庁の資料を基に筆者作成

総合長期譲渡所得と一時所得は、その2分の1が総合されますが、それは損益通算後に行います！

## 課税標準の計算プロセスが、所得税計算の山場！

　課税標準は、「総所得金額」、「退職所得の金額」、「山林所得の金額」の三本立てになっている。譲渡所得のうち、上場株式等や土地・建物等などの所得については、租税特別措置法の規定により、分離して課税することになっている。所得税の課税標準を整理した図表をみながら、総合課税と分離課税、損益通算、合計所得金額、総所得金額など、課税標準の計算プロセスを理解してほしい。

## 合計所得金額と総所得金額の違い分かりますか？

　総合長期譲渡所得と一時所得は、その2分の1を総合する。しかし、2分の1を、損益通算をする前に行うのか、その後に行うのかなどは迷うところだ。図表をみれば、損益通算をした後に行うことが分かる。合計所得金額と総所得金額の違いも分かりやすい。合計所得金額には、退職所得金額や山林所得金額、土地・建物等の分離短期譲渡所得の金額や、分離長期譲渡所得の金額も含むが、総所得金額は、総合課税の対象となる所得のみになっている。

## 損失の繰越控除は、確定申告書第四表（損失申告書）で！

　損失の繰越控除には、純損失の繰越控除と雑損失の繰越控除がある。純損失の金額とは、損益通算をしても控除しきれなかった損失の金額を指す。翌年から最高で3年間繰り越して、課税標準の計算上控除することができるものだ。一方、雑損失の金額とは、雑損控除について控除しきれなかった損失のことをいう。こちらも損失の生じた年の翌年から最高3年以内で繰越控除をすることができる。青色申告者でないと、純損失の繰越控除は適用されない。

# 13. 損益通算

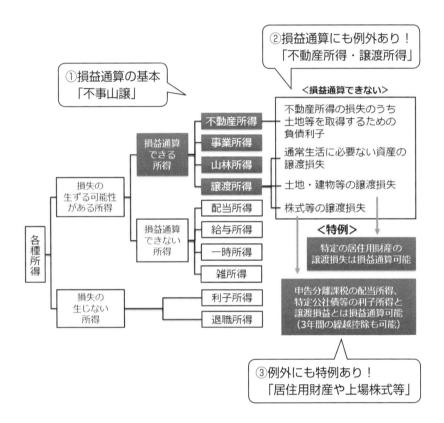

①損益通算の基本
「不事山譲」

②損益通算にも例外あり！
「不動産所得・譲渡所得」

<損益通算できない>

各種所得

損失の生ずる可能性がある所得

損失の生じない所得

損益通算できる所得

損益通算できない所得

不動産所得
事業所得
山林所得
譲渡所得

配当所得
給与所得
一時所得
雑所得

利子所得
退職所得

不動産所得の損失のうち土地等を取得するための負債利子

通常生活に必要ない資産の譲渡損失

土地・建物等の譲渡損失

株式等の譲渡損失

<特例>

特定の居住用財産の譲渡損失は損益通算可能

申告分離課税の配当所得、特定公社債等の利子所得と譲渡損益とは損益通算可能（3年間の繰越控除も可能）

③例外にも特例あり！
「居住用財産や上場株式等」

「不事山譲」の４つの所得のうち、マイナスの所得は、他のプラスの所得と相殺できます！

## 損益通算の基本は「不事山譲」

　損益通算の試験対策の覚え方で有名なのは「不事山譲（富士山上）」であろう。ここでは、損益通算の視点で10種類の所得を区分していきたい。まず、「損失の生ずる可能性がある所得」と「損失の生じない所得」に分けられる。損失の生じない所得は、利子所得と退職所得だ。

　次は「損失の生ずる可能性がある所得」についてである。「損益通算できる所得」と「損益通算できない所得」の２つに分けられるが、前述の損益通算できる「不動産所得・事業所得・山林所得・譲渡所得」以外について、損失の生ずる可能性について考えていきたい。

## 給与所得も損失が出る可能性がある!?

　配当所得、一時所得、雑所得については、損失が生ずる可能性はあるが、疑問に思うのは給与所得ではないだろうか。給与所得控除額は、給与収入から算出するもので、それを上回ることはない。しかし、給与所得者には、特定支出控除というものがある。特定支出とは、転任に伴う転居のための支出などを指し、その年中の特定支出の合計額のうち、給与所得控除額を超える部分の金額を差し引いた金額が、給与所得の金額となるのだ。つまり、状況によっては損失が出る可能性はあるのだ。税務署曰く、事例は多くはないとのことだった。

## 損益通算は「原則→制限（例外）→特例」の流れの理解が大切！

　損益通算できる所得であっても、損益通算できない場合もある。不動産所得の土地の借入金利子や、生活に通常必要ないゴルフ会員権の譲渡損失などだ。株式等や土地・建物等の譲渡損失も損益通算できないが、特例として、居住用財産の譲渡損失は損益通算が可能となる。

# 14. 【Step. 3】課税所得金額の計算

医療費控除は確定申告が必要です！

| 制度の目的等 | 物的控除の種類 | 控除額の概要 |
|---|---|---|
| 担税力への影響を考慮するためのもの | 雑損控除 | 損失の金額－課税標準の合計額×10% |
| | 医療費控除 | 支出医療費－10万円 |
| 社会政策上の要請によるもの | 社会保険料控除 | 支出額 |
| | 小規模企業共済等掛金控除 | 支出額 |
| | 生命保険料控除 | 最高12万円 |
| | 地震保険料控除 | 支出額（最高5万円） |
| | 寄附金控除 | 支出寄附金－2,000円 |

| 制度の目的等 | 人的控除の種類 | 控除額の概要 |
|---|---|---|
| 個人的事情を考慮するためのもの | 障害者控除 | 27万円（特別障害者は40万円or70万円） |
| | ひとり親控除寡婦控除 | 35万円27万円 |
| | 勤労学生控除 | 27万円 |
| 課税最低限を保障するためのもの | 配偶者控除 | 最高38万円（70歳以上は最高48万円） |
| | 配偶者特別控除 | 最高38万円 |
| | 扶養控除 | 原則38万円／人（最高63万円） |
| | 基礎控除 | 最高48万円 |

2020年1月から、基礎控除額が48万円に引き上げられました！（所得要件あり）

特定扶養親族（19歳以上23歳未満）の控除額は63万円

人的控除の適用を受けられるかどうかは、その年の12月31日の現況（年齢）によって判断されます！

## 様々な配慮から、所得控除が設けられている！

　所得税額は、課税標準から所得控除後の課税所得金額に税率を乗じて計算する。所得税額の計算上、総所得金額等から差し引かれる各種の所得控除は、物的控除７種類、人的控除８種類の合計15種類ある。

　物的控除からみていく。雑損控除と医療費控除は、担税力への影響を考慮したものだ。担税力とは、税の負担に対応できるかどうかということを意味する。震災で家が倒壊してしまった、重い病気にかかり高額の医療費がかかった、などといった場合を考慮している。社会保険料控除をはじめ、生命保険や地震保険等の保険料、小規模企業共済等の掛金、そして寄附金などは社会政策上、所得控除としている。

　人的控除として、2020年からひとり親控除が創設され従来の寡夫控除は廃止された。所得控除は納税者やその扶養親族の世帯構成における配慮、納税者の個人的事情に適合した応能負担の実現を図ることを目的としている。課税最低限を保障するためにあるのが、配偶者控除、配偶者特別控除、扶養控除、基礎控除である。

## 所得控除には、控除の順番がある！

　所得控除の順序は、雑損控除を他の諸控除と区分し、最初に所得金額から差し引く。次に他の控除を同順位に行う。雑損控除が優先されるのは、所得金額から引ききれない場合、その引ききれない金額を控除不足額として、翌年以降３年間繰り越して所得計算の際に差し引くことが認められているためである。雑損失の繰越控除のことである。

　課税標準からの所得控除の順序は、「総所得金額→山林所得金額→退職所得金額」の順で差し引いていく。これら所得控除後の残額を、それぞれ課税総所得金額、課税山林所得金額、課税退職所得金額という。

# 15. 配偶者控除と 配偶者特別控除

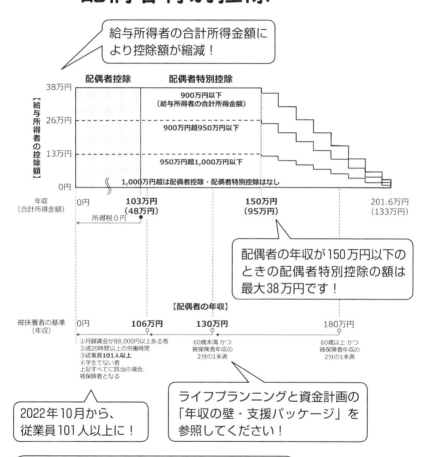

給与所得者の合計所得金額により控除額が縮減！

**配偶者控除**　**配偶者特別控除**

【給与所得者の控除額】

38万円
26万円
13万円
0万円

900万円以下（給与所得者の合計所得金額）
900万円超950万円以下
950万円超1,000万円以下
1,000万円超は配偶者控除・配偶者特別控除はなし

年収（合計所得金額）
0円　103万円（48万円）　150万円（95万円）　201.6万円（133万円）

所得税0円

配偶者の年収が150万円以下のときの配偶者特別控除の額は最大38万円です！

【配偶者の年収】

被扶養者の基準（年収）
0円　106万円　130万円　180万円

①月額賃金が88,000円以上ある者
②週20時間以上の労働時間
③従業員101人以上
④学生でない者
上記すべてに該当の場合、被保険者となる

60歳未満 かつ
被保険者年収の
2分の1未満

60歳以上 かつ
被保険者年収の
2分の1未満

2022年10月から、従業員101人以上に！

ライフプランニングと資金計画の「年収の壁・支援パッケージ」を参照してください！

2018年1月から、給与所得者の合計所得金額により、配偶者控除および配偶者特別控除の額が縮減されました！

## 2018年1月から配偶者控除および配偶者特別控除が改正！

　配偶者控除は、控除対象配偶者を有する場合に適用される。控除対象配偶者とは、同一生計の配偶者（青色事業専従者や事業専従者を除く）のうち、給与所得者の合計所得金額が1,000万円以下、配偶者の合計所得金額が48万円（給与収入103万円）以下の人をいう。配偶者の合計所得金額が48万円超133万円以下（給与収入103万円超201.6万円以下）で、給与所得者の合計所得金額が1,000万円以下の場合は、配偶者特別控除が適用される。

　2018年分以後から、配偶者控除額および配偶者特別控除の最高額は、給与所得者の合計所得金額が900万円以下の場合の控除額は38万円、900万円超950万円以下では26万円、950万円超1,000万円以下では13万円に縮減された。さらに、本人（給与所得者）の合計所得金額が1,000万円を超える場合、配偶者控除においても適用を受けることができなくなった。

## 103万円、106万円、130万円、150万円の4つの壁！

　103万円、150万円は所得税の壁であり、106万円（2016年10月から）、130万円の壁は被扶養者の基準であり社会保険の壁といえる。

　配偶者の給与収入が103万円超になると所得税がかかる。給与所得者は配偶者控除38万円が受けられなくなるが、配偶者特別控除38万円を受けることができるようになる。配偶者の給与収入が150万円超になると配偶者特別控除の額は減少していく。これが所得税の2つの壁である。

　社会保険の106万円、130万円の2つの壁については、ライフプランニングと資金計画の「年収の壁・支援パッケージ」を参照されたい。

# 16. 【Step.4】税額控除と二重課税

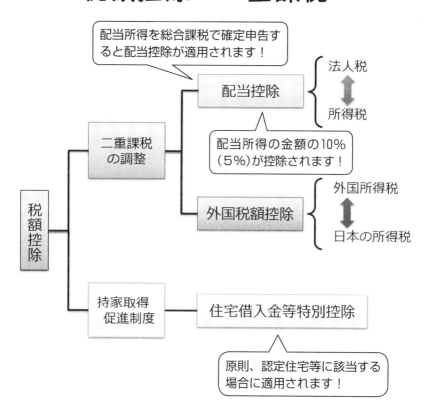

配当所得を総合課税で確定申告すると配当控除が適用されます！

配当控除

法人税 ⇕ 所得税

配当所得の金額の10%（5％）が控除されます！

二重課税の調整

外国税額控除

外国所得税 ⇕ 日本の所得税

税額控除

持家取得促進制度

住宅借入金等特別控除

原則、認定住宅等に該当する場合に適用されます！

法人税と所得税の二重課税を調整するのが、配当控除です。総合課税を選択し確定申告することで適用されます！

## 税額控除の２つの目的

　税額控除には２つの目的がある。１つは二重課税の調整で、「配当控除」と「外国税額控除」がある。もう１つは、租税特別措置法による持家取得促進制度の一環としての「住宅借入金等特別控除」である。

## 法人税と所得税の二重課税を調整する「配当控除」

　企業は、法人税等を支払った後の税引後当期純利益について、株主に配当する割合を決める。それが、配当性向である。株主は、その配当金を受け取ると所得税が課税される。この時点で、企業が得た利益（所得）を分配する前に法人税が課せられ、分配後にさらに所得税が課せられていることになる。同じ源泉に対して、二度も課税されている。そこで、確定申告をすることで、総合課税を選択した配当所得に対して、課税総所得金額等（課税山林所得金額、課税退職所得金額以外の課税所得金額の合計額）が1,000万円以下の場合は、所得税額から配当所得の金額の10％が配当控除として控除される。1,000万円を超える場合は、超えている部分に対して５％が控除される。

## 「外国税額控除」は外国と日本の所得税の二重課税を調整

　外国証券投資をしている場合、利子や配当等は外国で課税される。これを、外国所得税という。日本の投資家はこの利子や配当等に対して、さらに日本国内で課税されてしまう。この国際的な二重課税を調整するためにあるのが、外国税額控除である。確定申告することで、一定額を所得税から差し引くことができる。

　税額控除は、まず課税総所得金額に係る税額から控除し、課税山林所得金額、課税退職所得金額に係る税額の順で控除する。

# 17. 住宅借入金等特別控除

**【認定住宅等】**

| 居住年 | 認定住宅等 | 借入限度額 | 控除期間 | 控除率 |
|---|---|---|---|---|
| 2022〜2023年 | 認定住宅<br>ZEH水準省エネ住宅<br>省エネ基準適合住宅 | 5,000万円<br>4,500万円<br>4,000万円 | 13年 | 0.7% |
| 2024〜2025年 | 認定住宅<br>ZEH水準省エネ住宅<br>省エネ基準適合住宅 | 4,500万円<br>3,500万円<br>3,000万円 | | |

**【新築一般住宅】**

| 居住年 | 借入限度額 | 控除期間 | 控除率 | 各年の<br>控除限度額 |
|---|---|---|---|---|
| 2022〜2023年 | 3,000万円 | 13年 | 0.7% | 273万円 |
| 2024〜2025年 | 0万円※ | 10年 | | 140万円 |

※ 2023年末までに建築確認を受け、2024年6月30日までに建築終了
この場合、適用される借入限度額は2,000万円、控除期間は10年

■**主な要件**
・所得要件 ：合計所得金額**2,000万円以下**
・床面積 　：50㎡以上（**40㎡以上50㎡未満の場合は合計所得金額1,000万円以下**）

2024年度の改正により、子育て世帯等であれば認定住宅等を取得した場合、借入限度額は2023年と同等になります！

## 様々な要件を満たす必要のある、住宅借入金等特別控除！

　住宅借入金等特別控除は、自宅の取得を促進するための税制であるため、「継続的に居住」することが要件となっている。取得後6ヵ月以内に入居し、適用を受ける各年の12月31日まで引き続き居住する必要がある。また、所得要件もあり、退職金など一時的に多額の収入があり、その年の合計所得金額が2,000万円を超えてしまうと適用されなくなってしまう。家屋等は、新築、中古だけでなく増改築等も対象となる。共通するのは床面積の要件で、50㎡以上であり、その2分の1以上が、専ら自己の居住の用に供される家屋である必要がある。

　2024、2025年に新築住宅に入居する場合は、注意が必要となる。2024年1月以降に建築確認を受けた認定住宅等に該当しない新築住宅は、原則として住宅借入金等特別控除の対象外となる。なお、2023年末までに建築確認を受け、2024年6月30日までに建築されている場合は、借入限度額2,000万円、控除期間10年となる。

## 所得税から控除しきれなかった額は、住民税からも控除可能！

　一定の要件を満たし、原則として確定申告により控除されるが、給与所得者については、最初の年分について確定申告をすれば、その翌年以降の年分（控除期間内）については年末調整により控除できる。

　一般住宅の住宅借入金等特別控除額は、「年末借入金等残高（3,000万円を限度）×0.7％」で計算した金額となる。控除額に100円未満の端数が生じた場合は切り捨てとなる。

　なお、所得税の住宅借入金等特別控除可能額のうち、所得税において控除しきれなかった額は、翌年度の住民税から控除できる。一定の要件を満たした場合の控除の限度額は97,500円である。

# 18. 青色申告

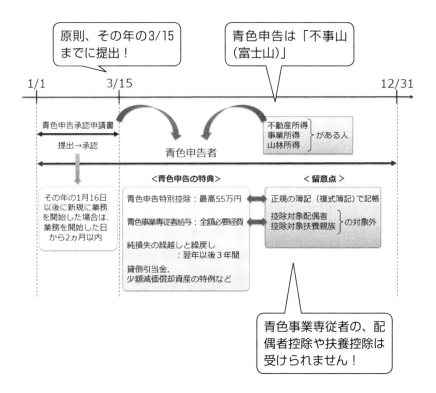

原則、その年の3/15までに提出！

青色申告は「不事山（富士山）」

1/1　3/15　12/31

青色申告承認申請書

提出→承認

青色申告者

不動産所得
事業所得
山林所得
｝がある人

その年の1月16日以後に新規に業務を開始した場合は、業務を開始した日から2ヵ月以内

＜青色申告の特典＞

青色申告特別控除：最高55万円

青色事業専従者給与：全額必要経費

純損失の繰越しと繰戻し
：翌年以後3年間

貸倒引当金、
少額減価償却資産の特例など

＜留意点＞

正規の簿記（複式簿記）で記帳

控除対象配偶者
控除対象扶養親族
｝の対象外

青色事業専従者の、配偶者控除や扶養控除は受けられません！

青色申告制度は、アメとムチの制度とも言われています。複式簿記で記帳することで、さまざまなメリットを受けることができます！

226

## 青色申告制度は、「アメとムチの制度」

　青色申告制度は、「アメとムチの制度」といわれたりする。アメにあたるものが青色申告の特典で、青色申告特別控除の控除額65万円や青色事業専従者給与などである。一方、ムチにあたるものが、正規の簿記（複式簿記）の原則により記帳しなければならないことである。

　確定申告では、日々の売上や仕入れの金額は分かるが、借金の額や所有物等の資産状況は把握できない。税務署は、確定申告の損益計算書だけでなく、複式簿記で記帳した貸借対照表も提出する必要がある。しかし、作成するには多少なりとも簿記の知識が必要になる。そこで、青色申告特別控除55万円（電子申告等の要件を満たした場合には65万円）というアメを用意したわけだ。

## 青色申告の対象は、「不事山」

　青色申告の対象となる所得は、不動産所得、事業所得、山林所得の3つのいずれかであり、手続きをすることで、青色申告の恩恵が受けられる。青色申告の承認を受ける場合、青色申告承認申請書を、その年の3月15日までに納税地の所轄税務署長に提出する。その年の1月16日以降に新規に業務を開始した場合は、業務を開始した日から2ヵ月以内に提出する。承認されれば、損失が出たとしても、3年間繰り越せる「純損失の繰越控除」や、事業を手伝う家族への給料が全額必要経費になる「青色事業専従者給与」、30万円未満の固定資産が全額経費となる「少額減価償却の特例」など、様々なメリットが受けられる。不動産所得、事業所得、山林所得がそれぞれある場合は、不動産所得から青色申告特別控除の55万円を差し引き、引ききれない場合は次に事業所得、山林所得の順で差し引くことができる。

# 19. 法人税の益金と損金

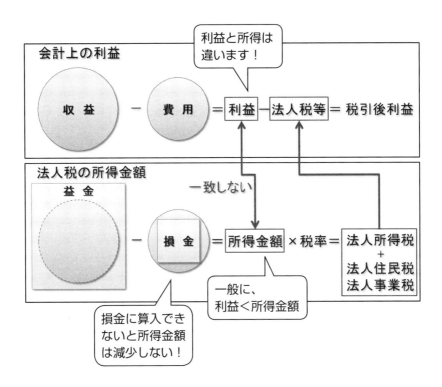

会計上の利益

収益 － 費用 ＝ 利益 ─ 法人税等 ＝ 税引後利益

利益と所得は違います！

法人税の所得金額

益金 － 損金 ＝ 所得金額 × 税率 ＝ 法人所得税＋法人住民税法人事業税

一致しない

損金に算入できないと所得金額は減少しない！

一般に、利益＜所得金額

2016年4月1日より、建物、建物付属設備及び構造物の減価償却方法は、定額法のみとなりました！

## 所得税と法人税の違いを認識することが第一歩！

　法人税は、株式会社、協同組合等の法人の所得を対象として法人に課せられる税金である。

　例えば、個人事業主の売上が増加した場合、所得税は超過累進税率なので、売上高が一定の金額を超えると、比例税率の法人税の方が、税制的に有利になることがある。そのような状況で行われるのが、法人成りである。ただし、法人化すると、今まで経費化できたものでも、損金にならなければ節税効果を得られない。このような、所得税と法人税の一般的な違いについて、理解しておくことがまず求められる。

## 超過累進税率の所得税に対し、法人税は比例税率！

　企業会計上の当期利益は、「収益－費用＝利益」で計算をするが、法人税の課税ベースとなる課税所得は、「益金－損金＝所得」で計算する。これが、利益と所得の違いである。例えば、左図のように収益より多い益金から、費用より少ない損金を差し引いた所得金額は、利益よりも高額になる。その所得金額に税率を掛けて法人税額を算出する。法人税の税率は比例税率で、所得金額に関わらず原則23.2％が課税される。中小法人には特例があり、年800万円以下の部分は15％（一定の法人は19％）、年800万円を超える部分は23.2％が課税される。所得を少なくするには、会計上で費用になっても、税法上は損金に算入できなければ意味がない。交際費は所得税において全額必要経費となるが、法人税では、原則、損金不算入となる。ただし、資本金1億円超の法人は、飲食費の50％を、資本金1億円以下の中小法人は、800万円以下の交際費を全額損金算入するか、飲食費の50％を損金算入するか、有利な方を選択することが認められている。

# 20. 消費税の特徴と導入の経緯

〈所得税〉

・所得者が対象

・所得に対して課税

・所得の高い人ほど
　税率が高い

・直接税

**垂直的公平性**

〈消費税〉

・国民が対象

・消費に対して課税

・税率は国民により
　ず一律

・間接税

低所得者ほど、食料品
等の割合が高くなる

**消費税の逆進性**

**水平的公平性**

消費税収

3％　5％　8％　10％

消費税は、税率を引き上げるとそれ
に比例して税収が多くなっている
のが分かります！

## 消費税の特徴と、消費税の逆進性

消費税は、高齢化社会への対応や、税制全体の公平性の確保の見地から導入された。消費税は間接税に分類され、財・サービスの消費・流通に対して課税されるため、消費の大きさが等しければ、等しい負担になる。消費税は「水平的公平」に優れている。

一方、所得税などは所得水準に応じた累進的な負担となるため「垂直的公平」に優れている。高所得者の納税額は多くなり、低所得者は少なくなるということだ。消費税では「垂直的公平」は求めにくく、消費税率が上がると、低所得者ほど収入に対する食料品などの割合が高くなり、高所得者よりも税負担率が大きくなってしまう。これを、消費税の逆進性と呼んでいる。

## 消費税の導入は失敗だらけ!?

1978年、大平内閣の「一般消費税」、そして、1982年、中曽根内閣の「売上税」は、どちらも様々な反対から失敗となる。しかし、1989年4月、竹下内閣のとき消費税率3％で導入されたのである。

消費税は、インボイス方式と帳簿方式があり、インボイス方式の方が、取引の正確な消費税額を把握することができる。しかし、中小事業者の事務負担等を考慮し、インボイス方式は見送られ、事業者が自ら記帳した帳簿に基づく、帳簿方式でのスタートとなった。

その後、1997年の第2次橋本内閣時代に5％、2014年の安倍内閣が8％に、そして2019年に現在の10％に引き上げられる。このときに軽減税率（8％）が導入されたため、発行する請求書を税率ごとに区別する必要がでてきた。それをきっかけに、帳簿方式から悲願のインボイ方式への転換を遂げることになったのである。

231

# 21. 消費税の仕組み

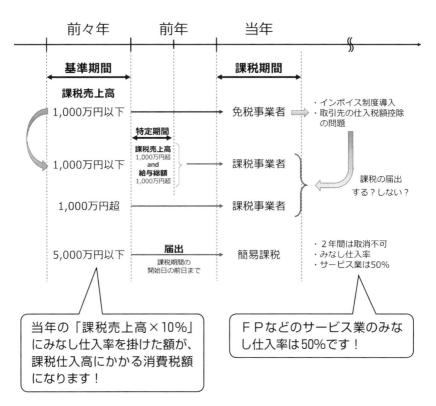

| | 前々年 | 前年 | 当年 |
|---|---|---|---|

**基準期間**　　　　　　　　　　　**課税期間**

**課税売上高**

1,000万円以下　　　　　　　　　→　免税事業者　　⇒　・インボイス制度導入
　　　　　　　　　　　　　　　　　　　　　　　　　　・取引先の仕入税額控除
　　　　　　　　**特定期間**　　　　　　　　　　　　　　の問題

　　　　　　　　**課税売上高**
　　　　　　　　1,000万円超
1,000万円以下　　and　　　　→　課税事業者
　　　　　　　　**給与総額**
　　　　　　　　1,000万円超　　　　　　　　　　　　　　課税の届出
　　　　　　　　　　　　　　　　　　　　　　　　　　する？しない？
1,000万円超　　　　　　　　　→　課税事業者

　　　　　　　　**届出**　　　　　　　　　　　・2年間は取消不可
5,000万円以下　課税期間の　　→　簡易課税　　・みなし仕入率
　　　　　　　　開始日の前日まで　　　　　　　・サービス業は50%

当年の「課税売上高×10%」にみなし仕入率を掛けた額が、課税仕入高にかかる消費税額になります！

ＦＰなどのサービス業のみなし仕入率は50%です！

2013年から特定期間が適用されました。そして、2023年10月からはインボイス制度が始まりました！

232

## 消費税は「前々年」の課税売上高がポイント！

　消費税は、生産や流通の各段階で二重、三重に税が課せられることのないように、売上に対する消費税額から仕入れ等に含まれる消費税額を控除する仕組みを取っている。しかし、小規模事業者にとって、この納税事務の負担は大きいため、その課税期間（個人は暦年、法人は事業年度）の基準期間（前々年）における課税売上高が1,000万円以下の事業者は、その課税期間は消費税の納税義務が免除される。

　前年の特定期間という要件もあり、基準期間の課税売上高により免税事業者であっても、課税事業者となってしまう場合もある。

## インボイス制度の導入で、免税事業者は肩身が狭くなる!?

　免税事業者の場合、販売先の企業から消費税を受け取ったとしても、納税する必要はない。これを消費税の益税という。そもそも消費税は、受け取った消費税額から支払った消費税額を差し引いた額を納税する仕組みだ。販売先の企業で考えれば、購入元が課税事業者であろうが免税事業者であろうが関係ない。これは帳簿方式の場合になる。しかし、インボイス方式になると購入元の発行する一定の請求書がないと、支払った消費税を控除することができなくなってしまう。

## 課税事業者になると消費税の申告が大変！　そこで簡易課税制度

　中小事業者の事務負担を軽くするために設けられたのが、簡易課税制度である。基準期間における課税売上高が5,000万円以内の事業者が選択でき、課税売上高のみから税額を計算することができる簡易な方式だ。決められた「みなし仕入れ率」を利用して計算すればよい。

　簡易課税制度を選択すると、２年間の継続適用が義務付けられる。

# ～住宅借入金等特別控除の変遷～

　住宅借入金等特別控除は時限立法であり、その時々の経済状況において制度の改正が繰り返され、現在に至っている。

　住宅取得後の所得税減税を目的として、1972年に創設された「住宅取得控除制度」が、現在の住宅借入金等特別控除の最初になる（土地総合研究所『戦後住宅税制史概説』より）。当時は、新築住宅のみが対象で、ローンの有無は関係なく、住宅の床面積による税額控除制度であった。1978年になると、新築住宅に加え、既存住宅の取得も適用対象となり、控除に関しても住宅の床面積要件に限らず、住宅ローンに係る控除が加わった。1986年には、床面積要件は撤廃されており、「住宅取得促進税制」という名称に改められた。それまでは年間の返済額を基準としていたが、年末のローン残高が基準となった。

　経済対策としての役割を担うようになったのが、バブル景気崩壊後の1993年からである。入居した後の減税額は大きく、次第にその額が逓減する制度であった。1999年になると、その名称は「住宅ローン税額控除制度」となり、控除期間は過去最高の15年間で、控除限度額は587.5万円になった。その後、控除期間は現在と同じ10年に縮小される。2005年から、年を追うごとに控除額の上限が段階的に縮減されるようになり、2014年4月から2019年9月までは控除期間は10年間、一般住宅の場合、最大控除額は400万円という制度に落ち着いた。消費が10％に、そして新型コロナウイルスの影響もあったが、2022年からは要件が改正された。

　現在の「住宅借入金等特別控除」は、持家取得促進制度として一定の新築住宅、既存住宅の取得、一定の増改築等が適用対象になっている。それぞれ適用を受けるための要件等が決められている。

#  コンサルティングのポイント〔タックス〕

　老後の生活資金にもなる退職金は、私たちにとって欠かすことができない。しかし、退職所得として所得税が課せられてしまう。つまり、それに伴うコンサルティングは必要不可欠といえる。その計算方法はシンプルなものだが、確定拠出年金など、2ヵ所以上から退職手当等を受給した場合の、退職所得の計算となると、一筋縄ではいかない。

　細かく説明すれば、前年以前4年内（確定拠出年金の老齢給付金として支給される一時金（以下、老齢一時金）の支払いを受けた年分は前年以前14年内）に他の支払者から支払われた退職手当等がある場合に、本年分の退職手当等の勤続期間と前年以前の退職手当等の勤続期間との重複期間がある場合には、重複期間の年数に基づき算出した退職所得控除額相当額を控除した残額が退職所得控除額となり、退職所得を求めることになる。

　具体例をもとに説明していこう。

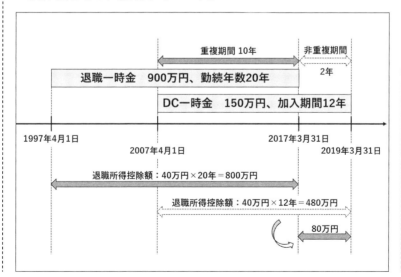

235

図は、2ヵ所以上から退職手当等を受給している例である。会社に20年勤務（1997年4月1日～2017年3月31日）し、退職一時金900万円を受け取った。また、12年加入（2007年4月1日～2019年3月31日）した個人型確定拠出年金（以下、DC）の老齢一時金150万円を受け取った場合の退職所得控除額の計算をしてみたい。

　DCの老齢一時金を受給する年の前年以前14年以内に退職一時金を受給している場合では、退職一時金を受給した際に、退職所得控除額を使い切っているか否かで計算方法が異なる。

　20年間勤めた会社の退職所得控除額は、40万円×20年＝800万円となる。次に、加入期間12年のDCの老齢一時金の退職所得控除額は、40万円×12年＝480万円である。

　しかし、2007年4月1日～2017年3月31日までの10年間が重複しているため、DCの加入期間から控除した金額が、老齢一時金を受け取ったときの退職所得控除額となる。順を追って計算していく。

　会社の退職所得控除額は800万円で、退職一時金は900万円のため、退職所得控除額は使い切っている（控除不足なし）。DCの加入期間との重複期間は、10年（1年未満切り捨て）となるため、40万円×10年＝400万円をDCの退職所得控除額から差し引くことになる。

　480万円－400万円＝80万円の金額が、DCの老齢一時金から控除できる退職所得控除額となる。

　確定拠出年金の加入者は増加傾向にあり、この事例のように2ヵ所以上から退職手当等を受給するケースも増えてくる。その際、税額精算までは行わないとしても、退職手当等に課せられる所得税の概要を知っておくことで、より適切なコンサルティングを行うことができるだろう。

# 第6章

## 不動産

　土地や建物などの不動産は、私たちにとって身近な存在ですが、いざ、売買しようとすると、経験する機会が極端に少ないため、分からないことがたくさん出てきます。ここでは、不動産を取り巻く、法律や税金、そして、不動産の運用についてお伝えしていきます。

# 1. 不動産に関する法律の全体像

**都市計画法**
- ・市街化区域
- ・市街化調整区域
- ・用途地域（13種類）

> 市街化調整区域の土地を購入してしまうと、家が建てられないことも！

**建築基準法**
- ・接道義務（公道4m,間口2m）
- ・セットバック（42条2項道路）
- ・用途制限
- ・建蔽率、容積率

> 前の空き地に、パチンコ店ができてしまったら！？

**不動産登記法**
- ・登記事項証明書
- ・公図
- ・登記の対抗力と公信力

> 所有者だけでなく、抵当権がついているかどうかの確認も忘れずに！

**宅地建物取引業法**
- ・宅地建物取引士
- ・媒介契約と報酬額制限

> 報酬限度額は、物件価格の３％＋６万円（消費税別）

**民法（売買契約）**
- ・解約手付
- ・危険負担と契約不適合責任

> やっと購入！でも契約と異なる住宅だったら！？

**区分所有法**
- ・区分所有建物の取引
- ・決議事項

> マンションの建て替えを行うのは、至難の業！

**借地借家法**
- ・借地（普通・定期）
- ・借家（普通・定期）

> 定期借地権や定期借家権は更新することができません！

> ＦＰが学ぶ不動産の法律の中心は、上記８つになります！

## マイホームを購入するときに注意すべきこととは？

知り合いの人から、「夢のマイホームを購入することにした。何か注意することはないか」と問われたとき、どのようなアドバイスが必要だろうか。一戸建てだろうがマンションだろうが注意点はかなりある。

まずは土地選びから。都市計画法は、街づくりのための法律ではあるが、土地の使い方など細かく規定されている。市街化区域には、13種類の用途地域が指定されていて、建築可能な建物が決められている。建築基準法では、用途制限となる。日本の家屋は木造住宅が多く、安全性の面からも、防火規制など火災に対する規定は多く存在する。

## 不動産の登記や契約など、取引は分からないことばかり

土地や建物の詳細については、登記事項証明書に記載してある。登記は誰でも確認することが可能で、登記したものは対抗力がある。

物件の取引の際は、宅地建物取引業者に媒介（仲介）を依頼する。不動産の取引を行う際、売り手も買い手も素人の場合が多い。そんな二者間での取引は何かトラブルが起こった場合、面倒なことになる。報酬を支払うことになるが、プロに仲介してもらうことは大切なのである。契約の際は、解約手付、危険負担、契約不適合責任などの知識も必要不可欠となる。

## マンションを購入するなら知っておきたい区分所有法

マンションを購入するなら、区分所有法も知っておきたい。マンションは集合住宅のため、建替えや、規約の変更などを行うときは、集会を開き決議する必要がある。建替えを行うには5分の4以上の賛成が必要となり、現実のハードルはかなり高い。

# 2. 都市計画法と用途地域

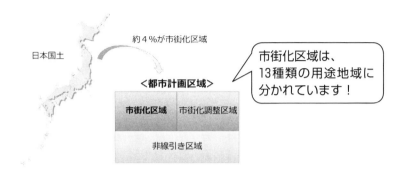

約4％が市街化区域

日本国土

**＜都市計画区域＞**

| 市街化区域 | 市街化調整区域 |
|---|---|
| 非線引き区域 | |

市街化区域は、
13種類の用途地域に
分かれています！

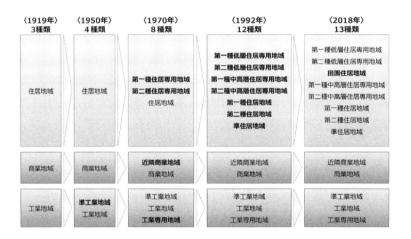

| 〈1919年〉3種類 | 〈1950年〉4種類 | 〈1970年〉8種類 | 〈1992年〉12種類 | 〈2018年〉13種類 |
|---|---|---|---|---|
| 住居地域 | 住居地域 | 第一種住居専用地域　第二種住居専用地域　住居地域 | 第一種低層住居専用地域　第二種低層住居専用地域　第一種中高層住居専用地域　第二種中高層住居専用地域　第一種住居地域　第二種住居地域　準住居地域 | 第一種低層住居専用地域　第二種低層住居専用地域　田園住居地域　第一種中高層住居専用地域　第二種中高層住居専用地域　第一種住居地域　第二種住居地域　準住居地域 |
| 商業地域 | 商業地域 | 近隣商業地域　商業地域 | 近隣商業地域　商業地域 | 近隣商業地域　商業地域 |
| 工業地域 | 準工業地域　工業地域 | 準工業地域　工業地域　工業専用地域 | 準工業地域　工業地域　工業専用地域 | 準工業地域　工業地域　工業専用地域 |

都市計画法は「街づくり」のための
法律です。都市計画法のおかげで
様々な街ができているのです！

240

## 都市計画法は、街づくりのための法律！

　街づくりの計画を都市計画といい、その対象となる場所が都市計画区域である。その区域を、市街化区域と市街化調整区域に線引きし、前者は市街化を促進し、後者は市街化を抑制している。

　都市計画の決定がなされると、家の建築やプラント等の建設をするため、土地の区画形質の変更をすることになる。これを開発行為といい、原則として都道府県知事の許可が必要である。これを、開発許可制度という。市街化区域では1,000㎡以上、市街化調整区域では規模に関わらず、都道府県知事の許可が必要となる。


## 「田園住居地域」が創設され、用途地域が13種類に細分化！

　2018年4月から、都市計画法で定める住居系の用途地域に「田園住居地域」が新設された。これにより、住居系8種類、商業系2種類、工業系3種類を合わせて13種類の用途地域に細分化された。

　用途地域は、1919年に都市計画法にて創設され、当初の用途地域は、住居地域・商業地域・工業地域の3種類だけであった。その後、1950年に準工業地域が、1970年には第一種住居専用地域、第二種住居専用地域、近隣商業地域、工業専用地域が設けられ8種類となる。

　バブル時代の地価高騰の過程で、オフィスビルの住宅地への無秩序な進出による居住環境の悪化等が起こり、これに対応するため1992年に住居系のさらなる細分化の改正を行った。

　それから26年ぶりに田園住居地域が新設され現在の13種類の用途地域となった。田園住居地域は、農業の利便の増進を図り、これと調和した低層住宅に係る良好な住宅の環境を保護するための地域である。行政の宅地化から緑地化への方針変更ともいえる。

# 3. 建築基準法と用途制限

ベッドの数が20床以上あれば病院といいます！

|  | 用途地域 | 建蔽率(%) | 容積率(%) | 診療所 | 住宅 | 病院 | カラオケ麻雀パチンコ |
|---|---|---|---|---|---|---|---|
| 住居系 | 第一種低層住居専用地域 |  |  | ○ | ○ | × | × |
|  | 第二種低層住居専用地域 |  | 50~200 | ○ | ○ | × | × |
|  | 田園住居地域 | 30~60 |  | ○ | ○ | × | × |
|  | 第一種中高層住居専用地域 |  |  | ○ | ○ | ○ | × |
|  | 第二種中高層住居専用地域 |  |  | ○ | ○ | ○ | × |
|  | 第一種住居地域 |  | 100~500 | ○ | ○ | ○ | × |
|  | 第二種住居地域 | 50~80 |  | ○ | ○ | ○ | ○ |
|  | 準住居地域 |  |  | ○ | ○ | ○ | ○ |
| 商業系 | 近隣商業地域 | 60,80 |  | ○ | ○ | ○ | ○ |
|  | 商業地域 | 80 | 200~1300 | ○ | ○ | ○ | ○ |
| 工業系 | 準工業地域 | 50~80 | 100~500 | ○ | ○ | ○ | ○ |
|  | 工業地域 | 50,60 | 100~400 | ○ | ○ | × | ○ |
|  | 工業専用地域 | 30~60 |  | ○ | × | × | ○ |

閑静な住宅街

便利な商店街

敷地に対する、
建蔽率：建築面積の割合
容積率：延べ床面積の割合

工業専用地域以外なら、住宅OK！

利便性や子育てなど、家族の暮らし方を考えて、自宅だけでなく周囲の用途地域もチェックすることがポイントです！

## 「便利な商店街」と「閑静な住宅街」ではどちらの街が魅力的？

　建築基準法は、建物に関して最低限の基準を定め、私たちが、安全
にそして衛生的に暮らすことができるよう、様々な制限をしている。
そのうちの一つに、用途制限がある。用途地域のイメージを簡単に説
明しておこう。第一種・第二種低層住居専用地域は、広い庭の低層の
高級住宅街であり、第一種・第二種中高層住居専用地域は、マンショ
ンや病院などが立ち並んでいる。第一種住居地域になるとそれなりの
規模の店舗や事務所、ホテルなどが立ち並び、第二種住居地域になる
と、パチンコ店やカラオケボックスなど賑やかさが増してくる。そし
て、商業地域は駅前の商店街等で、デパートや映画館などもある。準
工業地域は、小さな印刷所や自動車修理の店舗などを見かける。大雑
把ではあるが、これが用途地域のイメージである。

## カラオケ店が建つ可能性があるかないか、それが問題だ！

　各用途地域で建築可能な建築物についてみていこう。どこに住んで
いても、人はケガもすれば病気にもなる。診療所はどの用途地域にも
建築できる。住宅は工業専用地域には建てられず、病院は工業地域・
工業専用地域には建築できない。病院はさらに第一種・第二種低層住
居専用地域も建築できない。20床以上の入院施設を持つところを病
院（診療所は19床以下）というが、低層では対応しにくい一面がある。
もう一つ、カラオケ店は、高級住宅街から第一種住居地域までは建築
不可であるが、第二種住居地域からは建てることができる。カラオケ
店が建てられるということは、パチンコ店や麻雀屋などが立ち並ぶ可
能性を意味する。自分が購入する土地だけでなく周辺の用途地域も調
査することが大切なのである。

# 4. 接道義務とセットバック

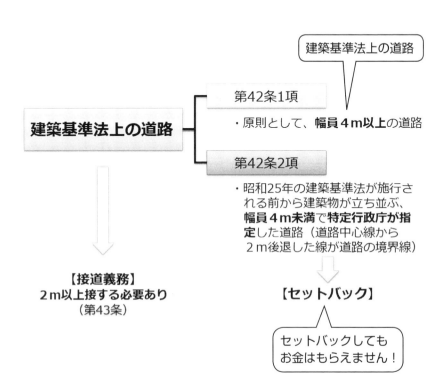

建築基準法上の道路

**建築基準法上の道路**

第42条1項

・原則として、**幅員4m以上**の道路

第42条2項

・昭和25年の建築基準法が施行される前から建築物が立ち並ぶ、**幅員4m未満**で**特定行政庁が指定**した道路（道路中心線から2m後退した線が道路の境界線）

**【接道義務】**
**2m以上接する必要あり**
（第43条）

**【セットバック】**

セットバックしても
お金はもらえません！

建築物の敷地が道路に通じていないと、災害があった場合に避難できません。
そのために「接道義務」があるのです！

## 道路に接していない土地に建物は建てられない！

当たり前だが、通常の場合、道路に接していない土地に建物は建てられない。これでは外出できず、災害時に避難もできない。原則として、4m以上の道路に2m以上接している必要がある。これを、接道義務という。建築基準法上の道路とは、第42条1項に規定されている「幅員4m以上の道路」のことである。この道路は、建築基準法が施行（昭和25年）される前からあった既存道路、これから造られる計画道路、特定行政庁が指定した位置指定道路など、私たちがイメージできる4m以上の道路はほぼ含まれている。

## 幅員4mに満たない42条2項道路は、セットバックが必要！

住宅密集地など幅員が4mに満たない道路は、日本各地に存在する。昭和25年に建築基準法が施行される前から建てられていた場合、家を取り壊さない限り、4m以上の道路にするのは難しい。そのなかで、特定行政庁が指定した4m未満の道路のことを42条2項道路という。

42条2項道路の場合、たとえ家が立っていようと、道路の中心線から水平距離2mの線が道路との境界線とみなされ、建替えの際などに、セットバックすることになる。幅員3mの道路なら、両端0.5mずつ下がるということである。片側が、川や崖、線路などの場合は、セットバックするのが困難となるため、反対側から4mの線が道路の境界線とみなされる。

セットバックした場合、その範囲内には権利区物や壁などを造ることはできない。しかし、その部分の土地を国が買い取ってくれる訳ではない。一言でいうなら「寄附」をするようなものである。つまり、無償提供なのだ。

# 5. 建蔽率と容積率

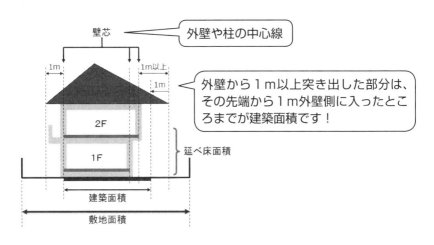

壁芯 → 外壁や柱の中心線

外壁から1m以上突き出した部分は、その先端から1m外壁側に入ったところまでが建築面積です！

1m　1m以上
1m
2F
1F
延べ床面積
建築面積
敷地面積

〈建蔽率のイメージ〉

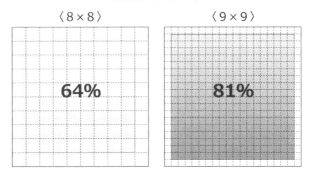

〈8×8〉　　　　〈9×9〉

64%　　　　81%

下の右図を見ると、建蔽率80％というのは、ほとんど庭が無いように見えませんか？

## 建蔽率の計算をする前に知っておきたい建築面積

　建蔽率（2018年4月から漢字表記）とは、敷地面積に対する建築面積の割合をいう。例えば、100㎡の敷地に、建築面積60㎡の家を建てたときの割合である60%が建蔽率である。

　建蔽率の建築面積は、建築物と敷地の設置面積ではなく、建築物を真上から見下ろしたときの水平投影面積（壁や柱の中心線で囲まれた部分）で建蔽率を計算する。ただし、左図のようにバルコニーなどは1mを超えなければ、建築面積に算入されない。外壁から1m以上突き出した部分は、その先端から1m外壁側に入ったところまでが建築面積となる。また、同じ敷地内に、建物が2棟以上あるときは、その建築面積の合計によって計算する。

## 容積率は、延べ床面積がポイント

　容積率は、建築物の延べ床面積の敷地面積に対する割合をいう。例えば、100㎡の敷地に、各フロア80㎡の2階建ての家であれば、延床面積は160㎡で、容積率は160%となる。つまり、行政から指定された容積率が低い場合には、高い建物は建てられなくなる。建蔽率は水平方向、容積率は垂直方向の制限といえる。

## 建蔽率60%はそんなに広い庭はない!?

　左図下の図を見てほしい。左側の正方形は、10×10マスに区切ったもので、8×8のマスを建築面積に見立てたものである。敷地の真ん中に位置させているので、このように見ると、建蔽率64%というのはそんなに大きな庭があるとは思えないイメージとなる。敷地面積にも夜が、右側の約80%建蔽率では、歩く隙間もないように見える。

# 6. 建蔽率の緩和

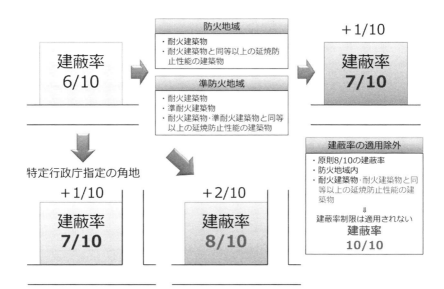

| 防火地域 |
|---|
| ・耐火建築物<br>・耐火建築物と同等以上の延焼防止性能の建築物 |

| 準防火地域 |
|---|
| ・耐火建築物<br>・準耐火建築物<br>・耐火建築物・準耐火建築物と同等以上の延焼防止性能の建築物 |

建蔽率
6/10

＋1/10
建蔽率
7/10

特定行政庁指定の角地
＋1/10
建蔽率
7/10

＋2/10
建蔽率
8/10

| 建蔽率の適用除外 |
|---|
| ・原則8/10の建蔽率<br>・防火地域内<br>・耐火建築物・耐火建築物と同等以上の延焼防止性能の建築物<br><br>建蔽率制限は適用されない<br>建蔽率<br>10/10 |

建蔽率をさらに緩和することで、燃えにくい住宅の促進を目指しています！

## 火災被害抑制のため建蔽率の緩和要件がさらに緩和

　2019年6月25日に施行された建築基準法の一部改正により、準防火地域の耐火・準耐火建築物の建蔽率が10％緩和された。

　建蔽率は、都市計画において指定される。その上限の数値を指定建蔽率といい、状況により緩和される場合がある。

　特定行政庁が指定する角地、または、防火・準防火地域と指定された区域で耐火建築物・準耐火建築物等を建築した場合で、それぞれ建蔽率は＋10％緩和される。どちらの条件も満たすことができれば合わせて＋20％の緩和となる。

　左図を見ると、改正後は準耐火地域内の耐火建築物や準耐火建築物など（それら同等以上の延焼防止性能の建築物）でも緩和の対象となった。この改正が施行された主な理由は、住宅密集地において耐火・準耐火建築物への建て替えを促進し、延焼防止性能を高め、火災による被害を抑制することである。特定行政庁指定の角地である場合も建蔽率が10％緩和される。上記の防火・準防火地域の要件も満たした場合は、合わせて20％が緩和される。


## 建蔽率の適用除外の対象となるのは防火地域内の耐火建築物

　商業地域など、建蔽率が80％とされている地域内で、かつ、防火地域内に耐火建築物および耐火建築物と同等以上の延焼防止性能の建築物を建築する場合は、建蔽率の制限がなくなる。建蔽率100％のことを、建蔽率の適用除外という。商業地域の建蔽率は80％であるため、駅前の商店街などは店と店の間隔がほとんどない。これは建蔽率の適用除外が適用されているからである。なお、準防火地域や準耐建築物等では、適用除外の対象とならない点に注意が必要である。

# 7. 2つの用途地域に またがる敷地

**第2種住居地域**（300㎡）
　指定建蔽率　：80%
　指定容積率　：200%
　防火規制　　：準防火地域

**第1種住居地域**（200㎡）
　指定建蔽率　：60%
　指定容積率　：100%
　防火規制　　：防火地域

過半に属する方

**＜過半主義＞**
　用途地域：全体が**第2種住居地域**

**＜加重平均＞**
　建 蔽 率 ： 72%（建築面積　360㎡）
　容 積 率 ： 160%（延べ床面積800㎡）

面積で按分

条件の厳しい方

**＜厳しい地域＞**
　防火規制：全体が**防火地域**

---

第2種住居地域
300㎡

指定容積率：200%

200%と160%の
小さい方が限度

300㎡×160%
　　＝480㎡

前面道路の幅員
が12m未満の時
は要注意！

4 m　　　$4m × \dfrac{4}{10} = 160\%$

**＜法定乗数＞**
住居系：$\dfrac{4}{10}$ , 住居系以外：$\dfrac{6}{10}$

前面道路の幅員が12m未満の場合、
指定容積率と前面道路の幅員に法
定乗数を掛けた値を比較し、小さい
方が限度となります！

## 複数の地域にまたがる場合の考え方

　1つの敷地が複数の地域にまたがる場合、用途制限、防火規制、および、建蔽率・容積率の計算においてそれぞれ注意が必要となる。

　敷地が2つ以上の用途地域にまたがる場合は、面積の大きい方（過半に属する方）の用途地域の制限が適用される。

　建築物が防火地域、準防火地域、防火・準防火地域に指定されていない区域にわたる場合は、その建築物全部において、最も厳しい地域の規定が適用される。

　建築物の敷地が建蔽率・容積率の制限を受ける地域、または区域の2以上にわたる場合、各地域内の建蔽率・容積率を限度に、その敷地の当該地域にある各部分の面積の敷地面積に対する割合を乗じて得たものの合計以下でなければならない。つまり、加重平均を行う。

## 前面道路の幅員が12ｍ未満の場合は要注意！

　容積率を考える上で、注意をしなければならないのが、敷地の接する前面道路の幅員が12ｍ未満の場合についてである。図表下段のように、道路の幅員に対して、用途地域が住居系の場合には4／10を、住居系以外（商業系や工業系）の場合には6／10を、道路の幅員に掛け合わせる。その値と、都市計画で決められた指定容積率のうち、小さい方（厳しい方）の値が容積率になる。このときの、4／10や6／10を、法定乗数という。

　敷地に対して道路が2つ以上ある場合は、幅の広い道路において判断する。マンションなどの場合には、共用のエレベーター、廊下や階段、エントランスホールなどの床面積は、一定の場合を除き、容積率の計算上、延べ床面積に参入しない。

# 8. 不動産登記法

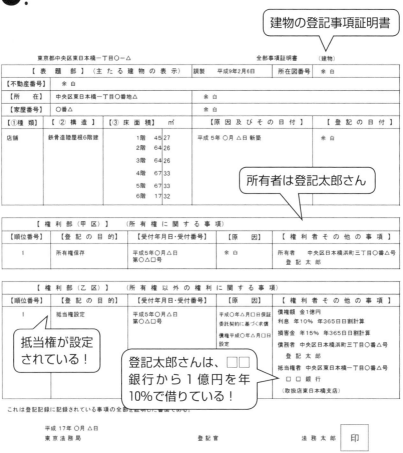

建物の登記事項証明書

| 東京都中央区東日本橋一丁目〇－△ | | | 全部事項証明書　　（建物） | |
|---|---|---|---|---|
| 【　表　題　部　】　(主 た る 建 物 の 表 示) | | 調製　平成9年2月6日 | 所在図番号 | 余 白 |
| 【不動産番号】 | 余 白 | | | |
| 【所　　在】 | 中央区東日本橋一丁目〇番地△ | 余 白 | | |
| 【家屋番号】 | 〇番△ | 余 白 | | |
| 【①種　類】 | 【 ② 構 造 】 | 【③ 床 面 積 】　㎡ | 【 原 因 及 び そ の 日 付 】 | 【 登 記 の 日 付 】 |
| 店舗 | 鉄骨造陸屋根6階建 | 1階　45 27<br>2階　64 26<br>3階　64 26<br>4階　67 33<br>5階　67 33<br>6階　17 32 | 平成 5 年 〇月 △日 新築 | 余 白 |

所有者は登記太郎さん

| 【 権 利 部 (甲 区) 】 | (所 有 権 に 関 す る 事 項) | | | |
|---|---|---|---|---|
| 【順位番号】 | 【 登 記 の 目 的 】 | 【 受付年月日・受付番号 】 | 【 原　　因 】 | 【 権 利 者 そ の 他 の 事 項 】 |
| 1 | 所有権保存 | 平成5年〇月△日<br>第〇〇口号 | 余 白 | 所有者　　中央区日本橋浜町三丁目〇番△号<br>登 記 太 郎 |

| 【 権 利 部 (乙 区) 】 | (所 有 権 以 外 の 権 利 に 関 す る 事 項) | | | |
|---|---|---|---|---|
| 【順位番号】 | 【 登 記 の 目 的 】 | 【 受付年月日・受付番号 】 | 【 原　　因 】 | 【 権 利 者 そ の 他 の 事 項 】 |
| 1 | 抵当権設定 | 平成5年〇月△日<br>第〇△号 | 平成〇年△月口日保証<br>委託契約に基づく求償<br>債権平成〇年△月口日<br>設定 | 債権額　金1億円<br>利息　年10%　年365日日割計算<br>損害金　年15%　年365日日割計算<br>債務者　中央区日本橋浜町三丁目〇番△号<br>登 記 太 郎<br>抵当権者　中央区東日本橋一丁目〇番△号<br>〇 〇 銀 行<br>(取扱店東日本橋支店) |

抵当権が設定
されている！

登記太郎さんは、□□
銀行から1億円を年
10%で借りている！

これは登記記録に記録されている事項の全部を証明した書面である。

平成 17年 〇月 △日<br>東京法務局　　　　　　　　　　　　　　　　登記官　　　　　　　　法 務 太 郎　　[印]

登記事項証明書は、誰でも交付の請求をすることができます！

252

## 知っておきたい登記事項証明書のフォーマット！

　外見からは、土地や建物の所有者や、抵当権がついているのかどうかなどは分からない。これを明確にするために不動産の登記がある。

　登記記録は1筆の土地または1個の建物ごとに作成され、図表のように、表題部および権利部に区分される。表題部は、表示に関する登記で、土地であれば、所在、地番、地目、地積などが、建物であれば、所在、家屋番号、床面積など、不動産の物理的現況等が表示されている。権利部は、所有権に関する甲区と、所有権以外の権利に関する乙区に区分されている。乙区には、抵当権や賃借権などが記録されている。登記記録に記録されている事項の全部または一部を証明した書面を登記事項証明書といい、誰でも交付の請求をすることができる。

## 登記の効力と仮登記

　登記をすることで、第三者に対抗できる。例えば、Aさんが自ら所有する土地をBさんとCさんに二重譲渡したとする。売買契約はBさんの方が早かったが、登記をしたのはCさんの方が早かったとしよう。この場合、先に登記をしたCさんが土地の所有権を主張できる。これを「登記には対抗力がある」という。一方、登記には、公信力は認められていない。登記記録を信用して、土地を購入したが、売買相手が土地の真の所有者でなかった場合、必ずしも法的な保護を受けられるとは限らない。これを「登記には公信力はない」という。

　仮登記というのもある。仮登記に対抗力はないが、順位を保全する効力がある。登記申請に必要な書類がそろっていない場合などは、登記ができない。そこで仮登記を行い、後日、本登記をすることで、仮登記をした日に遡って、本登記をしたと同じような効果が発生する。

# 9. 壁芯面積と内法面積

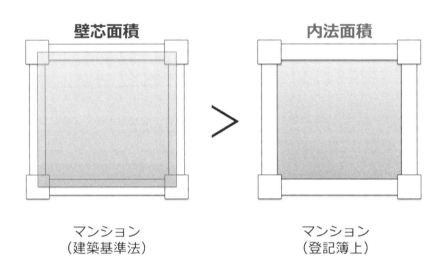

**壁芯面積**

マンション
（建築基準法）

戸建住宅
（建築基準法・登記簿上）

**内法面積**

マンション
（登記簿上）

タワーマンションなど上層階より
下層階の方が、面積が大きい方より
小さい方が壁芯面積と内法面積の
差は大きくなります！

## マンションの床面積は、建築基準法上は壁芯面積

　マンションでは、専有部分、共有部分、敷地利用権がある。そのうち、専有部分の面積をどのように考えるのだろうか。

　建築基準法（第2条の3）では、床面積は「建築物の各階又はその一部で壁その他の区画の中心線で囲まれた部分の水平投影面積による。」とされている。つまり、壁の中心を境界線として計算するのだ。

　そもそも、建物が完成した時、建築確認が必要となる。建築確認とは、その構造や周囲の環境との関係、安全性など、建築基準法等に違反がないかを確認する作業のことで、そのときに壁芯面積が適用される。そのため、マンションのパンフレットや図面等にも使用されている。

## マンションの床面積は、不動産登記簿上は内法面積

　マンションの専有面積において注意しなければならないので、登記簿に記載される床面積である。建築基準法での床面積は壁芯面積が使用されるが、登記簿上では、内法面積が使用される。内法面積は、壁の内側を境界線として計算する。

　住宅借入金等特別控除、登録免許税などは登記簿上の内法面積とされているため、広告やパンフレットなどの壁芯面積のみを注視してしまうと、それより面積の小さい登記簿上の内法面積で、要件を満たせない場合がある点に注意が必要である。

## 戸建住宅の床面積は、どちらも壁芯面積となる

　戸建住宅の床面積は、建築基準法でも不動産登記簿上のどちらも壁芯面積が用いられる。戸建住宅には、専有面積という考え方がないのがその理由である。

# 10. 宅地建物取引業法と 媒介契約

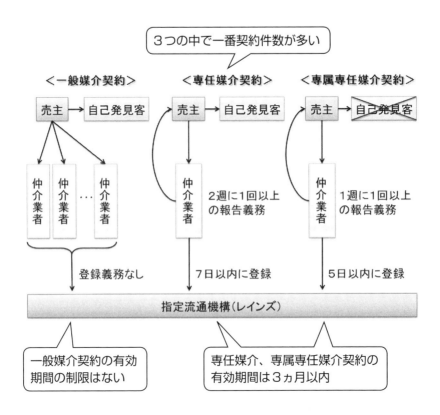

3つの中で一番契約件数が多い

＜一般媒介契約＞　　　　＜専任媒介契約＞　　　　＜専属専任媒介契約＞

売主 → 自己発見客　　売主 → 自己発見客　　売主 →̶ ̶自̶己̶発̶見̶客̶

仲介業者　仲介業者　…　仲介業者

仲介業者　2週に1回以上の報告義務

仲介業者　1週に1回以上の報告義務

登録義務なし　　　　　　7日以内に登録　　　　　5日以内に登録

指定流通機構（レインズ）

一般媒介契約の有効期間の制限はない

専任媒介、専属専任媒介契約の有効期間は3ヵ月以内

レインズのサイトをみると、不動産マーケットの情報や首都圏の流通市場の動向などのデータがたくさん掲載されています！
http://www.reins.or.jp/

## 不動産の取引に欠かせない宅地建物取引業者

　土地を売りたい人、買いたい人は、全員が不動産取引のプロという
わけではない。そんな時には、不動産取引のプロに媒介してもらえる
とトラブルが少なくなる。宅地建物取引業法は、宅地建物取引業者の
業務について様々な規制を定めている。

　例えば、転勤などの理由で、マンションを売却することを考えてみ
る。自分で契約相手を見つける自己発見取引はなかなか難しいので、
いわゆる仲介業者にお願いすることになる。これを、媒介契約という。

　媒介契約には、一般媒介契約、専任媒介契約、専属専任媒介契約の
３つがある。図表のように、一般媒介契約は、複数の業者に重ねて依
頼できるが、業者に業務処理状況の報告義務はない。一方、専任媒介
契約は、依頼できる業者は１社のみになるが、最低２週に１回は業務
処理状況を報告してくれる。専属専任媒介契約になると、自己発見取
引は不可となるが、１週に１回は業務処理状況の報告がある。

## 不動産業界のデータベース「レインズ」

　指定流通機構（不動産流通機構）のレインズという不動産情報を取
り扱うシステムがある。東日本不動産流通機構『2021年度 レインズ
システム利用実績報告』をみると、年度末に登録されていた物件数は、
売物件74.4万件、賃貸物件234.4万件、売物件の媒介契約の年間件数は、
全体で44.1万件ある。そのうち、一般媒介契約12.8万件、専任媒介契
約24.3万件、専属専任媒介契約7.0万件と、専任媒介契約が一番多い。
一見、複数の業者に重ねて依頼できる一般媒介契約がよさそうに見え
るが、宅建業者にとって、他の業者で売買契約されると収入を得られ
ず、広告等も消極的になる等のデメリットもある。

# 11. 民法上の売買契約

| 手付 | 危険負担 | 契約不適合責任 |

契約締結 　　　　　特定物の滅失・損傷 　　　　　引渡し

**解約手付**
（代金額の2割まで）
宅建業者が売主契約の場合

・買主が解除
　→手付金の放棄

・売主が解除
　→手付金の倍返し

**売主負担**
（民法上）

・売主、買主の責任
　によらない
・買主は売主からの
　代金請求を拒絶する
　ことができる

**売主責任**
（免責特約は有効）

・種類、品質、数量に関
　して契約内容に不適合
・買主が不適合を知っ
　た時から1年以内に売
　主に通知

相手が契約の
履行に着手する前

特約により、当事者間で
民法と異なる取り決めを
することができる

追完請求、代金減額請求、
損害賠償請求、契約解除
ができる

手付の種類は
解約手付
違約手付
証約手付
の3種類

民法の現代化

民法の透明化

2020年4月1日、120年ぶりに債権
法が改正されました。その骨子は、
民法の現代化と透明化です。

## 重要な売買契約と手付金

　契約時に手付金を支払うが、その契約を解除する場合、買主であれば手付金の放棄、売主であれば手付金の倍の提供が必要となる。ただし、相手が契約の履行に着手する前でなければ解除できない。売買契約後、住宅ローンの審査が通らず契約を解除する場合は、手付金の放棄が必要になる。しかし、ローン特約条項によって契約を解除した場合は、手付金は買主に返還される。

## 物件の引渡し前に、震災等で建物が倒壊してしまったら!?

　売買契約後、引き渡される前に震災等で購入物件が倒壊してしまった場合、民法上では買主負担となっている。ただし、売買契約書に特約を付けることで、売主責任とすることも可能である。これを危険負担という。民法改正により、2020年4月1日以降は、「引き渡しにより危険が移転される」ものとされ、引き渡し前に物件が毀損した場合は、買主は代金を支払わなくてもよくなった。

## 欠陥住宅の場合の対処法は？

　欠陥のことを瑕疵といい、その責任は、民法上は売主責任で、買主が瑕疵を知ってから1年以内であれば損害賠償請求することができる。しかし、引き渡しから2年以上とする特約を契約書に付けることが可能となっている。2020年4月1日以降は、民法改正により現行民法の瑕疵担保責任は廃止され、「契約不適合責任」が新たに規定された。対象が隠れた瑕疵ではなく、「契約の内容に適合しないもの」とされ、買主は、損害賠償請求と解除の2つの選択肢だけでなく、追完請求や代金減額請求が可能となった。

# 12. 区分所有法

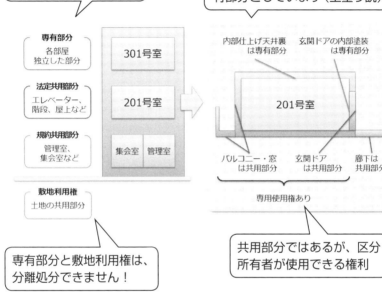

専有部分と共用部分は、分離処分できません！

躯体コンクリートの表面までは共用部分で、それから内側が専有部分としています（上塗り説）

専有部分
各部屋
独立した部分

法定共用部分
エレベーター、
階段、屋上など

規約共用部分
管理室、
集会室など

301号室

201号室

集会室 管理室

敷地利用権
土地の共用部分

専有部分と敷地利用権は、分離処分できません！

内部仕上げ天井裏
は専有部分

玄関ドアの内部塗装
は専有部分

201号室

バルコニー・窓
は共用部分

玄関ドア
は共用部分

廊下は
共用部分

専用使用権あり

共用部分ではあるが、区分所有者が使用できる権利

| 議決要件 | 決議内容 |
|---|---|
| 5分の4 | 建替え（62条） |
| 4分の3 | 規約の設定・変更・廃止、大規模滅失の復旧、共用部分の変更 など |
| 過半数 | 管理者の選任・解任、小規模滅失の復旧、共用部分の管理 など |
| 5分の1 | 集会の招集請求、管理者がいないときの招集 |
| 単 独 | 共用部分の保存行為、小規模滅失の復旧（決議があるまで） |

建替え決議には、区分所有者および議決権の各5分の4以上の賛成が必要です。5分の4というのはかなり高いハードルといえます！

## 購入したマンションはどこまで自分のものなのか？

　分譲タイプのビルやマンション専用の特別法が、区分所有法である。民法では、1つの建物には1つの所有権しか存在しないが、マンションのような区分所有建物は例外といえる。

　区分所有建物は、専有部分と共用部分で構成されていて、専有部分は、購入した自分の部屋に相当する部分である。一方、共用部分は、エントランス、階段やエレベーターなどの法定共用部分、規約によって共用部分とされた集会室や管理室などを、規約共用部分という。

## 共用部分と敷地利用権は、専有部分と分離処分できない！

　バルコニーなどは、避難経路や避難ハッチの利用に使われる共用部分であるため、荷物などを置くことは禁止されている。ただし、洗濯物を干すなど、居住者のみが自由に使うことのできる屋外空間とされており、専用使用部分と呼ぶ。共用部分の持ち分は、専有部分の床面積の割合によるが、原則、専有部分と切り離して処分することはできない。土地を利用する権利である敷地利用権も同様である。

## 建替え決議は、5分の4以上の賛成が必要！

　マンションは、複数の区分所有者で構成されているため、何か決めごとをするときは、集会の決議によって行う必要がある。集会の議事は、原則、区分所有者および議決権の過半数で決定するが、規約の設定・変更・廃止などは4分の3以上の賛成が、建替え決議の場合には、5分の4以上の賛成が必要となる。なお、議決権とは専有部分の床面積の割合をいい、区分所有者の数のどちらも上記の要件を満たさないと決議されない。

261

# 13. 借地借家法

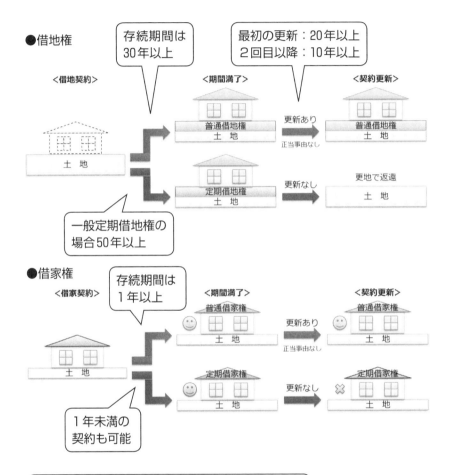

●借地権

存続期間は
30年以上

最初の更新：20年以上
2回目以降：10年以上

<借地契約>

土　地

<期間満了>

普通借地権
土　地

定期借地権
土　地

更新あり
正当事由なし

更新なし

<契約更新>

普通借地権
土　地

更地で返還
土　地

一般定期借地権の
場合50以上

●借家権

存続期間は
1年以上

<借家契約>

土　地

<期間満了>

普通借家権
土　地

定期借家権
土　地

更新あり
正当事由なし

更新なし

<契約更新>

普通借家権
土　地

定期借家権
土　地

1年未満の
契約も可能

賃貸を利用するのも選択肢の一つ
です。しかし、トラブルもそれなり
に起こるため、ある程度の知識は
持っておきたいものです！

## 民法の賃貸借契約は、最長50年！

　賃借関係は、「民法の賃貸借」、民法の特別法である「借地借家法」、「旧法（借地法・建物保護法、借家法）」の３つがある。民法の賃貸借契約の最長期間は50年で、更新できる期間も50年である。

## 普通借地権と更新のない定期借地権

　借地借家法の借地権とは、建物の所有を目的とする地上権と賃借権を総称するものである。普通借地権を設定する場合の存続期間は30年以上とされ、最初の更新は20年以上、２回目以降は10年以上となっている。土地を借りて、自分で家を建てることを考えると、借地権は、少しでも長い方がよいと考えるだろう。更新前提の普通借地権は安心できる。借地上に建物が残っていれば、更新の請求をすることで、地主が正当事由を持って更新拒絶をしない限りは更新される。地主の立場で考えると、一度貸してしまうと更新が続き、いつまで経っても返還されないこともある。そのような場合には、定期借地権がある。定期借地権に更新はなく、原則更地での返還となる。

## 期間が１年未満の契約が可能になった定期借家権

　借地借家法の借家権とは、建物の賃借権のことである。普通借家権の場合、賃貸人が更新拒絶をするには、正当事由が必要となり、更新されてしまう場合が多い。存続期間は１年以上で、１年未満の契約期間を定めた場合は定めのない契約になる。

　更新のない定期借家権もある。１年未満の期間の契約も可能で、最長期間の制限もない。ただし、１年以上の契約の場合、貸主は期間満了の１年前から６ヵ月前までに、貸主に契約終了の通知が必要となる。

# 14. 不動産の価格

| | 公示価格 | 基準地標準価格 | 相続税評価額<br>（路線価） | 固定資産税評価額 |
|---|---|---|---|---|
| 目的 | 売買の目安 | 公示価格の補完 | 相続税、贈与税<br>の算出 | 固定資産税、都市計<br>画税、不動産取得税<br>等の算出 |
| 決定機関 | 国土交通省<br>（土地鑑定委員会） | 都道府県 | 国税局 | 市町村 |
| 評価時点 | 毎年1月1日 | 毎年7月1日 | 毎年1月1日 | 基準年度の前年の<br>1月1日<br>※3年に一度評価替え |
| 公示日 | 3月下旬 | 9月下旬（中旬） | 7月下旬 | 3月1日<br>（基準年度は4月1日） |
| 閲覧場所 | 市町村役場 | 市町村役場 | 税務署 | 市町村役場 |
| 価格水準 | 100% | 100% | 公示価格の80% | 公示価格の70% |

土地価格の基準！

価格水準は公示
価格と同じ

相続税を計算する
ための価額

市町村の税収になる

同じ土地であっても、その価格は複
数存在します。それぞれ利用用途が
異なります！

264

## 土地価格の基準は公示価格と基準値標準価格

　土地の取引や資産評価をする場合、参考になるのが公示価格である。特殊な事情などを取り除いた、1㎡当たりの更地としての価格が公示される。毎年1月1日時点における標準地の正常な価格で、全国では、26,000地点で実施している。26,000という数字を他で考えると、戦後の高度経済成長期の小学校の数と同じくらいである。現在は19,000校余りと減少しているが、小学生が歩いて通学できる距離と考えると、イメージがしやすいだろうか。価格水準は同じで、公示価格と評価時点が半年ずれているため、地価の変動を知ることもできる。国土交通省『土地総合情報システム』のサイト（http://www.land.mlit.go.jp/webland/）の、地価公示・都道府県地価調査から標準地や基準値の価格を調べることができる。

## 税の算出が目的の、相続税評価額と固定資産税評価額

　相続税評価額（路線価）は、相続税や贈与税を算出する際の財産評価を行う場合に適用される。国税庁『路線価図・評価倍率表』のサイト（http://www.rosenka.nta.go.jp/）から、路線価図をみることでその価格を知ることができる。価格水準は公示価格の80％程度相当である。

　固定資産税評価額は、総務省による固定資産評価基準によって評価される。価格水準は公示価格の70％を目安に計算される。不動産取得税や固定資産税など、不動産に関する税等の算出に使われ、3年に1度評価替えが行われる。

　公示価格を基準に、それを補完する基準値標準価格があり、各種税額を算出する際には、相続税評価額や固定資産税評価額を利用する。

# 15. 不動産に関する税金の全体像

| 取　得 | ➡ | 保　有 | ➡ | 譲　渡 |
|---|---|---|---|---|

・不動産取得税
・登録免許税
・消費税
・印紙税

・固定資産税
・都市計画税

・所得税（譲渡所得）
・居住用財産に係る譲渡の特例

不動産取得税は都道府県に、登録免許税は国に支払います！

固定資産税、都市計画税は市町村に支払います！

〈居住用財産に係る譲渡の特例〉

| 譲渡益 | ①居住用財産の3,000万円の特別控除 |
| | ②居住用財産の軽減税率の特例 |
| | ③特定の居住用財産の買換えの特例 |
| 譲渡損失 | ④居住用財産の買換え等の場合の<br>　　　　譲渡損失・損益通算および繰越控除<br>⑤特定居住用財産の<br>　　　　譲渡損失・損益通算および繰越控除 |

不動産は、取得・保有・譲渡とすべてにおいて、様々な税が課せられています！

266

## 不動産を「取得」すると、様々な税がかかる！

　取得時にかかる税に、不動産取得税と登録免許税がある。不動産取得税は都道府県の税で、登録免許税は登記を受ける場合に課税される国税である。消費税は土地には課税されず、印紙税は、契約書などを作成したときに、印紙を貼り付けて消印をすることにより納付する。消印を怠ると、納付すべき金額の２倍の過怠税がかかってしまう。

## 不動産は「保有」しているだけで税がかかる！

　保有時にかかるのが、市町村に支払う固定資産税と都市計画税である。固定資産税は、毎年１月１日時点で固定資産課税台帳に所有者として登録されている者に納税義務がある。税率は1.4％を基準に各市町村が条例で定められる。これを標準税率という。都市計画税は、都市計画事業等の費用に充てるためのもので、税率は0.3％の範囲内であれば、条例で定められる。これを制限税率という。

## 不動産を「譲渡」すると、所得税がかかる！

　譲渡時には所得税がかかる。所得税において、土地・建物等の譲渡所得は分離課税であり、損失が出た場合でも損益通算の対象とはならない。所有期間によって短期と長期があり、譲渡年の１月１日時点で所有期間が５年超であれば長期となり、その税率は所得税で15％、住民税５％である。短期の税率は高く、所得税で30％、住民税９％。と長期の税率の倍近くになる。

　しかし、居住用財産を譲渡した場合には特例があり、譲渡益が出た場合が３つ、譲渡損失がでた場合が２つで、合わせて５つの特例がある。

# 16. 居住用財産を譲渡した場合の特例（譲渡益）

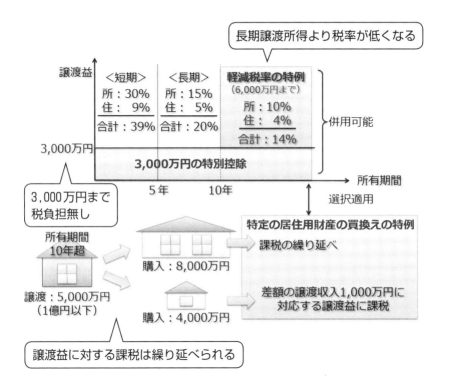

長期譲渡所得より税率が低くなる

| 譲渡益 | <短期> | <長期> | 軽減税率の特例<br>（6,000万円まで） | |
|---|---|---|---|---|
| | 所：30%<br>住：9% | 所：15%<br>住：5% | 所：10%<br>住：4% | 併用可能 |
| | 合計：39% | 合計：20% | 合計：14% | |

3,000万円

**3,000万円の特別控除**

→ 所有期間

5年　　10年

選択適用

3,000万円まで
税負担無し

所有期間
10年超

購入：8,000万円

特定の居住用財産の買換えの特例

課税の繰り延べ

譲渡：5,000万円
（1億円以下）

購入：4,000万円

差額の譲渡収入1,000万円に
対応する譲渡益に課税

譲渡益に対する課税は繰り延べられる

居住用財産を譲渡し譲渡益が出た
場合、3つの特例があります。

## 3,000万円の譲渡益までは課税なし！

　1つ目の特例は「居住用財産の3,000万円の特別控除」である。所有期間に関わらず、譲渡益が3,000万円以下であれば課税がない。それを超えて譲渡益がある場合は、所有期間5年以内の短期であれば短期の税率が、長期であれば長期の税率が課せられる。なお、配偶者等に譲渡した場合は、適用されないなどの要件もある。

## 10年超所有していれば、税率が低くなる！

　2つ目は、「軽減税率の特例」である。譲渡年の1月1日時点で所有期間が10年超で、その他一定の要件を満たせば、長期の税率より低い税率が適用される。例えば、所有期間が15年の場合は、まず「居住用財産の3,000万円の特別控除」を利用する。3,000万円を超えた譲渡益があれば、6,000万円まで所得税10％、住民税4％の「軽減税率の特例」が適用される。「居住用財産の3,000万円の特別控除」と「軽減税率の特例」は、どちらの要件も満たしていれば併用可能である。

## 「買い換え等の特例」は課税の繰り延べなど注意が必要！

　3つ目は、「買い換え等の特例」である。譲渡年の1月1日時点で所有期間が10年超の居住用財産を売却した金額に対して、それよりも買い換える物件が高額な場合は、譲渡価格と取得価格の差額について収入があったものとして、それに対応する譲渡益については課税、残りは繰り延べることができる。ただし、本特例を利用した場合、他の特例と併用することはできない。また、譲渡益が0円となる場合でも確定申告が必要である。課税の繰り延べ、とは課税を先送りするという意味である。

# 17. 居住用財産を譲渡した場合の特例（譲渡損）

家を売却したら損失が出てしまった

居住用財産の買換え等の場合の譲渡損失の損益通算および繰越控除

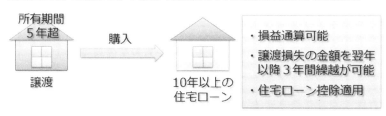

所有期間 5年超

譲渡

購入

10年以上の住宅ローン

・損益通算可能
・譲渡損失の金額を翌年以降3年間繰越が可能
・住宅ローン控除適用

特定居住用財産の譲渡損失の損益通算および繰越控除

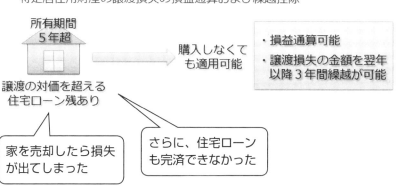

所有期間 5年超

譲渡の対価を超える住宅ローン残あり

購入しなくても適用可能

・損益通算可能
・譲渡損失の金額を翌年以降3年間繰越が可能

家を売却したら損失が出てしまった

さらに、住宅ローンも完済できなかった

居住用財産を譲渡し譲渡損失が出た場合、2つの特例があります。損益通算や損失の繰越控除が可能になります！

## 家を購入したのに転勤！　売却したら損失が出てしまった！

　「東京で家を購入した会社員がいたとする。購入後、6年が経った
とき、上司から呼ばれ、大阪転勤の辞令が出たと知らされる。おそら
く東京に戻っては来られないという。一大決心をし、大阪に骨を埋め
るつもりで、譲渡損失覚悟で東京の家を売却し、新天地である大阪で
再び家を購入した」というストーリーである。この時、東京の家の譲
渡損失は、損益通算や翌年3年以降の繰越控除が可能となるのが「居
住用財産の買い換え等の場合の譲渡損失の損益通算および繰越控除」
である。大阪で再び家を購入しているので、適用要件を満たせば、再
度、住宅借入金等特別控除を利用できる。

## 住宅ローンを支払えず、家を手放すことになってしまった！

　「住宅ローンの支払いが困難になり、家を手放すことになった。売
却金額でローンを返済したが、譲渡損失がでてしまい、なおかつロー
ンも完済できなかった」という悲しいストーリーである。そんなとき
に利用したいのが、「特定居住用財産の譲渡損失の損益通算および繰越
控除」である。

　譲渡年の1月1日時点で所有期間が5年超という要件は上記と同じ
だが、異なるのは、「売却後、再び家を購入していない」という点である。
売却した家の住宅ローンが売却金額を超えているなどの要件を満たし
た場合、一定のローン残高の金額から売却金額を控除した残額を限度
として、損益通算や繰越控除は可能になる。この特例では、新たに住
宅を購入していないため、住宅借入金等特別控除の利用はできない。

# 18. 不動産の投資分析（DCF法）

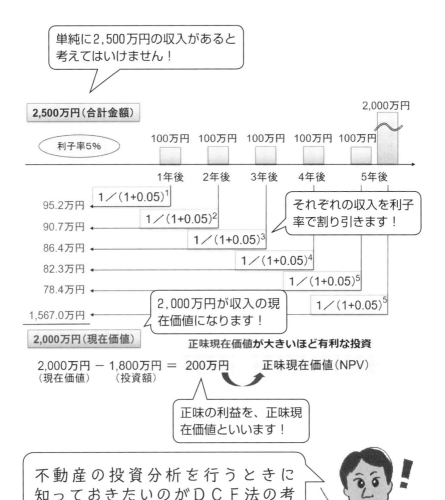

単純に2,500万円の収入があると考えてはいけません！

2,500万円（合計金額）

利子率5%

100万円　100万円　100万円　100万円　100万円

2,000万円

1年後　　2年後　　3年後　　4年後　　5年後

95.2万円 ← 1／(1+0.05)$^1$

90.7万円 ← 1／(1+0.05)$^2$

86.4万円 ← 1／(1+0.05)$^3$

それぞれの収入を利子率で割り引きます！

82.3万円 ← 1／(1+0.05)$^4$

78.4万円 ← 1／(1+0.05)$^5$

1,567.0万円 ← 1／(1+0.05)$^5$

2,000万円が収入の現在価値になります！

2,000万円（現在価値）

正味現在価値が大きいほど有利な投資

2,000万円 － 1,800万円 ＝ 200万円　　正味現在価値（NPV）
（現在価値）　（投資額）

正味の利益を、正味現在価値といいます！

不動産の投資分析を行うときに知っておきたいのがDCF法の考え方です！

## 不動産の投資価格評価の方法は？

　毎年の家賃収入が100万円のワンルームマンション投資を５年間行う場合、この物件はどのくらいの価値があるだろうか。なお、５年後のマンションの売却予定価格を2,000万円とし、市場の利子率を５％とする。

　普通に考えると、５年間の家賃収入の合計は、500万円、５年後のマンション売却予定価格が2,000万円となるので、2,500万円の価値があるように思えるが、それで問題ないのだろうか。

## 現在の100万円と１年後の100万円は同じ価値なのか？

　市場の利子率を５％としたとき、現在の100万円は、１年後には105万円の価値になる。見方を変えれば、１年後の100万円は、現在の95万円（万円未満四捨五入）の価値しかない。５年後の2,000万円は、現在の1,567万円に相当する。これを現在価値といい、図表のように５年分の合計は2,000万円になる。これに対し、将来のキャッシュフローを単純に足し合わせたものは2,500万円となる。この案件に投資をするなら、現在価値の2,000万円以下でないと不利な投資になってしまう。このようにして投資対象の価値の評価をする手法を、DCF（Discounted Cash Flow）法という。

## 正味現在価値がプラスかマイナスか、それが問題だ！

　仮に、投資額を1,800万円とした場合の利益は、2,000万円−1,800万円＝200万円となる。この200万円を正味現在価値といい、正味現在価値がプラスで、その金額が大きいほど有利な投資となる。

　不動産の投資は、金銭の時間的価値を考えることが大切なのである。

# 19. 不動産投資信託 (J-REIT)

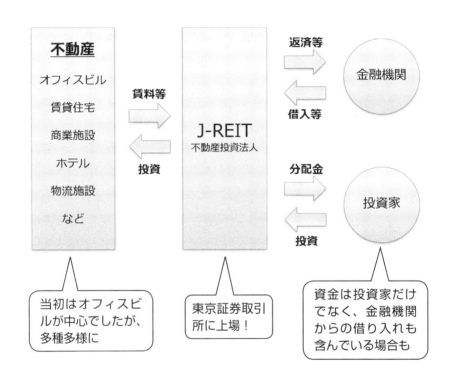

**不動産**

オフィスビル

賃貸住宅

商業施設

ホテル

物流施設

など

賃料等 →

← 投資

**J-REIT**
不動産投資法人

返済等 →

← 借入等

**金融機関**

分配金 →

← 投資

**投資家**

当初はオフィスビルが中心でしたが、多種多様に

東京証券取引所に上場！

資金は投資家だけでなく、金融機関からの借り入れも含んでいる場合も

実際の土地や建物の不動産は、額も大きく流動性も低くなりがちですが、J-REITは小口での投資が可能で、一定の流動性が確保できます！

## 2001年9月に日本で初めて不動産投資信託の市場が創設

不動産投資信託は、1960年代にアメリカで誕生し、1990年代に急速に拡大、日本では2001年9月に東京証券取引所にREIT市場が創設された。REIT市場は世界30か国以上に広まっており、REITの時価総額が圧倒的に大きいのがアメリカで、日本はアメリカに次ぐ世界2位の規模に成長している。

## 様々な不動産に対して、小口で投資できるJ-REIT

J-REITは、投資家から集めた資金を専門家が様々な不動産に投資し、その運用益を投資家に還元する金融商品である。J-REITは東京証券取引所に上場しているため、株式と同様に取引が可能である。J-REITは利益の90％以上の利益を分配するなどの条件を満たすことにより、法人税が実質的に免除されるため利益の多くを投資家に分配することが可能となっている。

投資対象としている不動産は、オフィスビルを中心に、賃貸住宅や商業施設、ホテルや物流施設など多岐にわたっている。ひとつの不動産に集中している特化型や、複数の不動産に分散して投資をしている複合型や総合型もある。

## J-REITの価格変動は金利動向に注目せよ！

J-REITは投資家から資金を集める他に、金融機関からの借入金によっても不動産を取得している。そのため、金利が上昇すると支払利息の負担が増加するため収益の減少要因となる。つまり、金利上昇により、分配金の利回りが減少した場合などはJ-REITを売却する動きが出てくるのがその理由である。

# ～不動産広告の見方～

　新聞の折り込みチラシや、街中のフリーペーパーなどで不動産の広告を目にする。身近な存在ではあるが、不動産の売買となると、途端に縁遠く感じられてしまう。

　最寄り駅からの徒歩による所要時間として、「○○線△△駅：徒歩10分」などといった記載があるが、正確に意味を理解しているだろうか。「徒歩10分」とは、道路距離80ｍにつき1分間を要するものとして算出した数値を表示している。直線距離ではない。また、1分未満の端数が生じたときは、1分として算出する。なお、信号待ちや踏切の待ち時間、坂道などについては考慮されていない。細かく考えると、「徒歩10分」とは、徒歩9分超10分以下、距離に直せば720ｍ超800ｍ以下となる。つまり、徒歩1分の場合、0ｍ超80ｍ以下となるため、徒歩0分という表記はあり得ない。

　次は面積についてである。マンションの広告の場合、「専有面積：50.00㎡」と記載されていても、実際に50.00㎡あるとは限らないのである。壁芯面積といって、壁や柱の中心線で囲まれた部分の面積を指しているからである。登記上の専有面積は内法面積といい、壁その他の区画の内側線で囲まれた部分の面積になる。大小を比較すると、壁芯面積の方が内法面積よりも広くなる。つまり、マンションの広告等は建築基準法を基準としているのがその理由である。この例の場合、壁芯面積が50.00㎡のため、内法面積はそれ未満ということになる。住宅借入金等特別控除などの適用要件に、床面積50㎡以上というのがある。この面積は登記上の内法面積を指すため、壁芯面積が50.00㎡では適用対象外となってしまう。参考参考ではあるが、バルコニーやベランダの面積は専有面積には含まれない。

#  コンサルティングのポイント〔**不動産**〕

　一般に、物件の取引で重要な数値といえるのが、不動産の価格である。「不動産の価格」でも解説した通り、公的機関の基準としても使用する「公示価格」、それを補完する「基準地標準価格」、税金の課税対象となる基準の価格として、「固定資産税評価額」や「相続税評価額（路線価）」などが存在する。

　土地等の価格はその時々において変動するため、不動産のコンサルティングにおいては、できれば素早く、そして手軽に調べたいものである。そこで、国土交通省の「土地総合情報システム」を活用し、インターネットでの価格の調べ方について詳しく見ていきたい。

　上記のサイトにアクセスし、「地価公示・都道府県地価調査」の部分を選択すると、日本地図が表示され、地図上の調べたい都道府県を選択することで、絞り込んでいくことが可能なため、特段の知識が無くても利用しやすい。

　次の地図は、本システムからのもので、東京ドーム付近の地域にあたる。少々見にくいが、右上に▲、右下に●、中央左上よりに■のポイントがあり、その右側に番号が振られている。●は地価公示（公示価格）、▲は都道府県地価調査（基準値標準価格）、■は両者共通の場所であることを意味している。記号をクリックすると吹き出しが表示され、吹き出しの「詳細表示」を選択すると、詳細な情報が表示される。そこには対前年変動率も記載され、グラフ表示を選択すると過去の変動率の推移を見ることもできる。

　このように、現在ではインターネットからかなりの情報を取得することが可能となっている。

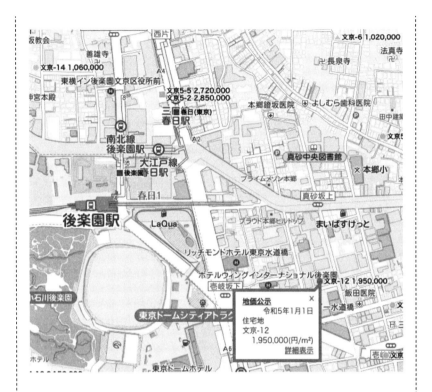

　ただし、必ずしも知りたい地点をピンポイントで調べることは
できない。

　例えば、右下の「●文京-12」を例にとると、その価格は1m
あたり1,950,000円と表示される。かなりの概算にはなるが、こ
の価格の80％相当額が相続税評価額（路線価）であり、70％相
当額が固定資産税評価額になる。

　コンサルティングを行う際、目安となる価格が分かるだけでも、
スムーズに相談を進めることができる場合もある。スマートフォ
ンでも利用できるため、ぜひ知っておきたい知識といえる。

# 第7章

## 相続・事業承継

　相続は、そう多く経験するものではありません。自分の相続に限っては１回限りです。一般に、経験値が低いため何をどうすればよいのか分からず混乱しがちです。相続は人の「死」に直面するため、精神的にも不安定になります。家族全員が元気な時こそ、相続の仕組みをしっかりと理解し、話し合っておくべきなのです。

# **1.** 民法上の相続のルール

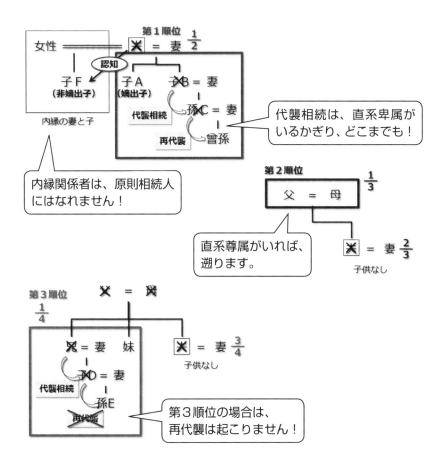

第1順位

女性 ══════ ☒ = 妻 $\frac{1}{2}$

認知

子F　　　　子A　　☒B = 妻
（非嫡出子）　（嫡出子）

代襲相続　　孫C = 妻

再代襲　　曾孫

内縁の妻と子

代襲相続は、直系卑属が
いるかぎり、どこまでも！

内縁関係者は、原則相続人
にはなれません！

第2順位

父 = 母　　$\frac{1}{3}$

直系尊属がいれば、
遡ります。

☒ = 妻 $\frac{2}{3}$

子供なし

第3順位　　☒ = ☒
$\frac{1}{4}$

☒ = 妻　　妹

代襲相続　　☒D = 妻

孫E

再代襲

☒ = 妻 $\frac{3}{4}$

子供なし

第3順位の場合は、
再代襲は起こりません！

配偶者の相続分を覚えておけば、
他の順位の相続分の計算は簡単に
できます！

## 相続は「相続分」の理解から始めよう!

　左図の第1順位に位置する「夫」が亡くなり、相続が開始したところから話は始まる。亡くなった夫のことを「被相続人」、残された妻、子A、子Bを「相続人」という。その時の妻の法定相続分は2分の1、その残りを子A、子Bの二人で分ける。これを第1順位の相続という。子どもがいない夫婦の場合、被相続人の父母が相続人となる。これを第2順位の相続といい、その時の妻の法定相続分は3分の2である。父母がすでに他界し、直系尊属もいない場合は、兄弟姉妹が相続人になる。これを第3順位の相続といい、妻の法定相続分は4分の3となる。

## 孫が代わりに相続する「代襲相続」

　第1順位の子Bはすでに結婚しており、孫Cもいる。子Bが亡くなった後、夫の相続が開始したとする。この時、子Bが受ける相続分は、代わりに相続人となった孫Cが受け取る。これを、代襲相続という。さらに話を進め、孫Cには妻と曾孫がいて、子B、孫Cが亡くなった後に、夫の相続が開始した場合だ。この時は曾孫が代襲相続人となり再代襲される。一方、第3順位の相続の場合は、再代襲は起こらない。

## 内縁の妻の子どもは、相続人になれるのか?

　正式な婚姻関係に生まれた子を嫡出子といい、正式な婚姻関係外のもとに生まれた子を非嫡出子という。非嫡出子は相続人であり、その相続分は2013年9月5日の相続開始以降、嫡出子の相続分と同等になった。また、非嫡出子は、被相続人が男性の場合は認知を必要とし、女性の場合は、分娩出産の事実から認知は不要とされる。

# 2. 法定相続分の計算

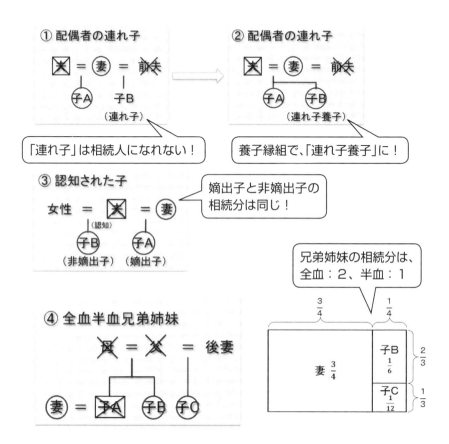

① 配偶者の連れ子

⊠ = 妻 = 前夫

子A　子B
（連れ子）

「連れ子」は相続人になれない！

② 配偶者の連れ子

⊠ = 妻 = 前夫

子A　子B
（連れ子養子）

養子縁組で、「連れ子養子」に！

③ 認知された子

女性 = ⊠ = 妻
（認知）
子B　　子A
（非嫡出子）（嫡出子）

嫡出子と非嫡出子の
相続分は同じ！

④ 全血半血兄弟姉妹

⊠ = ⊠ = 後妻

妻 = 子A　子B　子C

兄弟姉妹の相続分は、
全血：2、半血：1

$\frac{3}{4}$　　$\frac{1}{4}$

| 妻 $\frac{3}{4}$ | 子B $\frac{1}{6}$ | $\frac{2}{3}$ |
| | 子C $\frac{1}{12}$ | $\frac{1}{3}$ |

民法で定められている相続分を、
「法定相続分」といいます！

282

## 「連れ子」は養子縁組みをして「連れ子養子」に！

①の親族関係図をみると、被相続人の夫と妻の間には、子Aがいる。妻は再婚で、すでに亡くなった前夫の子Bの連れ子もいる。この場合、連れ子の子Bは相続人ではないため、被相続人の財産を受け取ることはできない。法定相続分は、妻が2分の1、子Aが2分の1だ。しかし、それでは子Bがかわいそうである。そこで、②の親族関係図のように、妻が再婚した後、連れ子の子Bを夫の養子に迎える。連れ子養子であれば、子Bは夫の相続人になることが可能となる。法定相続分は、妻が2分の1、子A、子Bはそれぞれ4分の1ずつとなる。

## 「嫡出子」と「非嫡出子」の相続分は同じ

③の親族関係図をみると、被相続人は妻と結婚して、嫡出子である子Aがいる。しかし、非嫡出子（認知済み）の子Bもいる。その状況で、夫の相続が開始した場合、嫡出子、非嫡出子の相続分は同じであるため、法定相続分は、妻が2分の1、子A、子Bはそれぞれ4分の1ずつとなる。

## 「半血兄弟姉妹」の相続分は「全血兄弟姉妹」の半分

④の親族関係図は少々複雑である。被相続人である子Aには子どもがおらず、父母も他界しているため第3順位の相続となる。子Aと子Bは父母を同じくしており、これを全血兄弟姉妹という。一方、子Aと子Cは、父母の一方のみを同じく（この場合、父）する半血兄弟姉妹という。半血兄弟姉妹の相続分は全血兄弟姉妹の2分の1となる。よって、法定相続分は、妻が4分の3、全血兄弟姉妹の子Bは6分の1、半血兄弟姉妹の子Cは12分の1となる。

# 3. 寄与分と特別受益

**特別寄与料の制度（2019年7月1日施行）**

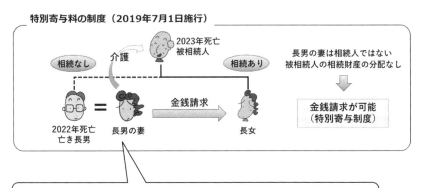

「無償で療養看護その他労務の提供をしたことにより被相続人の財産の維持又は増加について特別の寄与」をした場合が対象です。

**婚姻期間20年以上の夫婦間における居住用不動産の贈与等に関する優遇措置(2019年7月1日)**

持ち戻し免除となります！

2023年４月からの民法改正により、相続開始から10年を経過すると、寄与分も特別受益も主張することができなくなりました！

284

## 寄与分と特別寄与料

　寄与分とは、相続人が被相続人の財産の維持や増加に特別の働きをした場合の貢献分のことをいう。寄与分がある場合、すべての相続財産から寄与分を控除し、法定相続分どおりに按分する。次に、寄与分を寄与者の相続分に加算する。

　相続人以外の親族でも請求できるのが、2019年7月1日に施行された特別寄与料の制度である。例えば、亡き長男の妻が被相続人の介護を献身的にしていた左図の場合を考えてみる。被相続人の死亡後、相続人である長女は、相続財産を取得することができる。しかし、長男の妻は相続人ではないため、相続財産を受けとることはできない。そこで、相続開始後、長男の妻（特別寄与者）は、相続人の長女に対して、一定期間内であれば金銭の請求をすることができる。

## 特別受益と特別受益の持ち戻し免除

　特別受益とは、生前に被相続人から学費や住宅資金など特別の援助を受けていた場合のその贈与分のことをいう。特別受益がある場合、すべての相続財産に特別受益（生前贈与分）を加算し、法定相続分どおりに按分する。次に、生前贈与分を特別受益者の相続分から減算する。

　ただし、婚姻期間20年以上の夫婦間における居住用不動産の贈与等（2019年7月1日以降）の場合であれば、特別受益としてみなされなくなった。これを、特別受益の持ち戻し免除という。例えば、生前に被相続人が居住用不動産を配偶者に贈与しても、遺産の先渡しを受けたものと取り扱うため、配偶者が最終的に取得する財産額は、結果として特別受益とされてしまう。改正により、特別受益の持ち戻し免除の意思を表示したものと推定されるようになった。

# 4. 配偶者を保護するための権利

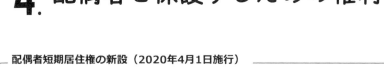

## 配偶者短期居住権の新設（2020年4月1日施行）

相続開始

配偶者

被相続人の建物に無償で居住

最低6ヵ月は
無償で居住可能

### 配偶者の居住が保護されない

・遺産分割完了まで相続財産は**相続人全員の共有財産**(使用料等の請求の可能性)
・被相続人が第三者に居住建物を**遺贈**
・**被相続人が反対**の意思表示

登記は必要ありません！

## 配偶者居住権の新設（2020年4月1日施行）

自宅 2,000万円

預貯金 3,000万円

配偶者が
自宅を取得すると
相続できる**預貯金額**
が減少してしまう！
⇩
500万円のみ

配偶者

配偶者居住権 1,000万円 ＋ 預貯金 1,500万円

長男

負担付所有権 1,000万円 ＋ 預貯金 1,500万円

第三者に対抗するには登記が必要です！

配偶者短期居住権は、相続開始時に自動的に取得可能で、相続税の課税対象外です。
配偶者居住権は、遺言等での権利の不要が必要で、相続税の課税対象となります。

## 最低でも6ヵ月間は無償で居住できる「配偶者短期居住権」

　配偶者短期居住権とは、残された配偶者が、被相続人の所有する建物に居住していた場合、遺産分割協議が成立した日、または、相続開始から6ヵ月までは無償で建物に住み続けることができる権利のことで、2020年4月1日に施行された。

　遺言などで配偶者以外の第三者が建物の所有権を相続した場合、第三者はいつでも配偶者短期居住権を消滅させるよう申し入れすることができるが、その場合であっても，残された配偶者は申し入れを受けた日から6ヵ月間は無償で建物に住み続けることができる。なお、相続開始のときに無償で居住している必要がある。

## 所有権と居住権を分けて考える「配偶者居住権」

　配偶者が居住建物を取得する場合、現金など他の財産の受取額が少なくなってしまう。左図のように、相続人が妻および子で、遺産が自宅（2,000万円）および預貯金（3,000万円）だった場合、妻と子の相続分は1：1のため、2,500万円ずつとなる。しかし、妻が自宅を相続した場合、500万円の預貯金しか相続できない。そこで、妻は配偶者居住権（1,000万円）、子は負担付の所有権（1,000万円）とすることで、預貯金はそれぞれ1,500万円ずつ手にすることが可能となった。

　配偶者居住権は2020年4月1日以降に発生した相続から認められた権利で、遺産分割における選択肢のひとつであり、被相続人が遺贈によって配偶者に取得させる事もできる。なお、居住建物の所有者は、配偶者居住権の設定の登記（乙区の欄）を備えさせる義務を負う。建物の登記をすることで、第三者に対抗できる。固定資産税の課税通知は所有者に届くが、配偶者が負担する必要がある。

# 5. 遺言の種類と特徴

| | 自筆証書遺言 | 公正証書遺言 | 秘密証書遺言 |
|---|---|---|---|
| 作成方法 | 本人が遺言の全文、日付、氏名を書き、押印（財産目録はパソコン可） | 本人が口述し、公証人が筆記 | 本人が遺言書を封じ、封印 |
| 費用 | ほとんどかからない | 公証役場手数料、証人依頼代 | 公証役場手数料、証人依頼代 |
| 証人 | 不要 | 証人2人以上 | 公証人1人、証人2人以上 |
| 保管 | 本人、推定相続人、遺言執行者、受遺者、友人など | 原本は公証役場、正本と謄本（写し）は本人、推定相続人、受遺者、遺言執行者など | 本人、推定相続人、遺言執行者、受遺者、友人など |
| 秘密性 | 遺言の存在：秘密にできる<br>遺言の内容：秘密にできる | 遺言の存在：秘密にできない<br>遺言の内容：秘密にできない | 遺言の存在：秘密にできない<br>遺言の内容：秘密にできる |
| 検認 | 必要（保管制度利用の場合不要） | 不要 | 必要 |
| 長所 | ・費用がほとんど掛からない<br>・証人が必要ない<br>・再作成も容易<br>・内容を秘密にできる | ・家庭裁判所での検認が必要ない<br>・内容が明確で安全確実<br>・偽造、変造、隠匿の危険がない<br>・紛失しても謄本を再発行可能 | ・内容を秘密にできる<br>・偽造、変造の危険がない<br>・署名押印を自分でできればワープロや代筆でも作成可能 |
| 短所 | ・詐欺、強迫による作成の危険性あり<br>・紛失、変造、隠匿の危険性あり<br>・無効な遺言となる可能性あり<br>・原則家庭裁判所での検認が必要 | ・作成手続が頻雑<br>・遺言の存在・内容を秘密にできない<br>・費用が余分にかかる | ・作成手続が頻雑で費用もかかる<br>・紛失の危険性あり<br>・無効な遺言となる可能性あり<br>・家庭裁判所での検認が必要 |

作成は簡単
↓
相続後
検認が必要

作成は大変
↓
相続後
検認は不要

作成は大変
↓
相続後
検認が必要

検認手続が不要となるのは、公正証書遺言か、自筆証書遺言保管制度を利用した場合になります！

## 財産目録はパソコン等での作成・印刷が可能に！

　2019年1月13日以降、自筆によらない財産目録を添付することができるようになった。自筆によらないとは、パソコンで目録を作成できることを意味する。通帳のコピーを添付することも可能となった。財産目録とは、一定の時点において、保有するプラスの財産（土地、建物、現金、預金等）とすべてのマイナスの財産（借入金等）について、その区分、種類ごとに一覧にし、財産状況を明らかにしたものをいう。偽装防止も考慮し、財産目録のすべてのページに署名押印をしなければならない（両面印刷をした場合は、両面に署名押印が必要）。

## 「検認」を理解すると公正証書遺言の魅力が分かる！

　注目したいのは「検認」である。被相続人の遺言書をみつけたとき、気を付けたいのは絶対に開封してはいけない点だ。開封してしまうと5万円以下の過料に処せられることもある。それだけではなく、他の相続人から遺言書の偽造など、あらぬ疑いをかけられることもある。

　開封は家庭裁判所のみで行える。これを検認手続という。検認手続は、遺言書以外に、検認申立書や、遺言者の出生時から死亡時までの全部の戸籍、さらに相続人など全員の現在の戸籍などが必要となり、この作業にかなりの時間を取られてしまう。すべての資料が揃ったら家庭裁判所に提出する。検認手続の日程を決めると、家庭裁判所から、決められた日に出頭するよう各相続人に通知が来る。そしてやっと検認手続が行われるのだ。検認とは、遺言の有効・無効を判断するものではなく、相続人に対し遺言の存在及びその内容を知らせるとともに、遺言書の内容を明確にして、遺言書の偽造・変造を防止するための手続きである。

# 6. 自筆証書遺言保管制度

法務局における自筆証書遺言の保管制度の創設（2020年7月10日施行）

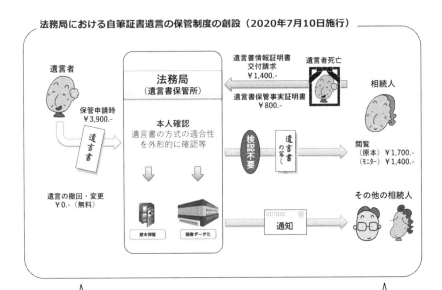

〈ステップ1〉
遺言者が自筆証書遺言を預けます。

〈ステップ2〉
相続人等が書遺言を閲覧します。

検認が不要とはいえ、預けるのは自筆証書遺言です。遺留分の侵害などは注意して作成しましょう！

## 法務局における自筆証書遺言保管制度がスタート！

　相続法の改正と共に、「法務局における遺言書の保管等に関する法律（遺言書保管法）」も成立した。相続をめぐる紛争を防止するという観点から，法務局において自筆証書遺言に係る遺言書を保管する制度が2020年7月10日からスタートした。自筆証書遺言保管制度を利用するには、は次のように2つのステップで手続きを行う。

### 〈ステップ1〉　遺言者が遺言を預ける

　遺言者は、封のされていないもので所定の様式による自筆証書遺言を作成する。財産目録についてはパソコン等による作成、通帳のコピー等も可能である。保管の申請は、遺言者自身が法務局に出頭し、遺言者の住所地等を管轄する遺言保管所に対して行う。その際、保管申請手数料として3,900円が必要になる。遺言書保管官は、日付、遺言者の氏名の記載など、外形的な確認を行う。

　遺言者が預けた遺言書を閲覧する場合、なお、遺言の撤回や変更に関して手数料はかからない。

### 〈ステップ2〉　相続人等が遺言書を閲覧する

　遺言者の相続開始後は、遺言書が預けられているかを確認する（遺言書保管事実証明書の交付の請求800円）。その次に、相続人等が遺言書の内容の証明書を取得する（遺言書情報証明書の交付請求1,400円）。相続人等が遺言書を閲覧する場合、同様に、モニター1,400円、遺言書原本1,700円の手数料がかかる。検認は不要となる。

　なお、手続き時には、顔写真付きの官公署から発行された身分証明書（マイナンバーカード等）が必要になる。

# 7. 遺留分と侵害額請求権

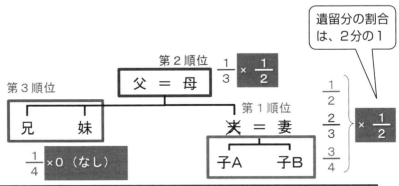

| 相続人 | 遺留分の合計 | 相続人 | 法定相続分 | 各人の遺留分 |
|---|---|---|---|---|
| 配偶者、子ども2人 | 2分の1 | 配偶者 | 2分の1 | 4分の1 |
| | | 子2人 | 4分の1ずつ | 8分の1ずつ |
| 配偶者、父母 | 2分の1 | 配偶者 | 3分の2 | 3分の1 |
| | | 父母 | 6分の1ずつ | 12分の1ずつ |
| 配偶者、兄弟姉妹2人 | 2分の1 | 配偶者 | 4分の3 | 2分の1 |
| | | 兄弟姉妹2人 | 8分の1ずつ | なし |
| 子2人のみ | 2分の1 | 子 | 2分の1ずつ | 4分の1ずつ |
| 父母のみ | 3分の1 | 父母 | 2分の1ずつ | 6分の1ずつ |
| 兄弟姉妹2人 | なし | 兄弟姉妹2人 | 2分の1ずつ | なし |

直系尊属のみの場合の
遺留分は3分の1

兄弟姉妹の遺留分に
注意！

2019年7月1日から遺留分減殺請
求権利から、遺留分侵害額請求権と
なり、金銭の支払いを請求出来るよ
うになりました！

## 「愛人に全額相続！？」それでは家族が困ってしまう！

　遺留分とは、被相続人が相続人に対して遺さなければならない相続財産のうち一定の割合をいう。被相続人の遺言で、「愛人女性に全額相続させる」などと書いてあった場合、残された遺族は、その後の生活基盤が崩れてしまう。そこで、遺留分として直系尊属のみが相続人である場合には３分の１、それ以外（左表の親族関係図）の場合は２分の１が遺留分の割合となっている。遺留分の割合に法定相続分を掛け合わせると各人ごとの遺留分の計算ができる。

## 兄弟姉妹に遺留分はないので注意が必要！

　配偶者、被相続人の兄と妹の３人が相続人の場合、兄弟姉妹に遺留分はないため、配偶者の遺留分は２分の１、兄と妹の遺留分はなしになる。当然、配偶者である妻がすでに死亡していて、兄と妹のみが相続人の場合、遺留分はない。被相続人の父母のみが相続人の場合の遺留分は、それぞれ６分の１ずつとなる。

## 遺留分が侵害されても請求しなければ何も始まらない！

　遺言で遺留分の侵害があった場合、遺留分権利者は、贈与または遺贈を受けた者に対し、遺留分を侵害されたとして、その侵害額に相当する金銭の支払を請求することできる。これを遺留分侵害額の請求という。なお、内容証明郵便などで、遺留分を侵害する人に対して、意思表示を行う必要がある。遺留分侵害額請求権は、遺留分権利者が、相続の開始および遺留分を侵害すべき贈与や遺贈のあったことを知った時から１年、または相続の開始の時から10年を経過したときに時効により消滅する。遺留分は相続開始前でも放棄が可能である。

293

# 8. 遺産分割

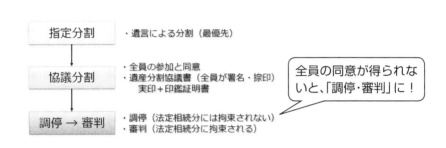

| | |
|---|---|
| 指定分割 | ・遺言による分割（最優先） |
| 協議分割 | ・全員の参加と同意<br>・遺産分割協議書（全員が署名・捺印）<br>　実印＋印鑑証明書 |
| 調停 → 審判 | ・調停（法定相続分には拘束されない）<br>・審判（法定相続分に拘束される） |

全員の同意が得られないと、「調停・審判」に！

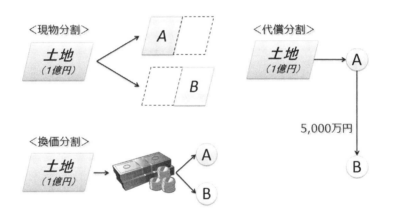

<現物分割>
土地
（1億円）
→ A
→ B

<代償分割>
土地
（1億円）
→ A

5,000万円

→ B

<換価分割>
土地
（1億円）
→ A
→ B

遺産分割で相続人同士がもめてしまい、仲違いをしてしまう例も少なくありません！
遺言はとても重要なのです。

## 最優先は遺言、協議分割はもめてしまう恐れあり！

　遺産を分割する場合において、最優先されるのが被相続人の遺言である。遺言に基づく遺産相続を指定分割という。遺言による指定がない場合には、共同相続人全員の協議で分割を行う。これを協議分割という。協議分割は、相続人全員の参加と同意が必要となるため、反対するものがいれば成り立たない。それ故に、相続人同士がもめてしまうことも少なくない。協議が成立しない場合は、家庭裁判所に調停の申し立てをすることで、調停委員の2人が加わり協議を行う。これが調停分割である。法定相続分には拘束されない。ここで成立すれば、遺産分割協議書に代わり、調停調書が作成される。しかし、これでも成立しなければ、次は審判分割となる。これは、裁判の一種であり、裁判官は様々な事情を考慮して行うが、相続分は法定相続分に拘束される。具体的な遺産の分割方法も、裁判官の裁量にゆだねられる。

## 悩ましい遺産の分割方法

　遺産の分割方法には、現物分割、換価分割、代償分割がある。図表下段のように、相続人がAとBの2人で、遺産が1億円の土地のみだったとする。現物分割とは、遺産の土地を半分ずつに分け、それぞれが相続する方法である。シンプルだが場合によっては、分割することで土地の価値が目減りしてしまうこともある。換価分割とは、土地を売却し、現金に換価してから分割する方法をいう。土地自体に思い入れがある場合などは反対する者も出てきそうだ。3つ目が代償分割である。1億円の土地をAがすべて相続する。しかし、それではBが黙ってはいないので、Aのポケットマネーから5,000万円の現金をBに支払って分割する方法をいう。現金でなく株式等でも構わない。

# 9. 遺産分割に関する見直し等

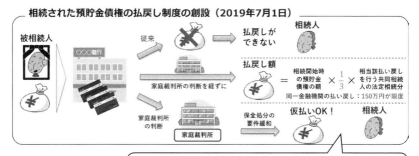

**相続された預貯金債権の払戻し制度の創設（2019年7月1日）**

被相続人　○○○銀行

従来　払戻しができない　相続人

払戻し額　＝　相続開始時の預貯金債権の額　×　$\frac{1}{3}$　×　相当該払い戻しを行う共同相続人の法定相続分

家庭裁判所の判断を経ずに

同一金融機関の払い戻し：150万円が限度

家庭裁判所の判断　家庭裁判所

保全処分の要件緩和　仮払いOK！　相続人

> 払戻し額は、預貯金債券の3分の1に自分の法定相続分をかけあわせた額になります！

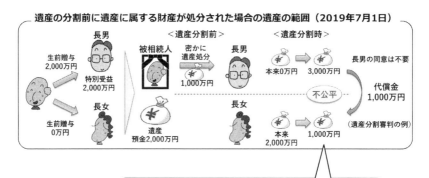

**遺産の分割前に遺産に属する財産が処分された場合の遺産の範囲（2019年7月1日）**

長男　生前贈与2,000万円　特別受益2,000万円

長女　生前贈与0万円

＜遺産分割前＞　被相続人　密かに遺産処分1,000万円　長男

遺産　預金2,000万円　長女

＜遺産分割時＞　本来0万円　3,000万円　長男の同意は不要　代償金1,000万円

不公平

本来2,000万円　1,000万円　（遺産分割審判の例）

> 公平な遺産分割ができるようになりました！

> 相続は何かとお金がかかるので、預貯金の払戻し制度はぜひ知っておきましょう

## 相続開始後の預貯金の払戻制度と仮払い

相続された預貯金債権は、遺産分割の対象財産となるため、生活費や葬儀費用が必要になっても、遺産分割が終了するまでは単独で払戻し（引き出すこと）ができない。そこで、遺産分割前にも払戻しが受けられる制度が創設された。大別すると、次の2つがある。

### ① 家庭裁判所の判断を経ずに預貯金の払戻しが受けられる制度

遺産に属する預貯金債権のうち、一定額については、単独での払戻しを認めるようにする。ただし、1つの金融機関から払戻しが受けられるのは150万円までとなる。

単独で払戻しをすることができる額＝（相続開始時の預貯金債権の額）×（3分の1）×（当該払戻しを求める共同相続人の法定相続分）

### ② 保全処分の要件緩和（家事事件手続法の改正）

仮払いの必要性があると認められる場合、他の共同相続人の利益を害しない限り、家庭裁判所の判断で仮払いが認められる。

## 遺産の分割前に遺産に属する財産が処分された場合の遺産の範囲

相続開始後に共同相続人の一人が遺産に属する財産を処分した場合に、計算上生ずる不公平を是正する方策が設けられた。

例えば、遺産の分割前に遺産に属する財産が処分された場合であっても，共同相続人全員の同意により、当該処分された財産を遺産分割の対象に含めることができる。共同相続人の1人または数人が遺産の分割前に遺産に属する財産の処分をした場合には、当該処分をした共同相続人については、同意を得る必要はない。

# 10. 相続人と法定相続人の違い

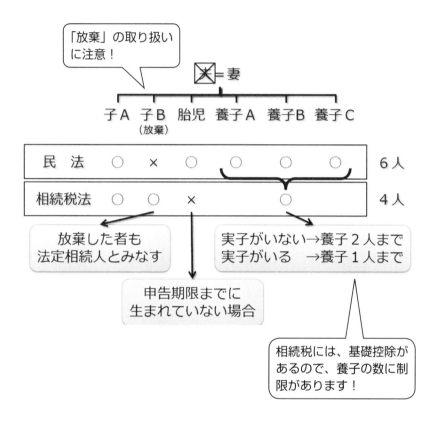

民法上の話をしているのか、相続税法上の話をしているのかを、常に意識をしておきましょう！

## 相続税法における「相続人」と「法定相続人」の違いとは？

　「相続人」とは、相続を放棄した者および相続権を失った者を含まない相続人をいう。一方、「法定相続人」とは、相続を放棄した者がいても、相続の放棄がなかったものとして取り扱う相続人をいう。つまり、「相続人」と「法定相続人」の違いは、相続の放棄があった時の取り扱いにある。民法では税額計算をする規定がされていないため、相続税を計算する上で、財産を分割するまでは民法でいう「相続人」を使い、その後の税額計算は、相続税法でいう「法定相続人」を使う。相続税法上では、民法でいう「相続人」と相続税法上での「法定相続人」の2通りの概念がある。

## 「相続放棄」、「胎児」、「養子」の扱いは要注意！

　図表の子Aは実子のため、もちろん相続人である。子Bは、相続を放棄しているので相続人とはならない。胎児については、相続においてすでに生まれたものとみなして相続権を認めている。養子は、実子と同様の扱いのため相続人となる。配偶者である妻も含め、相続人の数は6人となる。次に、相続税法上の法定相続人の数を考えていく。子Aは実子のため法定相続人である。子Bは、相続を放棄しているが、その放棄がなかったものとみなすため、法定相続人として数える。胎児は、相続税の申告期限において、まだ胎児が生まれていない場合は、その胎児がいないものとして取り扱う。養子（普通養子）がいる場合、実子がいない場合は2人まで、実子がいる場合は1人まで、法定相続人の数に算入できる。なお、代襲相続人の養子、特別養子、連れ子養子は、実子とみなされる。事例の法定相続人の数は、4人となる。

# 11. 相続税の計算体系

### 1.各人の相続税の課税価格の計算

本来の相続財産
+
みなし相続財産
+
非課税財産
−
債務控除額
+
生前贈与加算
↓
**各人の相続税の課税価格**

被相続人のプラスとマイナスの財産を相殺します！

### 2.相続税の総額の計算

相続税の課税価格の合計額
−
遺産に係る基礎控除
↓
課税遺産総額
×
法定相続分に応じた各人の相続税額
↓
**相続税の総額**

基礎控除額を差し引き、相続税の総額を計算します！

### 3.各人の納付すべき相続税額の計算

相続税の総額
×
実際の按分割合
↓
算出相続税額
+
相続税額の加算額
−
税額控除額
↓
**各人の納付すべき相続税額**

それぞれの、相続税の納付税額を計算します！

相続税を計算するには、3つのステップを経て納付税額を求めます！

## 相続税の計算は３つのステップで計算！

　最初のステップは、「各人の相続税の課税価格の計算」である。相続人がそれぞれ取得する財産の価額を計算する。簡単にいえば、プラスの財産とマイナスの財産を相殺する。マイナスの財産の方が多ければ、相続税はかからないので、相続税の計算はその時点で終了となる。

## 基礎控除額の計算はできて当然！

　第２ステップは、「相続税の総額」の計算である。各人の納付税額の基となる金額の計算をする。基礎控除後の課税遺産総額に、各人の法定相続分を掛け合わせ、取得金額から相続税の速算表を用い税額を求め合計する。これが、相続税の総額となる。このステップでは、有名な相続税の基礎控除額、「3,000万円＋（600万円×法定相続人の数）」の計算がある。仮に、法定相続人の数が３人だった場合は、4,800万円となる。相続税の課税価格の合計額が、基礎控除額以下であれば、基本的に相続税はかからない。基礎控除額の計算式は、2015年１月１日から、それ以前の基礎控除額の４割引きになってしまった。基礎控除額が縮減されれば、それだけ相続税を支払う人が増加する。

## 手続きをすれば配偶者は特別扱いをしてくれる！

　第３ステップは、各人の納付すべき相続税額の計算である。第２ステップでは、相続税の総額を求めたのに対し、第３ステップでは、各人それぞれの納付すべき相続税額を求める。よって個別の話が出てくる。冒頭でも説明したが、配偶者であれば、１億6,000万円までは相続税がかからなかったり、相続税の２割加算の対象であれば、相続税額が増えてしまったりと、各人によってその扱いは異なる。

# 12. 課税価格の合計額と課税遺産総額

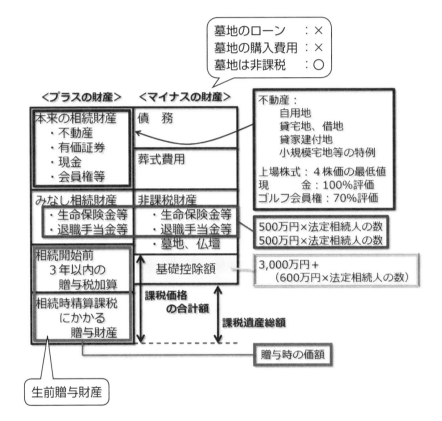

墓地のローン ：×
墓地の購入費用：×
墓地は非課税 ：○

＜プラスの財産＞　＜マイナスの財産＞

| 本来の相続財産 ・不動産 ・有価証券 ・現金 ・会員権等 | 債　務 |
| みなし相続財産 ・生命保険金等 ・退職手当金等 | 葬式費用 |
| | 非課税財産 ・生命保険金等 ・退職手当金等 ・墓地、仏壇 |
| 相続開始前 ３年以内の 贈与税加算 | 基礎控除額 |
| 相続時精算課税 にかかる 贈与財産 | |

不動産：
　自用地
　貸宅地、借地
　貸家建付地
　小規模宅地等の特例

上場株式：４株価の最低値
現　　金：100%評価
ゴルフ会員権：70%評価

500万円×法定相続人の数
500万円×法定相続人の数

3,000万円＋
　（600万円×法定相続人の数）

課税価格
の合計額

課税遺産総額

贈与時の価額

生前贈与財産

各相続人の課税価格の合計が課税価格の合計額で、基礎控除額を差し引いた後の金額を、課税遺産総額といいます！

## プラスとマイナスの財産を相殺して課税価格を計算する！

　図表の「本来の相続財産」は、居住している土地や建物、現金、株式等など、私たちの身近な財産が対象となっている。「みなし相続財産」とは、民法上の相続財産ではないが、相続税を計算する際は相続財産とみなして相続税を課税する財産のことをいう。生命保険の死亡保険金等、死亡退職したときの退職手当金等が該当する。しかし、生命保険金等や退職手当金等などは、それぞれ「500万円×法定相続人の数」が非課税限度額となっている。墓地、墓石、仏壇、仏具なども非課税財産となっているが、墓地のローンは債務控除されず、墓地の購入費用等は葬式費用に入れることはできない。団体信用生命保険に加入している住宅ローンは、契約者の死亡をもって清算されるため、債務控除の対象とはならない。葬儀費用には、通夜や本葬費用、お布施や戒名料などが対象となるが、香典は贈与税が非課税となるため、香典返礼費用は葬儀費用に入れることはできない。

## 生前の贈与財産は「贈与時の価額」で評価される！

　被相続人から相続開始前3年以内（2024年1月1日からは7年以内）に贈与を受けた財産は、贈与税を支払っていたとしても、改めて相続税の課税対象となる。このままでは贈与税と相続税の二重課税となるため、贈与税額控除として、すでに支払った贈与税額を相続税額から控除できる。もう一つが、相続時精算課税制度を利用した場合である。その名の通り、相続時に精算する制度で、贈与財産の評価は、相続時の価額ではなく、贈与時の価額で加算される。各人の課税価格の合計額から基礎控除額を差し引くことで、課税遺産総額が求められる。

# 13. 【Step.1】各人の相続税の課税価格の計算

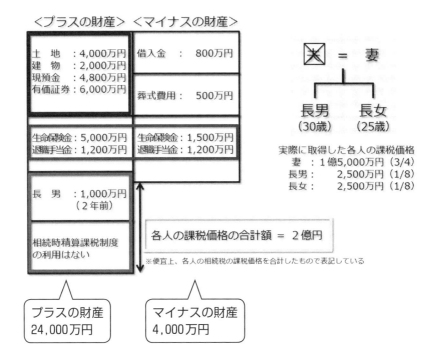

&lt;プラスの財産&gt; &lt;マイナスの財産&gt;

| | |
|---|---|
| 土　地　：4,000万円<br>建　物　：2,000万円<br>現預金　：4,800万円<br>有価証券：6,000万円 | 借入金　：　800万円 |
| | 葬式費用：　500万円 |
| 生命保険金：5,000万円<br>退職手当金：1,200万円 | 生命保険金：1,500万円<br>退職手当金：1,200万円 |
| 長　男　：1,000万円<br>（2年前） | |
| 相続時精算課税制度<br>の利用はない | |

◯ = 妻

長男　　長女
（30歳）　（25歳）

実際に取得した各人の課税価格
妻　：1億5,000万円（3/4）
長男：　　2,500万円（1/8）
長女：　　2,500万円（1/8）

各人の課税価格の合計額 ＝ 2億円

※便宜上、各人の相続税の課税価格を合計したもので表記している

プラスの財産
24,000万円

マイナスの財産
4,000万円

非課税財産のうち、生命保険金等や退職手当金等の非課税限度額は、相続人が取得した金額が上限となる点に、注意が必要です！

## 実際に相続税がいくらになるか計算してみよう！

　具体的な相続税額を求めることで、計算体系の理解を深めていきたい。親族関係図をみると、被相続人が夫で、妻、長男、長女の3人が法定相続人である。相続を放棄した者はいない。法定相続分とは異なり、実際に取得した各人の課税価格は、妻が1億5,000万円（4分の3）、長男、長女がそれぞれ2,500万円（8分の1）ずつとなっている。

## プラスの財産とマイナスの財産を相殺する

　本来の相続財産は、土地4,000万円、建物2,000万円、現金4,800万円、有価証券6,000万円である。次は、みなし相続財産で、生命保険金5,000万円、退職手当金1,200万円である。どちらにもそれぞれ非課税限度額「500万円×法定相続人の数」がある。この事例の場合、法定相続人の数は3人なので、非課税限度額は1,500万円となる。生命保険金は問題ないが、退職手当金は1,200万円であるため、その非課税限度額も1,200万円が上限となる。控除できる債務および葬式費用は、借入金800万円、葬式費用が500万円である。借入金は、墓地のローンや団信付きの住宅ローンは対象外となっている。

## 基礎控除前の各人の課税価格の合計額は2億円

　最後に贈与関連である。生前贈与加算として、長男は被相続人から2年前に1,000万円の贈与を受けている。相続開始から3年以内（2024年1月1日からは7年以内）なので、この1,000万円は相続税の課税対象となる。なお、相続時精算課税制度の利用はない。各人の課税価格の合計額を計算すると、プラスの財産が24,000万円、マイナスできる財産が4,000万円で、各人の課税価格の合計額は2億円となる。

# 14. 【Step. 2】 相続税の総額の計算

課税価格の合計額　＝　2億円

基礎控除額の計算！

遺産に係る基礎控除　＝　3,000万円　＋　600万円　×　3人

**課税遺産総額　＝　2億円－4,800万円　＝　1億5,200万円**

　　　　　＜法定相続分＞　　　　　＜相続税の速算表＞

妻　：×1/2 → 7,600万円　×30％－700万円　＝　1,580万円

長男：×1/4 → 3,800万円　×20％－200万円　＝　560万円

長女：×1/4 → 3,800万円　×20％－200万円　＝　560万円

**相続税の総額　＝　2,700万円**

実際の相続分ではなく、法定相続人の数に応じた相続人の法定相続分

相続税の速算表

| 法定相続人の取得金額 | 税率 | 控除額 |
|---|---|---|
| 1,000万円以下の金額 | 10% | ― |
| 3,000万円以下の金額 | 15% | 50万円 |
| 5,000万円以下の金額 | 20% | 200万円 |
| 1億円以下の金額 | 30% | 700万円 |
| 2億円以下の金額 | 40% | 1,700万円 |
| 3億円以下の金額 | 45% | 2,700万円 |
| 6億円以下の金額 | 50% | 4,200万円 |
| 6億円超の金額 | 55% | 7,200万円 |

課税遺産総額に掛け合わせるのは、「実際の相続分」ではなく、「法定相続分」となります！

## 課税遺産総額は、1億5,200万円

　第2ステップは、「課税価格の合計額＝2億円」が求まっているところからスタートする。各人の課税価格の合計額から、遺産に係る基礎控除を行う。基礎控除額は、「3,000万円＋（600万円×法定相続人の数）」で求められる。法定相続人の数は、妻、長男、長女の3人であるため、「3,000万円＋（600万円×3人）＝4,800万円」が基礎控除額となる。各人の課税価格の合計額から、遺産に係る基礎控除を差し引いたものが、課税遺産総額であり、2億円－4,800万円＝1億5,200万円となる。

## 相続税の総額は、2,700万円

　課税遺産総額を求めることができたら、相続人ごとに、「法定相続分」を掛け合わせ、各取得金額を求める。注意したいのは、実際の相続分でなく、法定相続人の数に応じた相続人の法定相続分を掛け合わせる点である。計算をすると、それぞれの取得金額は、妻：7,600万円、長男：3,800万円、長女：3,800万円となる。取得金額に千円未満の端数がある場合には切り捨てる。

　千円未満を切り捨てた取得金額に、それぞれ相続税の速算表を参考に、相続税額を計算する。相続税の税率構造は、基礎控除の計算式と共に改正され、2015年1月1日から新しくなった。それぞれの取得金額から、速算表をみると、妻は1億円以下、長男および長女は、5,000万円以下の金額の枠より、該当する税率と控除額を考慮し計算する。それぞれの相続税額は、妻：1,580万円、長男：560万円、長女：560万円となる。法定相続人全員の相続税額を合計すると、「1,580万円＋560万円＋560万円＝2,700万円」になる。これが、相続税の総額となる。

# 15. 【Step.3】 各人の 納付すべき相続税額の計算

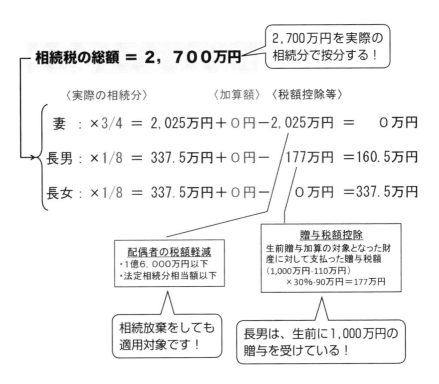

**相続税の総額 ＝ ２，７００万円**

> 2,700万円を実際の 相続分で按分する！

〈実際の相続分〉 〈加算額〉 〈税額控除等〉

妻 ：×3/4 ＝ 2,025万円＋０円－2,025万円 ＝ ０万円

長男：×1/8 ＝ 337.5万円＋０円－177万円 ＝160.5万円

長女：×1/8 ＝ 337.5万円＋０円－０円 ＝337.5万円

**配偶者の税額軽減**
・1億6,000万円以下
・法定相続分相当額以下

> 相続放棄をしても 適用対象です！

**贈与税額控除**
生前贈与加算の対象となった財産に対して支払った贈与税額
（1,000万円-110万円）
×30%-90万円＝177万円

> 長男は、生前に1,000万円の 贈与を受けている！

> 実際の相続分から算出相続税額を 求め、相続税額の加算額、税額控除 額を加味し、納付すべき相続税額が 求められます！

## 実際の相続分を掛け合わせ、算出相続税額を求める

　第3ステップは、「相続税の総額＝2,700万円」が決まっているところからスタートする。相続税の総額に対し、相続人ごとに、「実際の相続分」を掛け合わせ、各人の算出相続税額を求める。実際の相続分とは、各人の課税価格を各人の課税価格の合計額で除した割合である。妻の課税価格は1億5,000万円で、各人の課税価格の合計額は2億円であるため、1億5,000万円÷2億円＝4分の3が実際の相続分である。同様に、長男、長女の実際の相続分を計算すると、8分の1ずつとなる。これらを掛け合わせ、各人の算出相続税額を求めると、妻：2,025万円、長男：337.5万円、長女：337.5万円と計算できる。

## 〈相続税額の加算額〉相続税の2割加算の対象者はなし

　次に、算出相続税額に相続税額の加算額を加え、相続税額の加算適用後の算出相続税額を求める。具体的には、相続税の2割加算を行う。今回の事例では適用される対象者はいない。

## 〈税額控除額〉配偶者の税額軽減や贈与税額控除を行う

　最後に、各人の相続税額の加算適用後の算出相続税額から税額控除額を差し引き、各人の納付すべき相続税額を求める。納付すべき相続税額に百円未満の端数がある場合には切り捨てる。税額控除は、「贈与税額控除額」「配偶者の税額軽減額」「未成年者控除額」「障害者控除額」「相次相続控除額」「外国税額控除額」の6つがある。贈与税額控除は、生前贈与加算により二重課税となった贈与税額を控除するもので、配偶者の税額軽減は、すでに説明した配偶者についての優遇措置である。その他要件を満たせば税額から控除される。

# 16. 配偶者の税額軽減

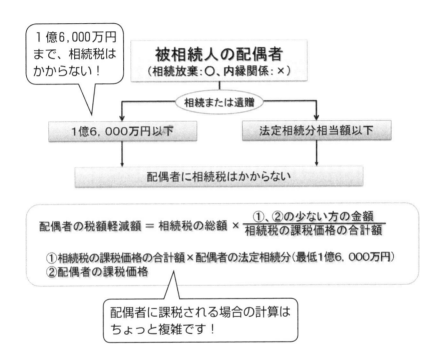

1億6,000万円まで、相続税はかからない！

**被相続人の配偶者**
（相続放棄：○、内縁関係：×）

相続または遺贈

1億6,000万円以下

法定相続分相当額以下

配偶者に相続税はかからない

$$配偶者の税額軽減額 = 相続税の総額 \times \frac{①、②の少ない方の金額}{相続税の課税価格の合計額}$$

①相続税の課税価格の合計額×配偶者の法定相続分（最低1億6,000万円）
②配偶者の課税価格

配偶者に課税される場合の計算はちょっと複雑です！

「1億6,000万円以下」というのは有名ですが、配偶者の軽減税額を計算するのは、知識が必要になります！

## 配偶者の相続税額を激減させる税額軽減のルール

　被相続人の配偶者は、様々な点を考慮し税制面で優遇されている。例えば、夫が亡くなった後、夫の残した家や生活資金などは、妻もその資産の維持や形成に寄与しているし、妻の老後の生活保障としても大切な財産となるからだ。そこで、配偶者の税額軽減として、配偶者が実際に取得した正味の遺産額（配偶者の課税価格）が、「1億6,000万円以下」または「配偶者の法定相続分相当額以下」であれば、配偶者に相続税はかからない。内縁関係者には適用されないが、配偶者が相続を放棄した場合でも適用される。

## 配偶者の取得遺産額が1億6,000万円以下なら相続税額は0円

　配偶者の税額軽減の計算をする場合、まず、「1億6,000万円」と「法定相続分相当額」を比較し、いずれか多い金額を求める。「1億6,000万円以下」の場合、相続税はかからないので簡単だ。次に「法定相続分相当額」の確認をする。第1順位なら2分の1、第2順位なら3分の2、第3順位なら4分の3を超えなければ、こちらも相続税はかからない。

## 配偶者の税額軽減の適用を受けるには、申告が必要！

　配偶者の税額軽減は、相続税の申告期限（相続の開始があったことを知った日の翌日から10ヵ月以内）までに分割されていない財産は税額軽減の対象にはならない。ただし、相続税の申告書等に「申告期限後3年以内の分割見込書」を添付し、申告期限から3年以内に分割した場合に、税額軽減の対象になる。

311

# 17. 相続税額の2割加算

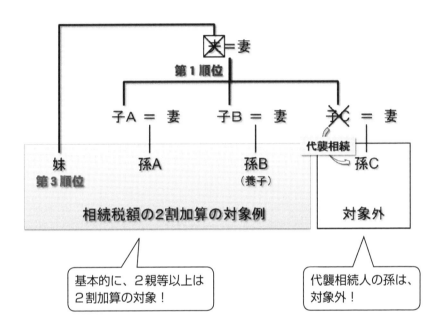

第1順位

子A ＝ 妻　　　　子B ＝ 妻　　　　子C ＝ 妻

代襲相続

妹　　　　　　孫A　　　　　　孫B　　　　　　孫C
第3順位　　　　　　　　　　　（養子）

相続税額の2割加算の対象例　　　　　　　対象外

基本的に、2親等以上は
2割加算の対象！

代襲相続人の孫は、
対象外！

相続税が2割増しになる、代表的な
者が「代襲相続人以外の孫」と「第
3順位の兄弟姉妹」です！

## 所定の者は相続税額が2割増しに！

相続財産を取得した人のうち、相続税額の2割に相当する金額が加算されてしまう場合がある。これを、相続税額の2割加算という。

相続税額の2割加算の適用対象者は、「1親等の血族、1親等の血族の代襲相続人、被相続人の配偶者」以外の者である。この「以外の者」というのがイメージしにくい。なお「代襲相続人である孫」は、2割加算の対象外となる。

## 兄弟姉妹は相続税額の2割加算の対象

相続税額の2割加算の対象となるのは、第3順位の兄弟姉妹である。図表の場合は、被相続人の妹である。兄弟姉妹は2親等のため、1親等の血族以外になる。甥や姪などは3親等にあたるため、2割加算の対象となる。

## 代襲相続人となる孫は相続税額の2割加算の対象外

理解しにくいのが孫だ。まず、孫の3パターンを頭に入れることから始めよう。通常の孫、孫養子、代襲相続人の孫である。

「通常の孫」の場合、被相続人とは2親等となるため2割加算の対象になる。ややこしいのは「孫養子」だ。被相続人の養子になっている孫なので、位置的には実子である子Aや子Bと同じ1親等になるが、2003年の法改正により、孫養子は2割加算の対象となった。「代襲相続人の孫」は、子Cの代わりに相続するので、2割加算の対象にはならない。仮に、孫Cが被相続人の養子になっていたとしても、代襲相続人に該当する場合、2割加算の対象とはならない。

# 18. 2路線に面している 宅地の評価

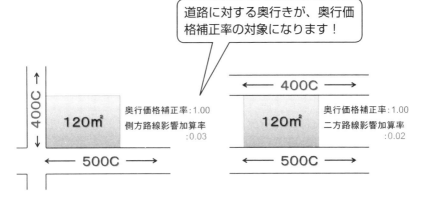

道路に対する奥行きが、奥行価格補正率の対象になります！

400C

120㎡

500C

奥行価格補正率：1.00

側方路線影響加算率 :0.03

400C

120㎡

500C

奥行価格補正率：1.00

二方路線影響加算率 :0.02

〈側方路線影響加算率〉

120㎡ × {(500千円／㎡ × 1.00)
正面道路
＋(400千円／㎡ × 1.00 × 0.03)}
側方道路
＝ 6,144万円

正面道路と側方道路に分け、側方路線に側方路線影響加算率をかけ合わせます。

〈二方路線影響加算率〉

120㎡ × {(500千円／㎡ × 1.00)
正面道路
＋(400千円／㎡ × 1.00 × 0.02)}
裏面道路
＝ 6,096万円

正面道路と裏面道路に分け、裏面道路に二方路線影響加算率をかけ合わせます。

ネットで路線価を調べて、自宅の評価をしてみましょう！

## 相続税の宅地の評価方式は２つあり！

　本来の相続財産の中でも、金額が大きいものに土地や家屋がある。住宅用の土地を宅地といい、自ら所有し使用している土地を自用地という。宅地の評価方式には、路線価方式と倍率方式があり、宅地ごとに定められたいずれかの方式で求めた価額がその宅地の自用地評価額になる。路線価とは、線に面する標準的な１㎡当たりの価額（単位は千円）で、主に市街地の評価方法である。路線価方式以外は倍率方式での評価になる。

## まず、路線価を理解する！

　図表をみると、路線に「500C」とある。１㎡当たり500千円（50万円）であることを意味し、120㎡の宅地であれば、6,000万円の評価となる。宅地が路線からの奥行きが深過ぎるなど活用しにくい場合は、奥行価格補正率をもって利用価値の低下を調整する。奥行価格補正率が0.98の場合は、5,880万円の評価に下がってしまう。「500Ｃ」のＣは、借地権割合70％を表す。ＡからＧまであり、Ａなら90％、Ｂなら80％と10％ずつ減少し、Ｇは30％となる。

## 路線価はネットで調べることが可能！

　路線価は、国税庁が毎年７月初旬に公表している。下記のサイトから、都道府県を選択し、次に市区町村を選択することで、路線価図が表示される。路線価は、公示価格の80％相当額であることは意識しておきたい。

国税庁－路線価図・評価倍率表
「http://www.rosenka.nta.go.jp/」

# 19. 不動産の財産評価

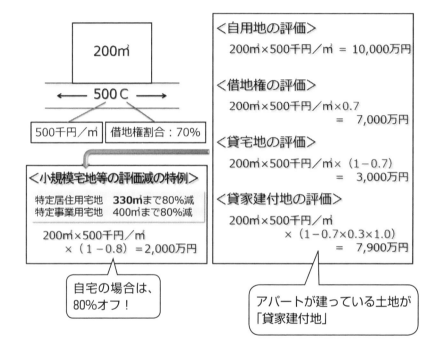

<自用地の評価>
　200㎡×500千円／㎡ ＝ 10,000万円

<借地権の評価>
　200㎡×500千円／㎡×0.7
　　　　　　　　　＝　7,000万円

<貸宅地の評価>
　200㎡×500千円／㎡×（1−0.7）
　　　　　　　　　＝　3,000万円

<貸家建付地の評価>
　200㎡×500千円／㎡
　　　　×（1−0.7×0.3×1.0）
　　　　　　　　　＝　7,900万円

200㎡

← 500 C →

500千円／㎡　｜　借地権割合：70%

<小規模宅地等の評価減の特例>

特定居住用宅地　**330㎡**まで80%減
特定事業用宅地　400㎡まで80%減

200㎡×500千円／㎡
　　×（1−0.8）＝2,000万円

自宅の場合は、80%オフ！

アパートが建っている土地が「貸家建付地」

居住している自宅の評価が最も低くなります。つまり、相続税が少なくて済むということです。小規模宅地等の評価減の特例は、実務でも大活躍する制度です！

## 土地の所有の仕方で相続税評価額は異なる！

　図表の土地の面積は200㎡、路線価は500Cより、自用地の評価は、1億円（10,000万円）となる。

　土地を借りている人の借地権の評価は、路線価の借地権割合が70％なので、7,000万円が借地権の評価額となる。

　一方、土地を貸している地主の権利価額が貸宅地の評価額といえる。その評価額は、「自用地評価額×（1－借地権割合）」で求めることができる。事例の場合、3,000万円が評価額となる。

## アパートが建てられている土地の評価、満室で21％引き！

　貸家建付地とは、貸家の目的とされている宅地をいう。簡単にいえば、アパートなどの貸家が建っている土地のことを指す。貸家建付地の評価額は、「自用地評価額×（1－借地権割合（70％）×借家権割合（一律30％）×賃貸割合）」で求まる。賃貸割合とは、アパートが10部屋（同じ床面積とする）あり、満室だったら100％、3部屋空室だったら70％という割合をいう。満室の方が減額される金額が増える。事例の場合、1.0となっているので、満室での評価額を計算している。

## 自宅の場合は、330㎡まで80％引き！

　最後は、小規模宅地等の評価減の特例である。この特例は、自宅（特定居住用宅地等）であれば、面積330㎡まで、その財産の価額から80％が割り引かれる制度である。1億円の評価額の自宅でも、2000万円として課税されるため相続税の負担が少なくて済む。店舗等（特定事業用宅地等）であれば、400㎡まで80％減となり、特定居住用宅地等と併用する場合、合計730㎡まで適用可能となる。

# 20. 贈与税の課税財産

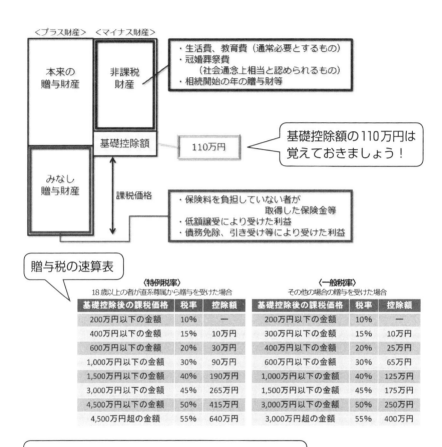

**&lt;プラス財産&gt;** **&lt;マイナス財産&gt;**

本来の
贈与財産

非課税
財産

・生活費、教育費（通常必要とするもの）
・冠婚葬祭費
　（社会通念上相当と認められるもの）
・相続開始の年の贈与財等

基礎控除額

110万円

基礎控除額の110万円は
覚えておきましょう！

みなし
贈与財産

課税価格

・保険料を負担していない者が
　　　　　　　取得した保険金等
・低額譲受により受けた利益
・債務免除、引き受け等により受けた利益

贈与税の速算表

**〈特例税率〉**
18歳以上の者が直系尊属から贈与を受けた場合

| 基礎控除後の課税価格 | 税率 | 控除額 |
|---|---|---|
| 200万円以下の金額 | 10% | ― |
| 400万円以下の金額 | 15% | 10万円 |
| 600万円以下の金額 | 20% | 30万円 |
| 1,000万円以下の金額 | 30% | 90万円 |
| 1,500万円以下の金額 | 40% | 190万円 |
| 3,000万円以下の金額 | 45% | 265万円 |
| 4,500万円以下の金額 | 50% | 415万円 |
| 4,500万円超の金額 | 55% | 640万円 |

**〈一般税率〉**
その他の場合の贈与を受けた場合

| 基礎控除後の課税価格 | 税率 | 控除額 |
|---|---|---|
| 200万円以下の金額 | 10% | ― |
| 300万円以下の金額 | 15% | 10万円 |
| 400万円以下の金額 | 20% | 25万円 |
| 600万円以下の金額 | 30% | 65万円 |
| 1,000万円以下の金額 | 40% | 125万円 |
| 1,500万円以下の金額 | 45% | 175万円 |
| 3,000万円以下の金額 | 50% | 250万円 |
| 3,000万円超の金額 | 55% | 400万円 |

2015年1月から、贈与税の税率構
造が見直され、直系尊属からの贈与
は特例税率を、その他の場合は一般
税率を使用して贈与税額を計算し
ます！

## 贈与税の基礎控除額は110万円！

　親から子に、例えば結婚資金の援助や、住宅取得のための資金援助をしようとしたとき、避けて通れないのが贈与税である。贈与税には、年間110万円の基礎控除がある。1年間に贈与により取得した財産の価額の合計額が110万円以下であれば贈与税は課税されず、贈与税の申告書を提出する必要もない。贈与税は、個人からの贈与により取得した財産の合計額が基礎控除額（110万円）を超えた場合、贈与を受けた年の翌年2月1日から3月15日までの間に、贈与税の申告・納付する必要がある。

## 贈与税の税率は相続税よりも高い！

　贈与税が存在しないと、亡くなる前に、自分の財産を配偶者や子どもたちに贈与することで、相続税の課税対象となる資産を無くすことが可能になってしまう。相続税を存在させるためには、贈与税という相続税よりも税率（累進の度合い）の高い税が必要だったのである。そのため、贈与税は相続税の補完税ともいわれている。

## 知らないうちに贈与税が課せられていることも！

　父親が1,000万円で購入した高級車を、子どもに100万円で譲渡した場合である。差額の900万円は、父親からの贈与とみなされる。これを「低額譲受（ていがくゆずりうけ）」という。また、子の借金200万円を父親が肩代わりした場合も、200万円の贈与があったものとみなされる。これを「債務免除」という。ただし、子どもがすでに債務超過の状態に陥り、弁済が不可能とされた場合は、贈与により取得したものとみなされず、その価額に課せられる贈与税は免除される。

# 21. 贈与税の配偶者控除

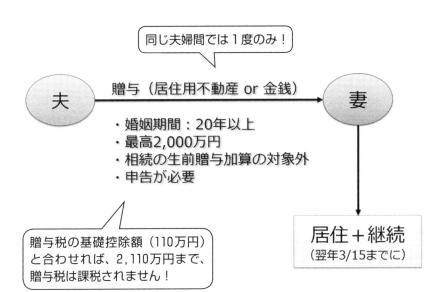

同じ夫婦間では1度のみ！

夫 ——贈与（居住用不動産 or 金銭）——→ 妻

・婚姻期間：20年以上
・最高2,000万円
・相続の生前贈与加算の対象外
・申告が必要

贈与税の基礎控除額（110万円）
と合わせれば、2,110万円まで、
贈与税は課税されません！

居住＋継続
（翌年3/15までに）

生前に贈与をすることで、相続税対策に活用することができます！

## 2,000万円まで贈与税がかからない、贈与税の配偶者控除

　夫婦間で、居住用不動産等の贈与をした場合、贈与税の基礎控除110万円とは別に、2,000万円の控除がある。これを贈与税の配偶者控除という。例えば、夫の相続が開始したとき、土地や家屋の金額によっては、妻の相続税額が大きな負担になることもある。しかし、生前に妻に対して贈与をすると贈与税がかかる。贈与税率は相続税率よりも高く設定されているため、生前の贈与には抵抗がある。そもそも、夫婦間の財産は、残された配偶者の老後保障になることや、その財産は夫婦の協力によって得られるものと考えられる。また、夫婦間では、贈与という観念が薄いことなどから、配偶者について、贈与税の優遇措置が設けられている。それが、贈与税の配偶者控除である。

## 贈与税の配偶者控除を利用するための要件とは？

　贈与税の配偶者控除の適用を受けるには、贈与配偶者との婚姻期間が、贈与時に正味で20年以上あること、贈与する財産は居住用不動産または居住用不動産を取得するための金銭でなければならない。どちらの場合でも、取得した日の属する年の翌年3月15日までに居住し、その後も引き続き住み続ける見込みが必要である。一定の要件を満たし、贈与税の申告をすることで、最高2,000万円までが控除される。

　贈与税の配偶者控除は、贈与税の基礎控除額である110万円とは別に控除されるため、合わせると2,110万円までは課税されない。贈与税の配偶者控除は、生前に贈与を行うことになるが、生前贈与加算の対象にはならない。なお、同じ夫婦間において、一度しか適用されない。

# 22. 生前贈与加算の加算期間等の見直し（2024年〜）

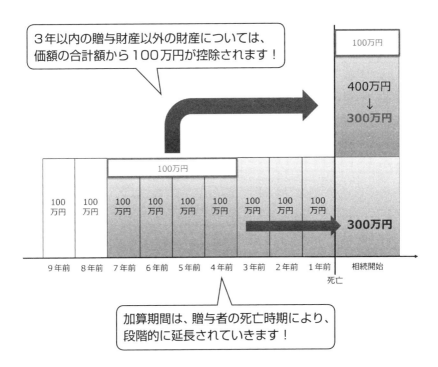

3年以内の贈与財産以外の財産については、価額の合計額から100万円が控除されます！

100万円

400万円
↓
300万円

100万円

100
万円

100
万円

100
万円

100
万円

100
万円

100
万円

100
万円

100
万円

100
万円

300万円

9年前　8年前　7年前　6年前　5年前　4年前　3年前　2年前　1年前　相続開始

死亡

加算期間は、贈与者の死亡時期により、段階的に延長されていきます！

生前贈与の加算期間が7年になっていきますが、加算対象者は相続人のまま変更はありません。つまり孫やひ孫は対象外のままなのです！

322

## 生前贈与の加算期間が３年から７年に！

　2024年１月１日から、生前贈与の加算期間がそれまでの３年から段階的に７年に見直される。「段階的に」としたのは、完全に７年になるのは、贈与者の死亡時期が2031年１月１日以降だからである。それまでは段階的に、４年、５年、６年と延長される。延長された期間に受けた贈与（３年以内の贈与財産以外）については、当該財産価額の合計額から100万円を控除した残額を相続税の課税価格に加算される。なお、これらは2024年１月１日以後に贈与により取得する財産にかかる相続税について適用される。

## 100万円控除となる「加算対象贈与期間」の理解が大切！

　例えば贈与者の死亡時期が2027年７月１日だった場合、2024年１月１日から数えると３年６ヵ月となる。これが加算対象期間であり、100万円控除の対象になるのは、2024年１月１日から2024年６月31日までの半年間となる。

　では、贈与者の死亡時期が2031年４月１日の場合を考えてみる。同様に、2024年１月１日からの期間を計算すると７年６ヵ月となる。しかし、生前贈与加算は７年以内のため、加算対象期間は、2024年７月１日からであり、2028年６月30日までの４年間が100万円控除の対象となる。

## 他国の持ち戻し期間は、日本よりも長い国もある！

　生前贈与加算される期間を持ち戻し期間というが、イギリスでは日本と同じ、７年、ドイツは10年、フランスは15年である。アメリカの持ち戻し期間は、実質一生涯となっている。

# 23. 相続時精算課税制度の しくみ

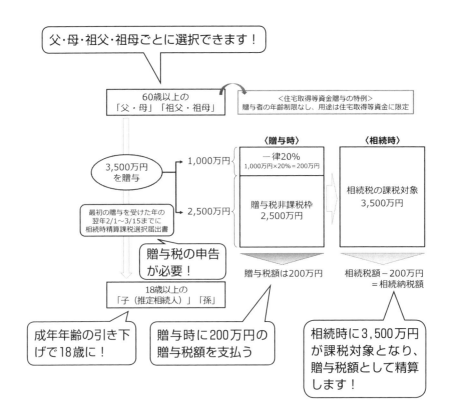

父・母・祖父・祖母ごとに選択できます！

60歳以上の
「父・母」「祖父・祖母」

＜住宅取得等資金贈与の特例＞
贈与者の年齢制限なし、用途は住宅取得等資金に限定

3,500万円
を贈与

1,000万円

2,500万円

〈贈与時〉

一律20%
1,000万円×20％＝200万円

贈与税非課税枠
2,500万円

贈与税額は200万円

〈相続時〉

相続税の課税対象
3,500万円

相続税額－200万円
＝相続納税額

最初の贈与を受けた年の
翌年2/1～3/15までに
相続時精算課税選択届出書

贈与税の申告
が必要！

18歳以上の
「子（推定相続人）」「孫」

成年年齢の引き下
げで18歳に！

贈与時に200万円の
贈与税額を支払う

相続時に3,500万円
が課税対象となり、
贈与税額として精算
します！

相続時精算課税制度を利用しても、
最終的に贈与した財産には相続税
がかかります！

324

## 父母・祖父母から、子・孫へ資産を移転させるのが目的

　高齢化の進展や長寿化などにより、死亡時の相続では親世代から子世代への資産移転がスムーズに行えなくなってきた。そこで、2003年1月1日から相続時精算課税制度が導入された。この制度は、相続を待たずに生前の贈与を促進するもので、一定の要件を満たせば、2,500万円以内であれば贈与税は課せられない。ただし、相続時に相続税が課せられる点に注意が必要だ。

## 必要な手続きと制度の仕組み

　相続時精算課税制度の適用を受けるには、最初の贈与を受けた年の翌年2月1日から3月15日までの間に届出書等を贈与税の申告書に添付するなど、手続きが必要となる。適用対象となる贈与者は、60歳以上（1／1時点）の者であり、受贈者は18歳以上（1／1時点）の子である推定相続人および孫になる。非課税となる2,500万円を超える部分については、一律20％の贈与税が課税される。相続税額の算出のときに、相続税額の方が低ければ、その差額が調整され戻される。なお、相続財産と合算する際の贈与財産の価額は、贈与時の時価になる。

## 相続時精算課税制度の注意点

　相続時精算課税制度を一度選択すると、通常の贈与（暦年課税制度）で適用される基礎控除110万円が選択した贈与者からは使えなくなり、その後変更することもできない。また、この制度により自宅の贈与を受けた場合、小規模宅地等の評価減の特例は適用されない。その他、この制度を利用した贈与財産は、物納財産として認められないなどの制約もある。様々な制約や留意点があるので注意が必要である。

# 24. 相続時精算課税制度の見直し（2024年〜）

贈与時の価額から被害額が控除可能に！

・一定の災害による被害額は所轄税務署長の承認が得られれば控除可能

◎ **相続時精算課税適用財産**
 ・小規模宅地等の評価減の適用は不可
 ・物納不可

**相続時精算課税選択届出書を提出**

一律20%

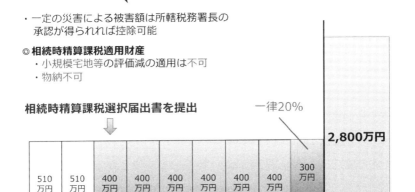

2,800万円

| 9年前 | 8年前 | 7年前 | 6年前 | 5年前 | 4年前 | 3年前 | 2年前 | 1年前 | 相続開始 |
|---|---|---|---|---|---|---|---|---|---|
| 510万円 | 510万円 | 400万円 | 400万円 | 400万円 | 400万円 | 400万円 | 400万円 | 300万円／100万円 | |

毎年110万円の基礎控除（特定贈与者複数の場合は按分）

死亡

複数の特定贈与者からの贈与がある場合は、それぞれの贈与額で按分します！

相続時精算課税制度がパワーアップされたため、利用を検討する人が増加しそうです！

## 相続時精算課税制度に、110万円の基礎控除が創設された！

　前出の「相続時精算課税制度の仕組み」に加え、2024年1月1日から、いくつかの改正が施行された。そのひとつが、110万円の基礎控除の新設である。それまでは、選択届出書を提出してしまうと、特定贈与者（対象となる贈与者）からの贈与については、暦年課税の110万円の基礎控除は使えなくなったが、相続時精算課税制度の110万円の非課税枠が新設された点は評価できる。

　しかも、暦年課税の基礎控除とは別途、毎年の贈与額から控除可能なのだ。加えて、相続時精算課税制度として加算する財産の価額は110万円を控除した後の残額となるため、相続時精算課税を利用して、毎年110万円以下の贈与であれば、相続時精算課税制度の財産の価額は0円のままとなる。複数の特定贈与者から相続時精算課税制度による贈与を受ける場合には、基礎控除についてはそれぞれの贈与額で按分することになる。例えば、特定贈与者である父と母、それぞれから同額の贈与を受けた場合の基礎控除額は55万円ずつとなる。

## 110万円の非課税枠内の贈与であれば、申告が不要に！

　従来の相続時精算課税制度では、その年に贈与がなかったとしても毎年、贈与税申告が必要だった。しかし、2024年1月1日以降は、110万円以下の贈与であれば、贈与税申告書の提出は不要となった。

## 土地または建物が災害により被害を受けた場合は控除可能に！

　土地または建物が災害により一定の被害を受けた場合、当該土地または建物の価額は、贈与時の時価から災害により被害を受けた部分に相当する額を控除した残額となった。

# ～名義預金の注意点～

　名義預金とは、親族に名義を借りて預金することを指す。祖父母が孫にお金を残す際によく利用されるのが、贈与する対象の孫名義の口座を作成し、その口座に祖父母が振り込むことで贈与を行う方法である。贈与税がかからないよう毎年100万円ずつにする。振り込みをすることで、贈与の証拠も残る。しかし、この方法は注意をしないと、税務署から名義預金の扱いをされ、贈与したにもかかわらず、すべて相続税の対象になってしまう場合がある。

　仮に、孫が生まれてから成人するまでの20年間にわたり預金を続けた祖父が亡くなり、相続が発生したとする。この時、税務署からこの預金の贈与を否認されることがある。贈与を否認されれば、20年かけた孫名義の預金の2,000万円は、すべて相続税の対象になってしまう。これが名義預金である。名義預金と判断されてしまう典型的なパターンは、孫名義の通帳や印鑑を祖父母自身が管理していた場合である。つまり、贈与されたはずの孫は、そのお金を自由に使えない状況になっている。名義だけが孫になっており、実質は祖父の預金と変わらない。そもそも、贈与は、贈与者が「あげます」、受贈者が「もらいます」という契約を交わしてはじめて成り立つ。極端な場合、孫は贈与された事実すら知らないこともある。これでは、贈与とはみなされない。

　名義預金とみなされないためにも、以下の点に注意をする必要がある。一つは、預金の管理・運用を名義人である受贈者に任せ、名義人がいつでも使える状態にすることである。もう一つは、贈与契約書を作成することである。贈与契約書とは、生前贈与の契約を書面に残したものである。この書面により、生前にお互い贈与の意思表示があり、その存在を知っていたことを税務署に対して証明できるからである。

# コンサルティングのポイント〔相続〕

　相続のコンサルティングは、人の死亡が起点になっているためお客様はナーバスな状態となっていることがほとんどである。これまでも解説してきたように、相続は遺産分割や相続分を決める民法上の相続のルールと、相続税・贈与税といった税法上の話の２つに分けることができる。

　一般に、相続というと相続税がかかるかどうかを心配する人は少なくないが、国税庁の「相続税の申告状況」の課税割合の推移をみると、全体の９％前後となっている。

　そもそも日本では、１年間に150万人以上の人が亡くなっている。

　高齢化の影響もあり、その数は年々増加している。2014年（平成26年）までの課税割合はおよそ４％前半になっているが、2015年(平成27年)からは倍弱の割合に増加しているのが分かる。

　これは、2015年（平成27年）から下記のように基礎控除額が引き下げられたため、課税対象者数が増加したのが理由である。

「5,000万円＋1,000万円×法定相続人の数」

「3,000万円＋600万円×法定相続人の数」

　この改正の影響で、課税対象者は倍近くに増えてしまったが、全体でみれば、９割以上の人は相続税を納税するまでには至っていない。一部の資産家を除けば、私たちの相続の問題は、必ずしも相続税ではないのである。

　次にご覧いただきたいグラフは、司法統計年報により作成した「遺産分割事件のうち認容・調停成立件数（遺産の価額別）」の推移である。

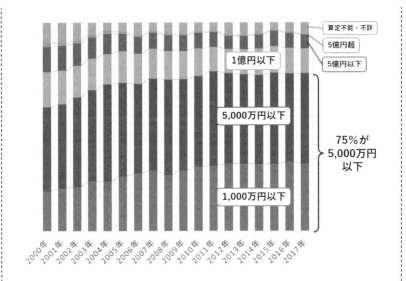

これを見ると、資産5,000万円以下の遺産分割における認容・調停件数が全体の約75％を占めている。基礎控除である程度カバーできる価額帯であるため、多くの場合相続税とは無縁な相続といえる。しかし、そういう環境下で相続人間が揉めてしまっている現状が見て取れる。

　つまり、相続税のかからない資産状況の相続において、多くのトラブルが起こっているのだ。このような状況もあり、2019年にいわゆる相続法が改正された。相続は、相続税とは別のところで、コンサルティングを必要としているのである。

# 第8章

コンサルティング・スキル

　実践できるスキルがなければ、知識を有効活用することはできません。テニスのルールを知っているだけでは大会で優勝できないのと同じです。ではどのようなスキルが必要なのでしょうか。
プレゼンテーション、相談、執筆の順番でそれぞれのスキルを身につけるときのポイントを解説していきます。最後の行動経済学については、スキル活用場面で意識してください。

# 1. プレゼンテーションスキル
## ① 目的と役割

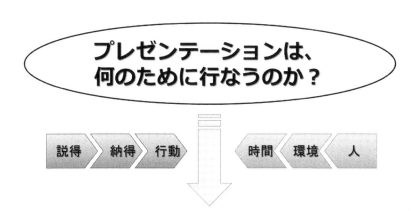

プレゼンテーションは、
何のために行なうのか？

| 説得 | 納得 | 行動 | | 時間 | 環境 | 人 |

「聞き手」に対して、
話し手の望む行動を起こしてもらうため

「話し手の望む行動」とは、聞き手
のメリットを目指したものでなけれ
ばなりません！

## 相手のメリットを目指しているかがポイント

　優れたプレゼンテーションを行うには、明確な目的が必要になる。抽象的な表現をすれば、「顧客に対して、私たちの望む行動を起こしてもらうため」といえる。顧客を操るようにも聞こえるが、そのようなことではなく、顧客のメリットを目指したものであるという意味である。

　プレゼンテーションは、話を伝えるだけでは効果が見えてこない。顧客を説得し納得してもらう必要がある。その前提が無ければ、顧客が自ら行動を起こすことはない。

## プレゼンテーションは制約要因から考える！

　プレゼンテーションは制約要因との戦いといっても過言ではない。無制限に時間が与えられるわけでもないし、空調のきいた静かな場所で話ができるわけでもない。「時間」、「環境」、「人」などさまざまな要因を乗り越えていく必要がある。

　まず「時間」から考えてみよう。真っ先に思いつくのは「長さ」である。集中力はどこまで持つのか、長ければ休憩をはさむ必要もあるだろう。開始時間や終了時間、そして時間配分も検討すべきである。

　「環境」とは、会場と言い換えてもよい。プロジェクターやホワイトボードの有無、照明などについても気を付けておきたい。プレゼンテーションに大きな影響を及ぼす。

　対象となる「人」によっても伝え方は異なる。数百人の会場と、数人の会議室とでは伝え方を変える必要がある。さらに、聞き手の興味やレベルなどの特徴なども考慮しなければならない。このような制約要因を味方につけることがプレゼンテーションでもある。

# 2. プレゼンテーションスキル ② 氷山モデル

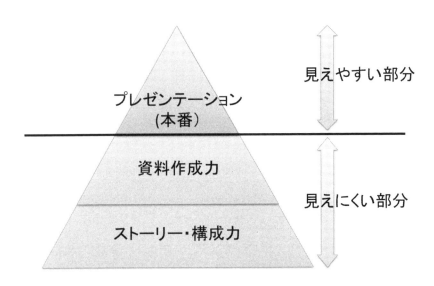

プレゼンテーション
（本番）

資料作成力

ストーリー・構成力

見えやすい部分

見えにくい部分

「見えにくい部分」の作り込み次第で、プレゼンテーション（本番）のパフォーマンスがかわるのです！

## 華々しいイメージのプレゼンテーション

プレゼンテーションというと、人前で意気揚々と話をしている姿をイメージするが、実際プロセスを考えるとそれは一部でしか無い。

台本があり、役者の素質がある人であれば演じることは可能だろう。しかし多くの場合、台本通り話すとうまくいかない。その理由は、生きた現場の状況を必ずしも反映していないからだ。顧客の反応は、その場その時々で異なる。現場の雰囲気を感じ取りながら、臨機応変に飛行ルートを変えながら、目的地に向かう必要に迫られる。ここに、プレゼンテーションの醍醐味がある。

これができるプレゼンターは、しっかりとした準備を行い、目的が明確になっていないとできない。準備とは、一言一句記載した台本作りをすることではなく、ゴールへのストーリーと、柔軟な飛行ルートを考えることにある。

## 「見えにくい部分」こそ、プレゼンテーションの神髄

プレゼンテーションに欠かせないのは、訴えかける内容に沿ったストーリーである。物語性のないプレゼンテーションは、単なる説明に他ならない。目的地に向かうストーリーを描くことができたら、次は、資料作りである。印刷資料を配布するだけのときもあれば、プロジェクターでパワーポイントを併用する場合もある。これらの作り込みが、プレゼンテーションの可否を左右している。

プレゼンテーション本番は、見えやすい部分であり華々しさを感じるが、実際は、見えにくいコンテンツ作りが重要なのである。パフォーマンスに固執せず、地道な作り込みに全力を投じることが、プレゼンテーション成功の秘訣なのである。

# 3. プレゼンテーションスキル ③「書き言葉」と「話し言葉」

## 『文字』と『音声』の特性の違いは何か？

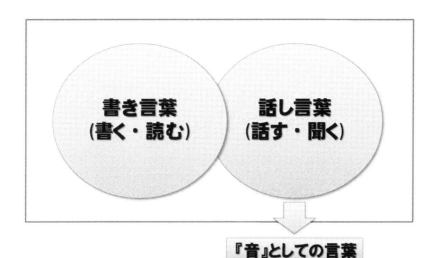

書き言葉
（書く・読む）

話し言葉
（話す・聞く）

『音』としての言葉

「話が分かりやすい」と言われる人には、その理由があります！

## プレゼンテーションは、「話し言葉」であり、音声である

　書籍を代表とする「書き言葉」は文章であり、書き手にとっては書き直し可能である。一方、読み手にとっても理解できない部分があれば、読み返すことができる。ところが「話し言葉」は、例えばリアルタイムの会話であり、話し手は一度声を発したら言い直すことはできても取り消すことはできない。聞き手は、聞き逃してしまうと、もう一度話してもらわない限り理解できない。

　このように、それぞれの特性を考えると「文字」と「音声」の違いであることが分かる。プレゼンテーションは、「音」としての言葉を巧みに使いこなしていく。その特徴を把握しておくことは重要なことといえる。

## 「音」としての言葉は、いつでもリアルタイム！

　「音」としての言葉は、聞き手にとって聞いた瞬間に理解をする必要がある。プレゼンターは、固有名詞や、聞きなれない専門用語などは、特に聞き取りやすい発音をしなければならない。さらに同音異義語にも注意が必要となる。例えば「保障・補償・保証」などである。また、音声は消えてなくなるため、短いセンテンスで伝えていかないと、聞き手の負担が大きくなってしまう。原則として「１センテンスに１情報」を意識すべきだろう。

　聞き手は、聞いた順番に考え理解していく。つまり、時系列ごと、カテゴリーごと、優先順位の高いものからなど、話す順番を考慮しないと伝わりにくくなってしまう。そして、話の組み立ても重要である。全体や結論が先、部分や理由がその後に来るようにすると聞き手は理解しやすくなる。

# 4. プレゼンテーションスキル ④ 聞き手とのコミュニケーション

**〈聞き手を集中させる4つのポイント〉**

- ・目線のコントロール
- ・手のコントロール
- ・耳のコントロール
- ・口のコントロール

聞き手の状態、「作業中」なのか「思考中」なのかを常に意識してプレゼンテーションを進める

聞き手のコントロールは、経験とテクニックが重要なファクターです！

## 聞き手の状況把握が最優先！

　プレゼンターは、一生懸命になるあまり自分が話すことばかりに注力しがちになる。逆だ。聞き手の状況を常に把握し、それに沿ってプレゼンテーションを行わなければならない。

　聞き手の状況とは、例えば、必死にメモを取っているのか、それとも説明を聞いて考えているのか、意に反して眠りにつきそうな場合も考えられる。聞き手が作業をしているとき、思考をしているときは、話を進めない方が賢明だ。その間は何も聞いてくれない。そのような時は、ある程度「間」を取るのも一つであるし、それまでの話の「振り返り」を行うのも効果的だ。

## 聞き手の「集中力」をいかに保たせるかの工夫が必要

　人の集中力は、そう長く続くものではない。プレゼン中に、ふと窓の外の景色を見るときもあれば、隣の人と会話をすることだって普通にある。注意したいのは、配布資料に目を落としているときだ。後は目を閉じるだけで、すぐに眠ることができる。

　その様な場面を脱する方法のひとつは、聞き手の目線のコントロールである。有効なのは、通常では御法度の「これ、それ、あれ、どれ」といった指示詞を意図的に使うことだ。「ここがポイントです」と言えば、聞き手は「どこ？」と、プレゼンターを見るしかない。そして、ホワイトボードなどにポイントを書いたりすれば、聞き手はメモを取り始める。聞き手の手のコントロールである。このような工夫をしていかないと、聞き手はなかなか耳を貸してはくれない。何か質問等で発言してもらえば、聞き手は一気に覚醒し、聞くモードとなるのである。

# 5. プレゼンテーションスキル ⑤ プレゼンターに 求められる4要素

優先順位の第1位
はこれ！

## 分かりやすさ

聞きにくいと
クレームに！

## 聞きやすさ

## 面白さ

知的好奇心をくす
ぐりましょう！

## 親しみやすさ

距離感の
コントロール！

まずは「分かりやすさ」、そして「聞きやすさ」、「面白さ」、「親しみやすさ」があれば成功間違いなし！

## ダメダメなプレゼンテーションを考えるのが上達の早道！

「上手にプレゼンテーションを行うにはどうすればよいのか」と多くの人は考えるようだが、まずはその逆を考えた方が上達は早い。つまり、「ダメダメなプレゼンテーション」の具体例を考えるのである。

真っ先に出てくる意見は、「分かりにくい」というものだ。これは当然のことで、よく意味の分からない話はそもそも聞くに値しない。「分からない」となってしまう理由は、大きく2つが考えられる。一つは、説明が的を射ていないため、単純に意味が理解できない場合である。もう一つは、説明している内容自体が難解なため、理解するのに時間や事前知識を必要とする場合である。アンケートなどで「分かりにくい」と書かれてしまった時は、上記のどちらなのかを意識する必要がある。

## 関心を高め、知的好奇心を操るプレゼンテーション

滑舌の悪い話し方は聞くに堪えない。何を言っているかが聞き取れないという、意味を理解する以前の問題である。「聞きやすさ」は、快適なときには概して意識しないものであるが、聞きにくいときは、集中を妨げ、「分かりやすさ」の阻害要因になる。

「面白さ」とは、笑わせる（funny）ことではなく、重要な情報やデータなどが提供されているなど興味深さ（interesting）があるかどうかという意味である。このサポートがあることで「分かりやすさ」を促進させ、さらに関心を高める効果が期待できる。

「親しみやすさ」とは、プレゼンターと聞き手の距離感である。近すぎると、質問などはしやすくなるが、注意しないと馴れ馴れしさも強くなってしまう。距離感を可変させるコントロールが求められる。

# 6. プレゼンテーションスキル ⑥ オンラインセミナーの注意点

〈講師(配信側)〉

基本はノートパソコンがあればOK？

内蔵カメラ

内蔵マイク

下から煽る映像になっていませんか？

音割れしていませんか？

ネットの速度は十分ですか？

〈受講者〉

受講者の使用デバイスを意識していますか？」

受講者と講師の環境への配慮、そして画面の変化を意識してオンラインセミナーを行いましょう！

## オンラインセミナーはとても便利！

　新型コロナウイルス感染症の影響により、人との接触や移動・会話などが制限され、会場でのセミナーも難しい状況である。そこで登場したのが、Zoom や Microsoft の Teams などのオンラインミーティングを行うためのツールである。オンラインセミナーは、自宅から受講できるなど、会場までの移動の手間や時間がかからず、手軽に参加できる。画面上で資料を共有することも可能で、印刷の必要性も低くなってきた。かなりの効率化ができる一方で注意点もいくつかある。

## 講師側が注意すべきは、「配信環境」と「共有画面の変化」

　まずは「配信環境」から。ネットに繋がるノートＰＣがあれば成立するが「ちゃんと」配信するならそれだけでは不十分だ。声の聞き取りにくさは致命的であるし、下から煽る映像も見下されているようで不快極まりない。クオリティを考慮しても、専用のマイクとカメラは欠かせない。そして最も重要なのが通信環境だ。途切れ途切れの映像と音声では話にならない。受講者の使用デバイスも意識しておきたい。

　次は「共有画面の変化」である。オンラインセミナーは、画面上での視聴となるため受講者にとってはとかく変化が少ない。講師の顔だけ、動きのないパワーポイントのスライドだけといった、一時停止のような画面を見せ続けるのは、受講者にとって苦痛以外のなにものでもない。環境的にはよく眠ることができそうだ。

　そうならないようにするには、いかに「変化」をつけるかが勝負どころになる。共有画面でのスライドにアニメーションや図表を駆使し動きを出す。時には講師のみの画面に切り替え、解説するなど飽きさせない工夫が求められる。

# 7. 相談スキル
## ① 顧客相談と関係構築

〈関係構築〉

### 聴くべきこと

・家族構成？

・収入や貯蓄額？

・持ち家か賃貸か？

etc…

本当にこれで十分？

必要ないことも聞いてない？

### 聴きかた

・尋問になっていない？

・顧客の話を切っていない？

・説明ばかりしていない？

etc…

受容・傾聴・共感してる？

笑顔や明るい雰囲気ある？

知りたい情報がある場合、なぜ知りたいのかという意図を明確にしましょう！

受容・傾聴ではなく、尋問になってはいませんか？

顧客の気持ちを考慮し、ストーリーの中でどのように話をお伺いするかを考えることが大切なのです。

## 顧客相談のポイントは、アドバイスをしないこと！？

　ＦＰなど、資格取得者が陥りがちな顧客相談は「アドバイスをしたがること」である。もちろん、身につけた知識を提供したくなる気持ちは十分に理解できるし、最終的にはアドバイスは行うことになる。

　しかし、顧客相談の入り口はアドバイスではない。

　当然のことだが、アドバイスをするには、顧客が不安に感じていることや疑問点を聴かなければアドバイスはできない。しかし、人の話を聴くというのはそれなりの気力と体力を要する。意識しないとできないのだ。人は、話を聴くより、自分が話す方を好んでいる。

　「年金」、「運用」、「税金」といった、顧客が発した言葉に反応して、話を奪い取りアドバイスと称した単なる制度説明をはじめてしまいがちなのだ。満足度の低い相談の典型的な例といえる。顧客の話の追い剥ぎはご法度である。

## 「何を訊くべきか」ではなく「どのように聴くべきか」が大切！

　ＦＰ相談であれば、家族構成、年収や貯蓄額、持ち家か賃貸かなどといったことを根掘り葉掘りお伺いすることになる。お客様にとっては、最も他者に話したくない個人情報ばかりなのである。この点を軽く見ているＦＰはお客様からの信頼は得られにくい。

　「年収は？」、「貯蓄額は？」などと問われたら、顧客は尋問されている気分になってしまう。そこから信頼感は生まれない。住宅ローンの相談などでは、特にこのような質問からはじまりやすい。定量的な要素ばかりではなく、住宅を購入しようと思った動機など、定性的な要素にも注目し、質問の意味や意図が明確になるよう、聴きかたを工夫することが重要なのだ。

# 8. 相談スキル ② 相談における立体軸

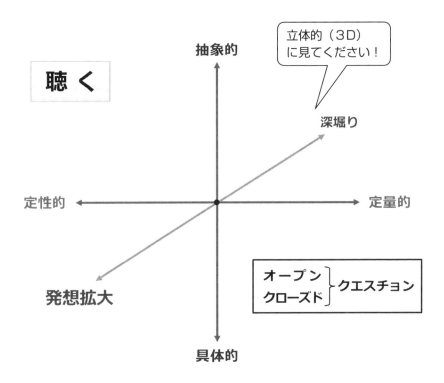

立体的（3D）に見てください！

抽象的

聴く

深堀り

定性的 ←→ 定量的

発想拡大

オープン
クローズド } クエスチョン

具体的

ＦＰ相談は、立体軸を飛ぶ飛行機のパイロットのようなもの。自在に操縦できるようにトレーニングを積んでください！

## 顧客の話を聴けないＦＰは相談ができないＦＰ

　ＦＰ相談における基本は、相談者の不安を「聴く」ことにある。もちろんアドバイスをするには、「知識」は求められるが、それだけではほぼ上手くいかない。何をどのように聴いたら良いのか分からなくなったときに、意識しておきたいのが左図の立体軸である。その際、オープン・クエスチョン、クローズド・クエスチョンを活かした聴き方が重要となる。

## 「定量的要素と定性的要素」それは「論理と感情」

　例えば住宅購入相談の場合、資格取り立ての杓子定規なＦＰ相談は、年収や貯蓄額などの定量的な要素ばかりを聴いてしまう。ところが、ベテランのＦＰになると、住宅を購入しようと思ったきっかけや、購入住宅の希望など定性的要素から聴き始めることが多い。

## 「具体と抽象」のキャッチボール

　相談を進めていくと、とかく個別具体的なことばかりに注目しがちになる。そんなとき、少し俯瞰したものの考え方が必要になる場合もある。抽象的な捉え方をすることで相談内容の幅を広げ、さらに精度を高めることが可能となる。

## 「発想拡大」に始まり「深掘り（絞り込み）」をする質問

　「もし〜だったとしたらどう思いますか？」といったように、仮定したことを問いかけることによって発想を拡大する方法がある。話に広がりが出てきたら、「つまり〜といった事ですよね？」と論点を明確化し、話を深掘りすることでその内容を絞り込んでいく。

# 9. 相談スキル
## ③ 共感を呼ぶ相談

- 反対・非難をしない

- 話を聞きたいという姿勢を見せる

- ポジティブ思考を促す

- 違いではなく共通点を見つける

- 共に考える意識をもつ

顧客相談とは、質問することでそれをアドバイスに変えることなのです！

## 顧客相談とは、お客様にどのような質問をするかということ

　ここでいう「質問」とは、もちろん「年収は？」、「貯蓄額は？」ということではない。「質問すること＝アドバイスに変えること」という意味である。次の３つの質問などがその例となる、３つとは、「確認する質問」、「共に考える質問」、「気づかせる質問」である。相談者の話を聴き、受け止めた内容を確認し、答えが見つからない場合は共に考え、そして問いかけることで気づいてもらう、これこそが質問をアドバイスに変えることに繋がっていくのである。

　そのプロセスの中で注意したいのは、「意味・意図・方向性」を意識した相談をすることだ。質問の意味が分からず相談者が何と答えたら良いのかわからないというのは論外である。年収を聞く場合など、質問の意図を伝えないとほんとうの意味で答えてもらえないこともある。そして相談の方向性を共有することだ。


## 共感を呼ぶ相談を行うための五か条

　左図に記載してあることを否定してみると分かりやすくなる。

- ・お客様の意見に反対し、非難をする
- ・話を聞いてあげているという態度をとる
- ・ネガティブな考え方ばかりする
- ・自分の考え方との違いばかりを強調する
- ・こちらの考えを押し付け、あとは自分で考えろと突き放す

　いかがだろうか。このようにならないよう気を付けることで、少しずつ共感を呼ぶ相談に近づいていけるのではないだろうか。これをみれば頭では簡単に理解できる。しかし、実際に経験を積まないと自分のものにはできないことが多い。

# 10. 相談スキル ④ カウンセリング技法

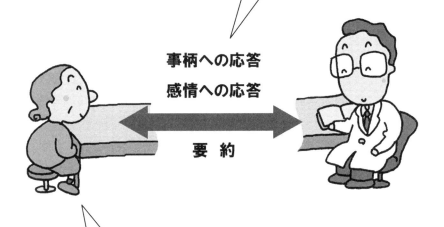

患者さんの話を「事柄」と「感情」に分解して、それぞれ分けて考えていきましょう！

**事柄への応答**

**感情への応答**

**要 約**

自分が話したことを「要約」してもらうと、「伝わった」という安心感に変わります！

相談者の話を「事柄」と「感情」に分けて考え、それを「要約」して伝えてください。相談の雰囲気が変わっていくのが感じられるでしょう！

## カウンセリング技法の一端を学ぶ

　カウンセリングには、そのプロセスに必須となる7つの技法がある。ここでは、そのうち「事柄への応答」、「感情への応答」、そして「要約」の3つについて紹介してみたい。

　「事柄への応答」とは、内容の再陳述、言い換えともいわれており、クライエント（相談者）の話の内容のキーポイントを押さえ、正確にそして簡潔に伝え返すことを指す。カウンセラーは、クライエントの考えを整理し、具体化するのを助け、また両者の関係性が進展するのをサポートする。

　「感情への応答」とは、クライエントの感情的な表現を注意深く聴き取り、それを伝え返すことを指す。感情への応答により、クライエントは、自分の気持ちが分かってもらえたといった安心感をもつことができる。クライエントが自分自身の感情に気づくのを助ける効果も期待できる。

　「要約」とは、クライエントの話の段落、セッションの終わりに、その話の趣旨をまとめて伝え返すことを指す。広範囲にわたる話の「事柄への応答」、「感情への応答」に相当するものといえる。

## 相談者の「事柄」と「感情」に目を向ける

　カウンセリングの世界は広く深いため、全体を網羅することは難しいが、ＦＰ相談において相談者の「事柄」と「感情」に分けて注目してみるだけでも、かなり参考になるのではないだろうか。それらを要約し伝えることで、相談者自身の考えが整理され、まとまってくるのだ。このような相談は、知識だけのアドバイスを行うＦＰと比較すれば、想像以上に相談者の信頼感は高くなるのである。

# 11. 相談スキル
## ⑤ カウンセリング技法
## オンライン相談の注意点

時間の「同期」
は必要なし

**メール相談**

| 形　式 | ：**文章**（文字） |
|---|---|
| 相談内容 | ：**知識的**なこと、制度の認識確認など（定量的要素が主）。 |
| 思　考 | ：文章を書くには、自分の理解度や頭の中を整理する必要がある。思考を要する。 |
| 認識度合 | ：相談相手のことは**ほとんど認識できない**。 |
| 時間制約 | ：メールはいつでもどこでも書くことができ移動を要さない。 |

**電話相談**

| 形　式 | ：**音声**（音） |
|---|---|
| 相談内容 | ：口頭のため、より多くのことを訊ねられる<br>**気持ち、感情**もある程度伝えられる（定性的要素の一部）<br>**その場で思いついたこと**もすぐに確認できる |
| 思　考 | ：疑問点の整理は要するが、相談中にも考えられる |
| 認識度合 | ：話し方などから、相手を**部分的に類推できる**。<br>ただし、表情が見えないため雰囲気はつかみにくい |
| 時間制約 | ：相手と共通の時間をとる必要はあるが移動する必要はない。 |

**オンライン相談**

| 形　式 | ：バーバル、**ノンバーバル**コミュニケーション（三次元） |
|---|---|
| 相談内容 | ：定量的要素を切り口に、**定性的要素の話が軸になりやすい**場合もある。相手の反応（表情やしぐさ）から、**微妙なニュアンスの判断**がしやすい。<br>その場での手書きや書類など同じ資料を共有しながら話を進めることができる |
| 思　考 | ：資料の持参、共有も可能なため、準備に気を遣う。<br>事前に疑問点整理、相談中に思いついたことも確認可能。 |
| 認識度合 | ：視覚、聴覚など五感を働かせることで人となりを把握できる。相手の**人となり**がわかり、**信頼関係が築きやすい**。 |
| 時間制約 | ：相手と共通の時間・場所であることを要し、移動を伴う。 |

**対面相談**

電話、オンライン、対面は、同じ時（時間の同期）が必要！

それぞれの相談の特徴を理解して、
複数の方法を用いて顧客相談を
行っていきましょう！

352

## メール相談・電話相談・対面相談の特徴を把握する！

　メール相談は、一般に知識的なことや制度の認識確認などの相談がしやすい。顧客からすると相談したいことを文章化するという負担があり、最終的には対面を望まれることが少なくない。メール相談の大きな特徴は、ＦＰと相談者がそれぞれ同じ場所に集まる必要もなく、異なった時間で行うことができる。つまり「非同期」で相談を進められる点といえる。

　電話相談は、場所は特定されないが同じ時間を共有する必要がある。「同期」が要件になる。音声だけではあるがメール相談のように文章化の負担はなく、相談者は自分の気持ちや感情などが伝えやすい。

　対面相談は、同じ場所・同じ時間である必要があり「同期」が条件となる。しかし、表情や身振り手振りなど、両者間でのバーバル・ノンバーバルなコミュニケーションを自然に行うことが可能で、伝達の情報量も多く、双方の人となりや信頼関係も築きやすいといえる。

## オンライン相談の特徴と活用法！

　上記の視点でオンライン相談を分析すると、移動の必要がなく、同じ時間を共有できればよいため「同期」の特徴がある。そのため、夜遅い時間の相談であっても、外出する必要がないため双方が対応しやすい特徴も兼ね備えている。オンライン相談は、画面越しの映像（二次元）であるため、平面的で画面サイズの制約も受けてしまう。場合によっては相手の顔しか見えず、身振り手振り等も分かりづらく、細かなニュアンスの判断がしにくい場合もある。電話相談とは異なり、資料の共有もでき、効率的な相談が行える。大切なのはオンライン相談ひとつに固執するのではなく、他の方法も含め総合的に活用することが重要となる。

# 12. 執筆スキル
## 上手な文章と媒体の変化

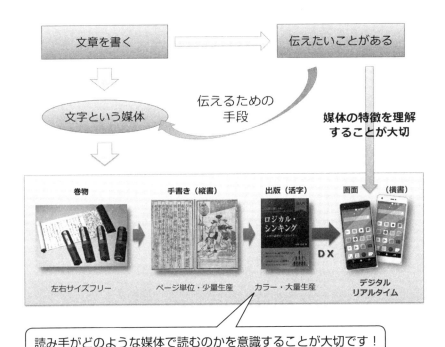

文章を書く ⟶ 伝えたいことがある

文字という媒体

伝えるための手段

媒体の特徴を理解することが大切

巻物　手書き（縦書）　出版（活字）　画面　（横書）

DX

左右サイズフリー　ページ単位・少量生産　カラー・大量生産　デジタルリアルタイム

読み手がどのような媒体で読むのかを意識することが大切です！

文章を書く上で、文法はとても大切ですが、ＦＰとしてまず「何を伝えたいのか」を明確にすることも忘れないようにしましょう！

## 紙から電子画面への媒体の変化

　剣術の奥義書としても有名な宮本武蔵の「五輪書」は、弟子たちに伝えるための巻物で、紙の長さは約20 〜 30メートルもあるそうだ。それが時代を経て、ページ単位の書物になっていく。そして手書きから印刷へと変わり現在の活字での本になり、大量生産が可能となり、カラー化も実現している。何が言いたいのか？

　執筆をするに当たり、「読み手」がいかなる状況で読むのかを把握することが大切であるということだ。現在では、電子書籍なども普及し、ネットニュースなどは縦長画面のスマートフォンで読む人が大半となった。漫画なども縦長画面に適応したものも出てきている。執筆を始める前に、読み手がどのようなデバイスを使うのかをまず意識する必要がある。

## 伝えたいことを伝える手段が執筆の本質

　執筆をするなら上手に文章を書きたいと誰でも思うものだ。しかし、その前に「何をつたえたいのか」といったことを明確にする必要がある。伝えるための手段としては、You TubeやInstagramといったSNSを活用する方法もあるが、「執筆」もそのうちの一つである。文章を書くのも読むのも苦手な人達が増加しているらしいが、しっかりと伝え残すには執筆は良い手段の一つだろう。

　例えば、NISA制度一つをとっても、「制度の説明をしたいひと」もいれば「NISAを活用し資産運用の方法を解説したいひと」、「活用上の注意点を話したいこと」など、その目的は様々だ。

　上手な文章は重要ではあるが、まずは伝えたいことを明確にし、それをどのように表現するのかから考えて欲しい。

# 13. 「選択」の行動経済学 ① 7つのバイアス

| 伝統的経済学<br>（完全合理的経済人） | 行動経済学<br>（限定合理的感情人） |
|---|---|

合理的 ⟷ ときどき 非合理的

1. 直感的な「選択」をしてしまう
2. 表現のされ方次第で異なる「選択」をしてしまう
3. 中立的な（無難な）「選択」をしてしまう
4. 目先の利益を追求した「選択」をしてしまう
5. 現状を維持し「選択」を先延ばししてしまう
6. 総合的でなく個別の会計と考え「選択」をしてしまう
7. 損失が恐ろしく安全確実な「選択」をしてしまう

FPは上記の「7つのバイアス」を知ることが必要不可欠です。バイアスとは、思考の歪みや偏り指す心理学用語です！

## ノーベル経済学賞を受賞している「行動経済学」

　このような言い方をすると、それぞれの専門家に怒られそうだが、行動経済学とは、経済学と心理学を足して2で割ったような存在だと考えてほしい。もう少し硬い表現をすれば「人間の心理を経済の分析に応用したもの」ということだ。

　経済学では、ヒトの前提や定義を「完全合理的経済人」と位置づけている。一方、行動経済学では「限定合理的感情人」としている。例えば、世の中にみかんとりんごしかない場合、仮にりんごのほうが好きであれば、消費者は合理的に判断するため「りんご」を購入すると考えるのが経済学である。しかし、消費者はときどき非合理的な判断をして、「たまにはみかん」を選択することもある。このように捉えるのが行動経済学である。

## 「選択」には、人の非合理的な側面が浮かび上がる！

　ＦＰとして行動経済学を学ぶことは、どのようなメリットがあるのだろうか。顧客の「選択」という切り口から考えるとその必要性が見えてくる。

　顧客は様々な選択をしながら生きている。住宅ローンを組むときは固定金利にするべきか変動金利にするべきか、生命保険に加入するべきか貯蓄で賄うか、投資をするのかしないのか、など世の中選択することだらけなのだ。そして、多くの場合「選択」をすることが苦手な人が多い。一つを選ぶともう一つの選択肢はなくなってしまうことが多いため選択を先送りすることも少なくない。そんな人間心理を理解することは、迷える顧客を救う手立てにもなりそうだ。そのような視点から「行動経済学」に触れてみたい。

# 14. 「選択」の行動経済学 ② ヒューリスティック

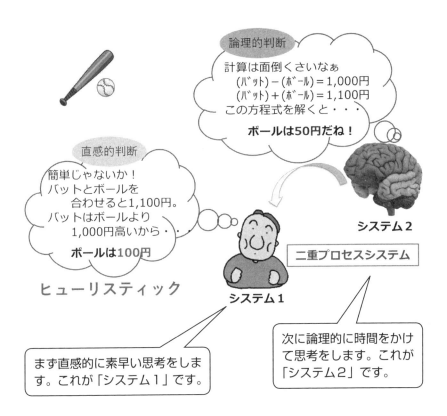

**論理的判断**
計算は面倒くさいなぁ
(バット)−(ボール)=1,000円
(バット)+(ボール)=1,100円
この方程式を解くと・・・
**ボールは50円だね！**

システム2

二重プロセスシステム

**直感的判断**
簡単じゃないか！
バットとボールを
　合わせると1,100円。
バットはボールより
　1,000円高いから・・
**ボールは100円**

ヒューリスティック

システム1

まず直感的に素早い思考をします。これが「システム1」です。

次に論理的に時間をかけて思考をします。これが「システム2」です。

「勘違い」はヒューリスティックであることがほとんどです。その特徴を理解することは、人を理解することにも繋がります！

## 直感的な「選択」それが「ヒューリスティック」

　直感的な判断（早い思考）を「ヒューリスティック」という。スピード感がある判断が可能なため「思考の近道」などと呼ばれたりするが、往々にして間違いもあるため「早とちり」などと表現されたりもする。

## 有名な「バットとボール問題」から理解する！

　「バットとボールを購入すると、合計で1,100円が必要になる。バットの値段はボールより1,000円高いとき、ボールの値段はいくらか」これが問題である。

　直感的に「ボールの値段は100円」と答えがちだが、そうだとすると、バットは1,100円となり、合計額が1,200円になってしまう。論理的に考えると、時間はかかるが、連立方程式建てて計算すると、ボールは50円であることがわかる。

## 直感的判断（速い思考）と論理的判断（遅い思考）

　直感的判断であるヒューリスティックは素早く答えをイメージできるが、早とちりもしがちだ。一方、論理的な判断（遅い思考）は、時間がかかる反面、直感的判断の誤りに気づき修正することも可能となる。ただし、ヒューリスティックは必ずしも間違った行動とは限らない。人は日常的に繰り返される判断（例えば買い物や車の運転など）ではヒューリスティクスに頼ることで時間と労力を節約できるからである。直感的判断と論理的判断のように、人間の情報処理が2つの仕組みで行われていることを「二重プロセスシステム」という。両者をバランスよく活用することが大切なのである。

# 15. 「選択」の行動経済学 ③ フレーミング効果

「年間で7,300円も節約できる」
と言われたらお得に感じませんか？

## フレーミング効果
枠組みを変えることによって、人の認識が変わる

電気代
**7,300円**
／年間

同じことをどのように表現するか
（アクセシビリティによる違い）

電気代
**20円**
／1日

「1日20円しか電気代がかからない」
と言われたら安く感じませんか？

アクセシビリティが高い（イメージ
しやすい）方法で訴求してみましょ
う！

## 表現の方法で「選択」が異なる「フレーミング効果」

　フレーミング効果のフレームとは、絵画などを飾るときに使用する額縁のことである。そのため「額縁効果」などと呼ばれることもあるようだ。大したことのない絵画でも、豪華な額縁にいれて飾ることで、中身は同じにも関わらず、価値の高いもののように魅することができる効果がフレーミング効果である。

## 電気代が安く感じるのはどちらか？

　ここに一人暮らし向けの冷蔵庫があったとする。その冷蔵庫の消費電力と電気代を基に、年間の電気代を計算したら7,300円だった。

　このとき、電気代が「1年間で7,300円かかる」と言われるのと、「1日当たり20円かかる」と言われるのとでは、どちらの方が安く感じるだろうか。おそらく、後者の1日20円の方ではないだろうか。

　計算すれば分かるが、7,300円を365日で割れば20円であり、両者は同じことを伝えている。このように、表現の仕方次第で認識が変わる現象をフレーミング効果という。

## アクセシビリティの違いが印象の違いになる！

　「年単位」よりも「1日単位」で表現されている方が、私たちにとってイメージしやすく、アクセスが容易になる。つまり、年間で表現された7,300円より、1日20円しかかからない、という表現の方がイメージしやすいということだ。このようにアクセスの容易さを「アクセシビリティ」と呼んでいる。これらの金額が年間の節約金額だった場合は、「年間で7,300円も安くなる」と言われた方が、節約効果が大きく感じられるのは、アクセシビリティが高いからである。

# 16. 「選択」の行動経済学
## ④ 極端性の回避

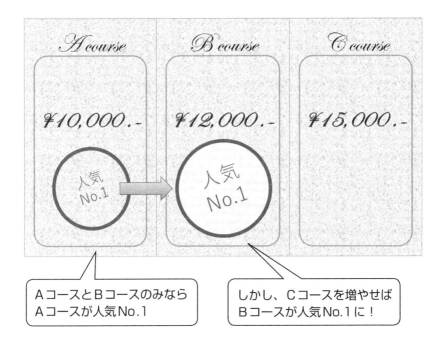

A course
¥10,000.-

人気
No.1

B course
¥12,000.-

人気
No.1

C course
¥15,000.-

AコースとBコースのみなら
Aコースが人気No.1

しかし、Cコースを増やせば
Bコースが人気No.1に！

値引きをすることなく、売れ筋コースを変えることができます。マーケティングではスリープライス戦略ともいいます。

## 無難な「選択」をしがちになる「極端性の回避」

　私たちが商品を購入する場合、触れてみたり、スペックを比較したりして、好みのものを選択する。しかし、形の無いサービスの場合はどのように選択するだろうか。

　サービスは、実際にそのサービスの提供を受けてみないとその良し悪しの判断はできない。お弁当や会席料理のコースなども食べてみないとわからない。そのような状況下にある場合、私たちは「無難な選択」をしがちになるのである。

## フレンチレストランでのお食事デート

　ここに若いカップルがいたとしよう。もうすぐ彼女が誕生日を迎えるため、フレンチレストランでお祝いをしようとしている。予約の電話を入れたところ、Aコース10,000円、Bコース12,000円という案内をされた。この場合、人気コースとなるのはAコースである。しかし、お店としてはBコースを人気メニューにしたい。

　どうすれば良いのか？　答えは簡単だ。Cコース15,000円を創れば良い。食べてみないと良し悪しの分からないリスクを背負っている顧客は、無難な真ん中のBコースを選ぶようになる。

## 極端性回避とは、両端をさける選択のこと

　何かを選択するには、自分自身で納得できる「理由」が必要だ。後になって明らかに失敗と思われる選択をしたとしても、選んだ「理由」があると、後悔の程度が軽く思える場合もある。「上中下」といった3択の場合、リスクの高そうな両端を避け、私たちはその間を取って無難な「中」を選んでしまう理由がここにある。

# 17. 「選択」の行動経済学
## ⑤ 現在志向バイアス

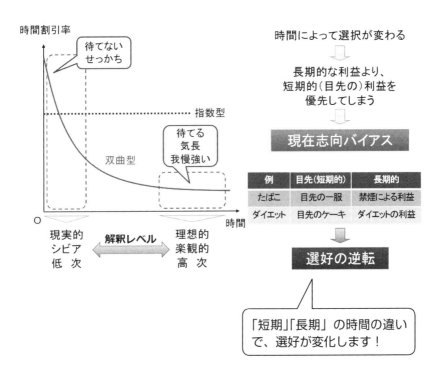

時間割引率

待てない
せっかち

指数型

双曲型

待てる
気長
我慢強い

O　　　　　　　　　　時間

現実的　　　　　　　理想的
シビア　←解釈レベル→　楽観的
低次　　　　　　　　高次

時間によって選択が変わる

⬇

長期的な利益より、
短期的（目先の）利益を
優先してしまう

⬇

現在志向バイアス

| 例 | 目先（短期的） | 長期的 |
|---|---|---|
| たばこ | 目先の一服 | 禁煙による利益 |
| ダイエット | 目先のケーキ | ダイエットの利益 |

⬇

選好の逆転

「短期」「長期」の時間の違い
で、選好が変化します！

試着して別の色の服を買おうとしたら
在庫がない！そんなときは、1日でも
待つのが嫌になったりしませんか？

## 目先の利益で「選択」をしてしまう「現在志向バイアス」

　長期的な利益より短期的な利益を優先してしまう傾向を「現在志向バイアス」といい、状況や順番などによって選択が変わることを「選好の逆転」と呼ぶ。なお、バイアスとは志向の歪や偏りのことをいう。

　「目先の利益」がちらつくと欲望的・感情的な判断をしがちになる。つまり一時も待つことができず、せっかちのモードになってしまう。一方、「将来の利益」の場合は、冷静で論理的は判断をすることができる。気長に待つことができ、我慢強いモードでいられるのだ。

## ダイエット中なのに、ついケーキを食べてしまう心理

　例えば、ダイエットによる長期的な利益は、健康でいられたり、スリムな体型が維持できたりと数多くの要素が思いつくだろう。そして、多くの方がダイエットをしている。

　しかし、私たちは、長期的なダイエットの目標を掲げながらも、目先の快楽を重視し、ついつい甘いものを食べてしまう。短期的な利益を優先してしまう考え方の偏りを「現在志向バイアス」という。「毎月貯金しようと計画していたけれど、つい欲しいものを買ってしまった」なども同様の事例である。

　長期的な目線で考えれば冷静に「ダイエットによる利益」を意識できるが、短期的な目先の事となると「ケーキを食べる」という行為を選んでしまう。本来の選択が変化してしまう現象を「選好の逆転」という。

　つまり、時間によって選択が変わってしまうのだ。顧客が、短期的思考に陥っているときは、長期的な思考に転換するようなアドバイスをし、冷静で論理的な判断を促すことも重要である。

# 18. 「選択」の行動経済学
## ⑥ 現状維持バイアス

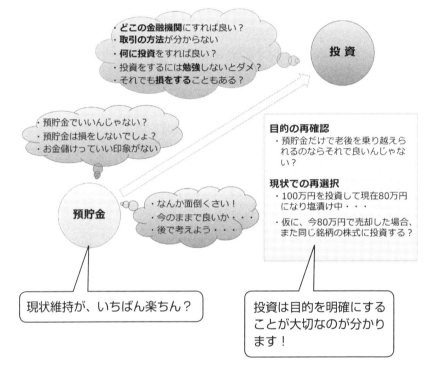

どこの金融機関にすれば良い？
・取引の方法が分からない
・何に投資をすれば良い？
・投資をするには勉強しないとダメ？
・それでも損をすることもある？

投資

・預貯金でいいんじゃない？
・預貯金は損をしないでしょ？
・お金儲けっていい印象がない

**目的の再確認**
・預貯金だけで老後を乗り越えられるのならそれで良いんじゃない？

**現状での再選択**
・100万円を投資して現在80万円になり塩漬け中・・・

・仮に、今80万円で売却した場合、また同じ銘柄の株式に投資する？

預貯金

・なんか面倒くさい！
・今のままで良いか・・・
・後で考えよう・・・

現状維持が、いちばん楽ちん？

投資は目的を明確にすることが大切なのが分かります！

歳を重ねてくると頑固にもなるようで、より「現状維持バイアス」が顕著に表れてきます！

## 「選択」を先延ばしにしてしまう「現状維持バイアス」

　人は現状を維持する選択をしようとする傾向がある。特に、選択すべき項目がたくさんあるような場合、どれを選択すれば良いのかわからなくなる。選択をするにはその「理由」を求めてしまうからだ。最終的には「選択しない」と判断をすることもある。つまり、現状のままということだ。これを「現状維持バイアス」という。

## 投資への第一歩が踏み出せない人の心理

　「貯蓄から投資へ」という言葉をよく耳にするが、預貯金しかしたことのない人にとって、投資をすることは金融機関の選択や取引方法、投資商品の学習など様々な労力を必要とする。そして、リスク商品に投資した場合、損失を被る場合もあり、損失を回避したいという意識も高まる。さらに、多種多様な投資商品から選択しなければならない困難が待ち受けている。わざわざリスクを取ってチャレンジするより、安全確実な現状（と思っている）のままで良いと考える。そこで、私たちは意思決定（選択）の先延ばしをしてしまう。つまり、現状を変えることを嫌うのだ。これが「現状維持バイアス」である。

## 現状維持の対策方法は「目的の再確認」と「現状での再選択」

　「目的の再確認」とは、資産運用であれば、その目的が達成できるかどうかを改めて検討することだ。預貯金だけではままならないため、運用を始めたのであれば現状維持ではジリ貧になってしまう。
　「現状での再選択」とは、塩漬け株を売却した際、もう一度その株式を購入するかどうかを考えてみる。「絶対買わない」というのであれば売却して他の使い道を考えた方がいいことになる。

# 19. 「選択」の行動経済学
## ⑦ メンタル・アカウンティング

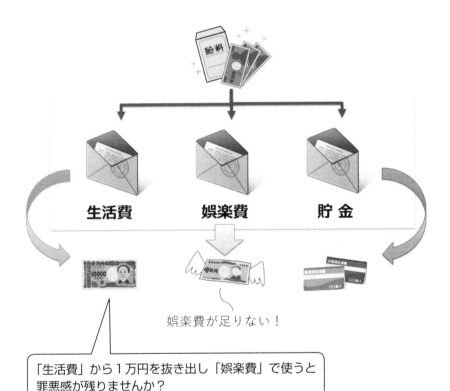

娯楽費が足りない！

「生活費」から１万円を抜き出し「娯楽費」で使うと
罪悪感が残りませんか？

人の心理をうまく活用した「節約方法」はいかがでしょうか。行動経済学を学ぶと、お金について様々な工夫が見え隠れしてきます！

## 個別の枠の中で「選択」をする「メンタル・アカウンティング」

　人は、お金に対して全体的に捉えるのではなく、自分の心の状況により、個別に分けた中で、それぞれを管理しがちな傾向がある。これをメンタル・アカウンティング（心の会計）といい、ノーベル経済学賞を受賞した、リチャード・セイラーが提唱した。

## 預貯金があるにもかかわらず、リボルビング払い！？

　現時点での預貯金の金利を考えれば、リボルビングを利用したときの手数料（利息）のほうが割高だ。しかし、心理的には預貯金が減ってしまうのには抵抗を感じる。そこで、預貯金を残しながら（別会計として）リボルビングを利用してしまうのだ。冷静に考えれば、不合理な行為である。

　私たちはこれらを全体として捉えることは苦手で、別物（個別の会計）として処理しようとする。これが「メンタル・アカウンティング（心の会計）」である。

## メンタル・アカウンティングを活用した節約例！

　ＦＰが家計のアドバイスをするとき、「毎月の収入を使う前に、例えば「生活費」、「娯楽費」、「貯金」といった３つの封筒に分けて管理しましょう」と言ったりする。

　このように"個別の会計"として考えると、仮に娯楽費が不足した場合でも、生活費や貯金の封筒からお金を抜き取ることに抵抗を感じさせているのだ。このちょっとした抵抗感が、日々の家計の見直しには重要となる。まさに、心の会計の特徴を押さえた上手な活用例と言えるだろう。

# 20. 「選択」の行動経済学 ⑧ 損失回避性

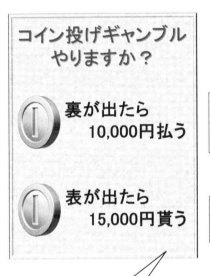

コイン投げギャンブル
やりますか？

裏が出たら
10,000円払う

表が出たら
15,000円貰う

期待値はプラス
　→　しかし、きっとやらない

── 損失は利得より強い ──

| 10,000円を損する恐怖感 | > | 15,000円を得する期待感 |

⇩

── 損失回避的 ──

損失回避倍率：1.5～2.5倍

このような不利なビジネスを行うカジノは存在しません！
しかし・・・

ギャンブル好きは損失回避倍率外での参加をしそうですが、裏なら100万円支払い、表なら150万円受け取りとなると躊躇しませんか？

## 損失が恐ろしく安全確実な「選択」をする「損失回避性」

ノーベル経済学賞を受賞した、ダニエル・カーネマンとエイモス・トベルスキーによるプロスペクト理論に、「人は利得より損失を避ける傾向がある」という心理傾向がある。これを損失回避性という。

## コイン投げギャンブル、やりますか？

「コインの裏が出たら10,000円を支払う、コインの表が出たら15,000円を受け取る」というコイン投げギャンブルがあったとする。

冷静に考えれば、このギャンブルは参加者に有利だが、多くの場合、参加しないことがわかっている。15,000円を得る期待感より、10,000円を損してしまう恐怖感のほうが大きく感じるからだ。この特徴が「損失回避性」である。

損失（支払額）を1としたとき、利得（受取額）が、1.5 ～ 2.5倍の金額になってくると、賭けの参加者が増加する。この倍率を損失回避倍率といい、私たちがいかに損失を恐れているかがよく分かる。

## リスクとは、損失ではなくバラツキである認識が大切！

損失回避性の重要なポイントは、私たちが回避したいと考えているのは、リスクではなく損失という点だ。損失を目の前にすると、それを回避するため大きなリターン（ハイ・リターン）を求め、「リスク追求的」になる。分かりやすく言えば、一か八かの賭けに出る。反対に、利得を目の前にすると「リスク回避的」な判断をするようになる。

金融の世界でのリスクとは、リターンのバラツキであり、数学用語を使えば標準偏差（分散）である。損失とリスクを明確に分けて考えることが大切なのだ。

memo

# memo

**【著者】**

# 中野克彦 （なかの・かつひこ）

リンク・イノベーション代表。経営コンサルタント、認定心理士、ＣＦＰ®、１級ＦＰ技能士、Ａ・Ｆ・Ｔ色彩検定１級、行動経済学会会員（第630496号）、日本心理学会会員（第47081号）財務・税務コンピューターメーカーに入社し会計を学んだ後、コンサルティング会社にて、企業のマーケティング戦略の策定や人材の有効活用等を行う。現在は、リンク・イノベーションを設立し、心理学を導入した経営コンサルティング、ＦＰ講師も含めファイナンシャル・プランニングを両輪に事業を展開。講演回数は年間200本以上。
著書『困る前に貯める！１円から始める資産運用（共著）』(日本経済新聞社)
『イラストで分かる！ＦＰ技能士３級スピード合格テキスト』(日本能率協会)
『試験をあてる TAC 直前予想 FP 技能士２級・AFP』(ＴＡＣ出版)
『ＦＰのための最新情報&データ満載 2018年 ＦＰ６課目総復習』(ビジネス教育出版社)
『ロジカル・シンキング超入門 ― 心理と論理のベストミックス―』(ビジネス教育出版社)

**2024年度版　コンサルティング力がアップする
ＦＰ資格を活かす　150の話題**

2024 年 4 月 5 日　初版第1刷発行

| | |
|---|---|
| 著　者 | 中　野　克　彦 |
| 発行者 | 延　對　寺　哲 |
| 発行所 | 株式会社 ビジネス教育出版社 |

〒102-0074　東京都千代田区九段南 4 - 7 - 13
TEL 03(3221)5361(代表)／FAX 03(3222)7878
E-mail ▶ info@bks.co.jp　URL ▶ https://www.bks.co.jp

印刷・製本／モリモト印刷株式会社
ブックカバーデザイン／飯田理湖　本文デザイン・DTP／浅井美津
落丁・乱丁はお取替えします。

ISBN978-4-8283-1057-2